リチャード・ローティ

リベラル・アイロニストの思想

1931-2007

大賀祐樹

藤原書店

リチャード・ローティ　1931-2007／目次

リチャード・ローティ 1931-2007——リベラル・アイロニストの思想

序章　アメリカ思想とローティ

アメリカの思想

二〇〇九年の現在において、アメリカは二つの大きな「変化」を経験しつつある。一つ目は規制なき金融システムの暴走が招いた「金融危機」とその金融政策に対する大きな修正であり、二つ目は八年間続いた共和党のブッシュ政権から、初の黒人の大統領となった民主党のオバマへの政権交代である。この二つの「変化」は、経済と政治という別のカテゴリーにおけるものだが、やはり相互に密接に関わっており、これらの「変化」の帰結がいかなる方向に進むかによって、二十一世紀の世界におけるアメリカの位置づけは大きく変わってくるであろう。

まず考えられるシナリオは、このまま経済の停滞と失速が進み、ブッシュ時代の外交政策によって世界の人々からその多くを失った政治的な信頼の失墜とともに、超大国としてのアメリカの地位が沈没していくというシナリオである。アメリカには富の追求への貪欲さや、圧倒的な武力を背景として自国の価値観を他国に押しつけ、「世界の警察官」を自ら名乗るような、他国から見れば傲慢ともとれる負の側面が存在することは多くの論者が批判するところであり、もちろんそのシナリオが実現されることは大いにありそうなことではある。その一方で、二〇〇九年冒頭に行なわれたオバマの大統領就任演説には、美辞麗句による甘言を期待していた民衆に対してその「危機」という冬の時代に対する厳しい現実認識と市民による責任の共有を求めるとともに、自由、平等、前進といったアメリカの伝統的価値観の再確認と、それを楽天的なまでに肯定する態度が含まれていたが、それこそまさに「危機」を変革への「好機」としてとらえるアメリカ的な思想のもう一つの側面が凝縮されたものであった。もちろん、そのような挑戦のシナリオは成功するかもしれないし、失敗するかもしれない。しかし、絶えざる自己の変革と新たな試みへの実験という、そのダイナミズムこそがアメリカの思想のエッセンスである。

このように、現在まさに二十世紀の世界を規定してきたアメリカ的な価値観に対する様々な角度からの再検討が必要とされているが、アメリカにおける思想、あるいは哲学とはいかなるものであるのかということに対して、日本において一般的に流通している情報は案外少ないように思われる。本書において取り上げるリチャード・ローティという思想家は、まさにそのアメリカの思想の伝統を現代に再生させただけでなく、古代ギリシャから続くヨーロッパ諸国の哲学の伝統を解体し、再検討した人物である。ローティは一九三一年に生まれ、二〇〇七年に亡くなった二十世紀のアメリカを代表する哲学者であり、政治思想においてもしばしば言及されている。一九七〇年代末から亡くなるまでの間にアメリカのみならず、デリダやハーバーマスといった世界の様々な思想家達と議論を行なったが、現在まさにアメリカが直面しているような「変化」への展望を二〇年程前から予見していたといえるような考え方を持っており、今こそローティの思想に今まで以上に注目すべき時なのかもしれない。

「哲学」と言えばドイツかフランスのものが偏重される日本における一般的な感覚からすると、

そもそもアメリカに「哲学」と呼ぶに値するものが存在するのだろうか、という疑問を持たれる読者も多いかもしれない。実際に筆者もそれらに触れる前にはそのように思っていた。しかし、日本においては一部の専門家にしか注目されていないが、世界的な視点で見ればアメリカの哲学はヨーロッパ大陸の現代の哲学と肩を並べる質と厚みと影響力を持っている。もともと、近代の哲学はフランス、ドイツを中心としたヨーロッパ大陸とイギリスにその二つの起源を持つが、イギリスの経験論の流れを汲む哲学が二つの世界大戦の間に同じ英語圏であるアメリカへとその中心を移し、アメリカ独自の思想である「プラグマティズム」と融合し、発展したものが現代のアメリカ哲学である。また、戦時中にはドイツ語圏の著名な思想家達の多くもアメリカへ亡命したが、彼らがアメリカの思想界に与えた影響も多大なものであった。そして、政治思想においても建国の理想として掲げてきた自由主義と民主主義の在り方を時にアクチュアルに、時に深遠に考察する議論がアメリカ国内と英語圏においてのみならず、ヨーロッパや世界中の学者たちとの間に活発になされている。その中でも、ローティの占める立ち位置は特にユニークなものである。

十九世紀後半から二十世紀における哲学の基本的な潮流は、古代ギリシャから近代までに築き上げてきた西洋の哲学の伝統を転覆させるか、あるいは破壊することにあり、多くの哲学者（特にヨーロッパの）は近代の科学主義や大衆社会を批判した。政治的な面において、人類は二十世紀の中だけでも二つの世界大戦における多くの「残酷さ」と全体主義体制の恐怖、核の「悲惨さ」と核戦争の危機、イデオロギー対立といった歴史を経験してきたが、それらは近代の理想が辿り着き、生み出したものでもあった。そのため、現代においては政治的な面や道徳的な面において、大っぴらに近代の理想を擁護することは難しいこととなったが、かといって全てを一夜にしてひっくり返すことのできるような「革命」は起りようもなく、現代の社会にはある種の諦めのようなシニシズムが広がっている感がある。

ローティもまた、近代までの「哲学」のあり方には批判的な考えを持っているが、逆に政治的、道徳的には近代の理想を積極的に擁護し、シニシズムを脱した「希望の思想」を説いており、その点にローティの独創性と現代における意義がある。通常であれば、ある特定の思想を擁護するのであればそれと対立する思想の全てを批判するのが当たり前なのだが、ローティの場合、対立し合う様々な思想を同時に肯定し、取り入れている。例えば、科学的な思考法を追求してきた論理実証主義にルーツを持つ分析哲学の考え方と、近代的な科学主義を批判するニーチェ、ハイデガー的な思想にルーツを持つヨーロッパの思想の考え方は対立するどころか、時として互いを「哲学」として認め合わないほどの齟齬が生じるが、ローティは両者の中にある共通性を見出し、その長所を融合させてしまう。あるいは、そのような高度に専門化した「哲学」は現実的な政治の問題とは乖離してしまいがちであるが、ローティは哲学の問題を考えながら同じような発想を用いて現実の政治へ参加することを提起する。では、一体いかにしてローティはこのような雑多な性格を持つ思想に一貫性と整合性を持たせることができるのか。これを解明するのが本書における主要な目的の一つである。

ローティの思想における一貫性

　ローティは現代の思想に一石を投じ、大きな波紋を起こした思想家であるが、では彼はどの学問分野を専門とする学者なのか、と問われれば、一様に〇〇学者であると言い切ることは難しい。ローティが最も多く言及したのは哲学であるが、その哲学の中だけでも英語圏において中心的な言語哲学や科学哲学から、ギリシャに始まる西洋の哲学史全般、ニーチェ、ハイデガー、フーコー、デリダといったドイツやフランスのいわゆる「大陸哲学」、そしてローティ自身が「自らをその弟子と思いたい」とまで言ったデューイに代表されるアメリカの伝統的なプラグマティズムに至るまで、実に多種多様なジャンルを議論の対象としている。また、ローティが表明した近代的な自由主義と民主主義への擁護や、現実的な変革を目指すニューディール期の「左翼」の再評価などの政治的な議論も、現代の政治思想の世界において特異な位置を占めている。さらに、ローティは哲学と政治以外にも文学や宗教、道徳に関しても幅広く言及している。

　現代において、各学問分野は無数に細分化し、同じ「哲学」や「政治思想」などの大きな学問的枠組みの内部でも、少しでも専門が異なれば全く話が噛み合わないということはよくあるが、そのような状況と比べるとローティの話題の広さは極めて異例である。それにも関わらず、ローティの議論の内容はその生涯を通じて、初期の哲学修業時代を除けば、一貫した考え方と主張が為されており、その文章の語り口はできるだけ専門的な術語を排したテンポの良い文章で書かれているために、同時代の様々な思想家の中でも最も理解し易い部類に入る。そして、その議論の内容は既存のレトリックとはまるで異なっており、様々な考え方の「美味しいところ」を折衷させたような思考をしている。なおかつ、その文体は極めて挑発的に、アイロニーとジョークを交えてユーモラスに書かれているために、多くの論者が様々な分野において独創的な議論を行なっている人物としてローティの名前を引き合いに出して自説の補強を行い、あるいは批判をしている。

ところが、ローティの名前が極めて多くの場面で散見される割には、ローティの思想の全体像を総合的に捉えようとする研究はそれほど多くはない。英語圏においてはローティに関連する著作は夥しい量があり、哲学、政治思想など様々な角度から論じられているが、総合的な研究としてはマラチョウスキが編纂した四巻からなるローティ論のアンソロジーや、ブランダムの編纂によるローティ論集がもっとも充実したものとして挙げられ、他にも数冊の総合的研究書がある。しかし、日本においては、ローティのロールズ論とその両者の比較における議論に比重を置きつつ哲学や政治思想の独創的な解釈を行った渡辺幹雄の『リチャード・ローティ――ポストモダンの魔術師』が総合的研究として挙げられ、またローティの哲学を日本に紹介した野家啓一や冨田恭彦などの優れた研究は数多くあるものの、その他のほとんどが基本的にはそれぞれの研究者がもともと専門としていた学問分野内の議論に限定したものであり、ローティの思想自体の全体像や一貫性を描き出したまとまった研究は、意外にも皆無であった。ローティは二〇〇七年六月八日に亡くなったので、その生涯を振り返り思想遍歴の総合的な研究を行うには今がまさに絶好のタイミングであるかもしれない。

しかし、総合的なローティ研究を試みるにはいくつかの難点がある。まず第一に、これは渡辺も著書の序文で述べていることであるが[1]、ローティ自身は「体系的哲学」を批判し「啓発的哲学」を志しているのにもかかわらず、その思想を総合的に描き出そうとするためにはローティの思想を「体系化」してしまうことを避けられないということである。とはいえ、プラトンやアリストテレス、カントのように一から十まで綿密に構築された、ローティが批判するところの「構築的」な体系ではないにせよ、ローティの議論は同時代の他の思想家以上に終始一貫した主張を保っており、多種多様なジャンルを扱っていても、その中で言っていることはほとんど同じことではないかと思えるほどである。ローティの思想の万華鏡のようなレトリックや細分化された各ジャンルの波間を鮮やかにサーフし続けるその議論の巧みさに惑わされないためには、敢えてその「一貫性」にこそ注目すべきであろう。

二つ目の難点は、ローティの思想自体はそれほど難解ではなく、例えばウィトゲンシュタインやニーチェのように自らの独創的な発想だけでほぼ思想を築き上げるようなスタイルではないのだが、様々な思想家の様々な議論に少しずつ言及しており、その言及する思想家の量があまりにも多いので、ローティが言っていることをより深く理解するためには、まずその予備的知識として膨大かつ雑多な教養が求められるということである。例えば、片や「分析哲学」の極めて厳密で論証的な議論の方法に馴染まなければならないかと思えば、一方ではニーチェやデリダのように「詩的」な文体にも馴染まなければならず、また政治的には無色透明な専門的な哲学の知識が必要かと思えば、一方では極めて現実的な社会運動の歴史を学ぶ必要もある。ローティの思想は一見すると大変読み易いものではあるが、その間口の広さに比べると奥の方には細く深く無数に分岐した迷宮が待ち受けているのである。そのため、本書においてはローティ自身の議論だけではなく、その最低限の予備的知識としてローティへ至る各学問分野の学説史の解説にも重点を置いた。筆者の力量不足のため、各分野の専門家の方々から見ると説明不足や誤解、誤読などが多数見受けられるかもしれないが、そのような点は是非とも御教授いただきたい。

そして、最大の難点はローティの思想を描き出す方法にある。ローティ自身は哲学における「自然」をありのままに歪み無く映し取る「鏡」としての「知識」の在り方、例えば「科学」における「真理」は「実在」と「対応」している、といったような人間の物事の理解に対する性向を批判している。そして、人間が物事を理解するときには必ず自らの文化による「解釈」のフィルターを通した偏向したものとならざるを得ないという、「解釈学的」な考えを持っていた。では、ローティの思想そのものを描き出す時にはいかなる態度で接すれば良いのか。旧来の文献研究の手法からすると、哲学においても文学においてもテクストの著者がいかなる意図を持って著述を行い、読者は著者がそのテクストに込めた「真理」をいかにして読解するか、ということの研究によって真偽が定められたが、ガダマー的な解釈学、あるいはロラン・バルトによる「作者の死」の宣告、脱構築的なテクスト読解の提案などのようなそれぞれ小さな異同があるものの共通した考え方が提案されて以降、著者の真意をいかにして見出すか、ということよりも「読者」がいかにしてテクストを解釈するか、ということに文献研究の重点が移行しており、ましてや解釈学や脱構築を肯定するローティのテクストを読むときには尚更そのような態度が必要なようにも思える。

しかし、だからと言って各々が好き勝手に全くバラバラの読み方をしていては、一般的な学問は成り立たない。ローティはテクストの自由な「読み」を推奨しているが、ローティ自身が書いている文章は何らかの事柄について自らの意見を理に適ったものとして表明した文章なのである。ローティの思想はいわゆる「ポストモダン」の思想と親和性があり、確かに「軽い」し「面白い」ので、そこが大きな魅力でもあるのだが、研究を行うにあたってその軽くて面白い部分だけを取り上げていては本当に軽薄なものになってしまうし、それではローティの思想の価値を十分に表現し損ねてしまうことになるだろう。ローティの思想の価値は、軽くて面白い面がある一方で本格的で重厚かつ難解な面があり、ローティが本当に哲学を破壊したのか、それともむしろ再生したのかということについての評価は分かれるところであろうが、プラトンやアリストテレスから続く一連の哲学史における巨人の一人として、例えばデカルト、ロック、ヒューム、カント、ヘーゲル……ウィトゲンシュタイン、クワイン、デイヴィドソン……ニーチェ、ハイデガー、フーコー、デリダ……という連綿として受け継がれてきた古典として名前を残す存在となるのは確かであろう。本書においてはローティの思想の「面白さ」「新しさ」「奇抜さ」に対しても、もちろん大きな比重を置いて着目しているが、それ以上に数十年、数百年後にも読み継がれ、二十世紀末における思想界において重要な役割を担った人物の一人として、クラシカルなものの一つとして扱うのが本書の目指すところである。

本書の構成

本書の構成は次のようになっている。まず始めに、第Ⅰ部「ローティの哲学」においては、彼の伝記と哲学面、特に彼のキャリアの前半に主に論じられている言語哲学の問題における考察を行なっている。続く第Ⅱ部「ローティによる自由主義の再構築」では、一転して近代的な自由主義や民主主義の擁護について論じることが多くなった『偶然性・アイロニー・連帯』とその前後の議論を対象として考察している。哲学と政治思想という、一見すると別物の議論を行っているようであるが、ローティ自身の中では「基礎づけ主義」の排除という共通した考え方によって、実は一貫した考え方が貫かれているのであった。そして「ポストモダン」以後、近代の政治体制を声高に擁護することは難しくなるなかで、ローティは「ポストモダン」を排除すること無く、むしろそれを取り入れつつも近代的な政治体制を再構築するという離れ業を見せている。第Ⅲ部「ローティのプラグマティズム」では、ローティ自身のプラグマティズムとはいかなるものかを考察し、パース、ジェイムズ、デューイといった伝統的なプラグマティズムとの比較、あるいはデリダをはじめとする「脱構築」の思想との哲学、政治思想の両面における親和性と相違点を比較して考察した。第Ⅳ部「現実への参加」においては、現実の政治運動と道徳というポストモダン以後の世界において積極的に参加することが難しくなったような事柄に対してポジティブに発言しているローティの独創性に注目し、それぞれがいかなる歴史的背景から論じられているのかということを考察した。最後に第Ⅴ部「ローティの現代的意義」において、まとめとして筆者自身によるローティの思想の解釈を提示した。二十世紀の思想の多くは旧来の伝統的な哲学における問題点を打破したものの、解体以上に新たな建設的な提案を出すことはせず、その破壊の後に何もない荒野だけが残ってしまった。そのような問題に対して、懐古的なだけでも破壊的なだけでもない、一つの肯定的で希望のある新たな解答例を出したのがローティの思想ではないか、というのが筆者のローティ思想の解釈である。

アメリカの「変化」に対する指針として

二十世紀においてアメリカはファシズムとの戦いに勝利し、ソ連の崩壊による共産圏とのパワーゲームにも勝利したことによって、名実ともに唯一の超大国として世界の盟主に君臨することとなった。しかし、「パックス・アメリカーナ」の到来は未来永劫の平和を約束するものではなく、その平穏は二〇〇一年の〈九・一一〉事件によって破られ、以後様々な紛争やテロによって世界の情勢は再び不穏なものとなった。そして、それらに対応する際のアメリカの手法は元々同じ自由主義陣営であったはずのヨーロッパ諸国をはじめ、多くの国の人々から必ずしも好意的に受け入れられなかった。

これから先の未来においてもアメリカが二十世紀に築いた現在と同じような地位を保ち続けることができるかどうかはわからない。〈九・一一〉から昨年の「金融危機」までの現代の歴史に見られるように、相次いでアメリカを襲う歴史的な動揺によって、そしてこれから待ち受ける多くの困難によって、近い将来にアメリカの地位が多少なりとも低下することは避けられないであろう。しかし、それでもなおアメリカは世界有数の規模を持つ大国であることには変わりはなく、少なからずアメリカ的な自由主義と民主主義によって成り立っている政治機構を持ち、戦後にアメリカの文化によって染め上げられ、国防をアメリカの軍事力に依存し、特に近年においてアメリカ型の規制緩和と構造改革の導入を行なった日本にとっては、いかなる距離をとるにせよ、否が応でも常に「アメリカ」と付き合っていかなければならないのは確かである。新たな大統領となったオバマは人種の壁を超えた「連帯」や「希望」といったローティの思想と親近性を持つような言葉をキーワードとして、民主党の予備選挙が開始される以前に予想されたよりも遥かに多くの熱狂的な支持を集めた。また、民主党の候補者選びの予備選挙が本選挙に勝るとも劣らない注目を集め、共和党の予備選挙に対する注目を圧倒したのは、(ブッシュの人気のなさという要因があったにせよ)アメリカにおける「リベラル」という勢力が盛り返しを見せている証しであるのだが、ローティの思想はその現代の「リベラル」の思想的背景の一つとなっているものであることは、本書の第8章においても検討している。
現代のアメリカの中でいかなる変化が起こりつつあるのか。再び行なわれようとしているアメリカの新たな実験は成功と失敗のどちらに転ぶのだろうか。過剰に膨らんだ期待は往々にして失望へと化してしまいがちなものであり、熱狂的な支持はほんの少しのきっかけで一気に裏返されるものでもあるので、政権交代を成し遂げた若き大統領がどれほど理想に満ちた言葉を投げかけようとも、全てが一夜にして変わってしまうような大きな変化を現実的に起こすことは難しいかもしれない。しかし、少なくとも軌道をわずかながらでも変えようとしていることは確かであるし、ほんの少しの針路の変更がその航路の進んだ先では大きな違いを生み出すこともある。先ほど、ローティの思想をクラシカルなものの一つとして描き出すと言ったばかりであるが、まさに現代進行形で変化しつつあるアメリカについての指針として、そして世界の中で今もなお生きている思想として、その重要性はある。

注

（1）渡辺幹雄『リチャード・ローティ――ポストモダンの魔術師』春秋社、一九九九年、iii頁。

第Ⅰ部　ローティの哲学

第1章　ローティの生涯と思想形成

社会的正義の英才教育

ローティの独特な思想が形成されるにあたって、その生い立ちは重要な要素の一つとなっているので、まずはローティの筆による自伝的論文「トロツキーと野生の蘭（Trotsky and the Wild Orchids）」と『アメリカ未完のプロジェクト（*Achieving Our Country*）』の一部、その他のインタビューや訃報記事などから得られる情報をまとめ、その生涯を追いかけてみたい。

リチャード・マッケイ・ローティ（Richard McKay Rorty）は一九三一年一〇月四日にニューヨークにて生まれた。父親はジェイムズ・ハンコック・ローティ（James Hancock Rorty）、母親はウィニフレッド・ラウシェンブッシュ・ローティ（Winifred Rauschenbusch Rorty）であり、兄弟は無く一人っ子だった。同じ一九三一年生まれの思想家にはチャールズ・テイラー（Charles Taylor）がいる。

ローティの父方の祖父は一八五〇年頃にアイルランドからアメリカへ移民してきた。当時のアイルランド系移民は同時期にやって来たポーランド系やイタリア系、ユダヤ系などの東欧や南欧からの移民と同様に、アメリカの白人社会の下層に位置したが、ローティの祖父はその社会的地位を超えて、十八世紀にイングランドから移民した一族の娘と結婚することができた。その息子、すなわちローティの父であるジェイムズ・ローティは当初、アメリカ共産党の支持者であり、第一次世界大戦中は非武装の担架運搬人として活動し、一九二〇年代には『ニュー・マッセズ（*The New Masses*）』という共産党機関誌の編集者として働いていた。その頃、ローティの母となるウィニフレッド・ラウシェンブッシュと出会ったと思われる。

ウィニフレッドの父親（ローティの母方の祖父）は、「社会的福音運動（Social Gospel Movement）」というキリスト教的な社会運動を行ったウォルター・ラウシェンブッシュ（Walter Rauschenbusch）という人物であり、著書も何冊か残している。ラウシェンブッシュ家はドイツ系移民のプロテスタントの聖職者だったが、その周辺にはウィスコンシンの労働問題に携わったポール・ラウシェンブッシュ（Paul Rauschenbusch）、エリザベス・ブランダイス（Elizabeth Brandeis）夫妻などがおり、社会問題に非常に関心が高い一族であった。ウィニフレッドもラウシェンブッシュ一家の高い政治意識に影響されてシカゴ大学の大学院で社会学を学んだ。そして、ジェイムズと同様に共産党の支持者となった。

リチャードが誕生した翌年の一九三二年、ジェイムズは共産党の大統領候補を支援する組織を指揮していたが、アメリカの共産党がモスクワのコミンテルンの強力な統制下にあり、より民主的な社会主義の樹立を目指したトロッキーを追放したスターリンの独裁体制を支持していることを知り、夫婦そろって共産党と袂を別かった。ジェイムズは、ジョン・デューイ（John Dewey）の弟子であり後にニューヨーク大学哲学教授となる哲学者のシドニー・フック（Sidney Hook）と親交が深かったが、フックも一九三二年にそのマルクス研究が哲学的に異端であるという廉で共産党から追放されており、ローティ夫妻はフックと行動を共にしたと見られる。一九三二年の段階では、アメリカ国内においても未だスターリンのソヴィエトは正統なものであり、一九三九年の八月に独ソ不可侵条約が結ばれるまで、ファシズムに対する唯一の防波堤とみなされていたため、アメリカの左翼は共産党から民主党のニューディーラーに至るまで団結していた。その中で、反スターリン、トロツキー支持の路線を打ち出したフックやローティ夫妻の一派は左翼の中でも異端であり、後に多くの左翼知識人は反スターリンへと転向するが、彼らの転向は非常に早期の段階でのものであった。

ジェイムズはその「転向」によって共産党から「トロツキー派」とみなされたが、その時期のジェイムズは共産党からの批判どおり、トロツキーの影響を受け、より社会民主主義的な路線を志向するようになった。彼はアメリカ社会党の大統領候補ノーマン・トマス（Norman Thomas）と親交を持ちその支援を行い、社会党の機関誌を購読する他にも、「デレオン派社会主義労働党」と「シャットマン派社会主義労働党」の機関誌を定期購読しており、幼い頃のリチャードは家に置いてあるそれらの新聞を苦労しながら読んでいたという。

一九三〇年代から四〇年代にかけてローティ夫妻はニューヨークの様々な労働団体、特に後にマーティン・ルーサー・キング牧師（Martin Luther King）と共に公民権運動を指導し、一九六三年の「ワシントン行進」の中心的役割を果たしたA・フィリップ・ランドルフ（A. Philip Randolph）が指揮する黒人労働組合「プルマン寝台車給仕友愛会」の広報兼ロビイストとしても働いた。また、「レオン・トロツキー擁護委員会」を支援し、メキシコに亡命していたトロツキーに事情聴取を行う調査委員会の委員長としてフックによって担ぎだされたデューイのメキシコ滞在にも、委員会の広報として同行した。

ローティ一家は、一年の半分を自宅のあるニュージャージー州西部のデラウェア川渓谷沿いの田舎町フラットブルックヴィル(1)で過ごし、後の半分をニューヨークのブルックリンやマンハッタンのチェルシー・ホテルなどに滞在したが、リチャード少年も両親と共にこの二つの街を往復した。ニューヨークでのローティ一家は労働運動の活動家として、またフックやライオネル・トリリング(Lionel Trilling)、ダイアナ・トリリング(Diana Trilling)夫妻、アーヴィング・ハウ(Irving Howe)などのいわゆる「ニューヨーク知識人(New York Intellectuals)」で形成されるサークルの一員に属していた。幼少の頃のことをローティは次のように回想している。

十代の頃、私はシドニー・フックやライオネル・トリリングが『パルティザン・レヴュー(*Partisan Review*)』誌で発表していた反スターリン的な言葉のすべてを信じていた。その理由の一部は、たぶん私が赤ん坊の頃に彼らの膝の上に抱きかかえられていたからであろう。私の母は私が七歳の時に、ジョン・デューイも、数年後に暗殺されたイタリア無政府主義の指導者カルロ・ツレスカ(Carlo Tresca)も出席したハロウィンパーティーで、来賓に小さなサンドウィッチを出す名誉を得たことをよく話してくれた(2)。

後年のローティが哲学者としても政治思想家としても最も影響を受けたと公言しているのがデューイであるが、父の知人でもあったデューイに直接会ったのはこの七歳の時のハロウィンパーティーの一回きりであったという。また、リチャード少年が社会主義に目覚めたのもニューヨークに滞在していた時のことである。

十二歳の冬の間は、無給の使い走りとして、グレイマー・パークのはずれにあった「労働者保護同盟」の事務所（両親がそこで働いていたので）から報道発表の原稿を、角を曲がったところにあったノーマン・トマスの家と一二五丁目の「プルマン寝台車給仕友愛会」にあったA・フィリップ・ランドルフの事務所に届ける仕事をした。地下鉄の中で運んでいる文書を読んだものだった。工場の所有者が組合のオルガナイザーに対して何をしたか、農園所有者が分益小作人たちに、あるいは白人の機関士組合が有色人種の消防士たちに何をしたか（ディーゼルエンジンが石炭を燃やす蒸気機関に取って代わりつつあったので、白人の機関士たちは消防士の職を望んでいた）などについて、そうした文書から多くのことを知った。こういうわけで、十二歳にして私は、人間であるということにおいて肝心なのは、社会的不正に対する闘いに人生を捧げることだと知ったのである。(3)

リチャード少年が当時の左翼の人々から社会的正義への強い意識の洗礼を受けたのはニューヨー

ク滞在時だけではなかった。ローティ家のフラットブルックヴィルの自宅では、トロッキーの秘書の一人であったジョン・フランク（John Frank）という人物を一時期匿っていた。ローティ家の隣人には、「一九〇五年革命」に関わったもののスターリンの弾圧を受けアメリカに逃れ、「アメリカ合併衣料労働者連盟」という組織の職員となっていたJ・B・S・ハードマン（J. B. S. Hardman）という人物がおり、リチャード少年は両親や友人達とハードマンとの会話の中からスターリンの恐ろしさを確信するようになった。両親の書棚には『レオン・トロッキー裁判（*The Case of Leon Trotsky*）』と『無罪（*Not Guilty*）』というデューイ調査委員会の報告からなる書物があり、リチャード少年は他の家の子供達が自分の家にある聖書を見るような思いで、「救済の真理と道徳的な卓越性の光を放つ本」としてその書棚を見つめていたという。(4) 時折の休暇を、親戚であるラウシェンブッシュ夫妻の住むマディソンで過ごしたが、そこでもデューイの弟子マックス・オットー（Max Otto）やウィスコンシンの革新主義の政治家として有名であったラ・フォレット一家のサークルとも交流した。

一九三〇年代のスターリンによる大粛清を知った「ニューヨーク知識人」の主だった人々はやがて反スターリン、親トロッキーの立場をとるようになった。リチャード少年も幼少期に両親とその知人達による一種の英才教育を受けて、トッド・ギトリン（Todd Gitlin）が「赤いおむつをつけた反共主義の赤ん坊（red-diaper anticommunist baby）」と呼ぶような育ち方をしたのであった。そして、「まともな人なら誰もが、トロッキストとは言わないまでも、少なくとも社会主義者であるということを知るようになった[5]」のであった。

父はノーマン・トマスが設立した、左翼の人々による反共組織である「戦後世界会議」の創設に協力した。また、その後も生涯を通じてフックと行動を共にし、親交の深い友人同士であった。息子であるリチャードが一九五二年にシカゴ大学で修士号を取得し、哲学の研究というキャリアを選択した時、父は「驚くというより困惑して」友人であるフックに、彼の息子にアドバイスを与えるように求めたが、その時フックは「なるべく早く、頻繁に論文や著作を公表しなさい」というようなことを言ったという[6]。第二次大戦後、アメリカの左翼知識人は「マッカーシズム」の赤狩りという試練を受けることになるが、フックは当初の反スターリン、反ファシズムの立場から当時のアメリカ政府の冷戦政策に協調し、反共組織である「文化的自由アメリカ委員会（ACCF）」を結成した。彼らは『コメンタリー（*Commentary*）』という雑誌において主に論説を発表したが、この『コメンタリー』誌は中道右派から次第に保守化していき、一九六〇年代の「新左翼（New Left）」に対抗して「新保守主義（Neo Conservative）」として強力な反共的論陣を張るようになり、やがてニクソン(Richard Nixon)やレーガン(Ronald Reagan)の共和党政権の理論的支柱にすらなっていった。ACCFは非公式にCIAから資金を受け取っていたことが発覚し、後にクリストファー・ラッシュ（Christopher Lush）らによって批判を受けることにもなる。ジェイムズもフックと共にACCFに参加しているが、ローティ自身はそのことを次のように述べている。

「冷戦」を煽動することは、私の家族やその友人たちのしていた他の立派な活動とつながっている、と当時の私には思われた。そして、今もそうである。いまだに私はヒトラーとの戦いとスターリンとの戦いに大きな相違があるとは思えない。「改良主義左翼」がもっと強力であったら、第二次世界大戦後のアメリカが二股をかけることができただろうという考えは理に適っている、と私は今でも思っている。その考えに従って、アメリカは世界中で少数独裁政治を社会民主制に変える国際運動の指導者になることもできただろうし、また気の狂った専制君主の支配する邪悪な帝国の拡大を阻止する核武装した超大国になることもできただろう。[7]

ただし、彼ら「反共左翼」は当然ながらマッカーシズムとは一線を画していることも忘れてはならない。もともとマルクス主義者であった彼らは、スターリンが革命政権を私物化し、ヒトラーと変わらぬ独裁体制を築いたことから反スターリンの立場になったのであって、マッカーシー（Joseph MaCarthy）やニクソンの偏狭な反共主義と比べ、より内在的で本質的な批判を行うことができた。アメリカ左翼の変遷の歴史については、ローティの左翼論について考察を行う第8章においてより詳しく検討をする。

このように、リチャードは両親とその親戚や友人、知人たちから成る左翼知識人のサークルから一種の強力な英才教育を施され、将来は自らもその闘いに身を投じようと考えると同時に、「人には言えない」秘密の神秘的な趣味を持っていた。最初はチベットに興味を持ち、当時ダライ・ラマに即位したばかりの少年にお祝いの言葉を添えてプレゼントを送ったという。次に彼はフラットブルックヴィル近郊の山間部に自生している野生の蘭に興味を持つようになった。リチャード少年は山の中を歩き回り、苦労して蘭を見つけ、ニューヨークに戻った時には市立図書館で十九世紀の植物学の本を見て調べていた。彼は熱帯原産の見栄えの良い蘭よりも北アメリカに自生する蘭の方が気高く純粋無垢で精神的に価値が高いと考え、それに出会った時には何か聖なるものに触れたような、ワーズワース的で詩的な瞬間を感じていたと述べている。しかし、マルクス主義的な価値観を齧っていたリチャード少年は、そのような社会的には何の役にも立たないブルジョワ的な趣味を「トロッキーなら良しとしないのではないか」とも考えていた。野生の蘭を探して山間部を歩き回るという趣味は、大人になるとバードウォッチングへと発展し、双眼鏡を持って晩年の住処だったカルフォルニアの周辺から、ブラジルの熱帯雨林やオーストラリアなどをバードウォッチングのために旅をして廻ったほどであった。

プラトン的哲学からプラグマティズムへ

ローティは一九四六年に十五歳でシカゴ大学のハッチンズ・カレッジに入学する。ローティに対して面識のある人は、みな彼がシャイで礼儀正しい性格であった、ということを述べているが(8)、本人の回想を見ても、やはり少年時代からおとなしい性格で、そのオタク的傾向のある趣味のせいもあり、大学入学以前はイジメられっ子だったようである。大学に入学し、イジメからも解放されたローティが課題としたことは、野生の蘭を見つけた時に感じる耽美的な瞬間としての「実在」と、トロツキーが体現していた「正義」を単一のヴィジョンのうちにとらえることができるような、知的ないし美的な枠組みを見つけることであり、そのようなトロツキーと野生の蘭との対立を調停することによって「オタク的な世捨て人であると同時に正義を求める闘士である道」[9]を探ることであった。

当時のシカゴ大学にはレオ・シュトラウス（Leo Strauss）やルドルフ・カルナップ（Rudolf Carnap）をはじめ、ナチスから逃れてきたヨーロッパの偉大な学者が揃っていた。彼らのような亡命哲学者は、ナチスを絶対的な悪としてとらえており、「成長」それ自体が唯一の道徳的目標であるというデューイのような考え方では「ヒトラーがドイツは彼の統治下で〈成長〉した、と主張してもそれを論破できない」ため、プラグマティズムの思想を批判していた。そのため、当時のシカゴ大学においては、ローティの両親やその知人たちが支持するデューイの思想は嘲笑の的であり、ローティ自身も「若者の反抗のかたちとして」デューイを軽蔑していたという[10]。ローティが二十代の青年時代を送った一九五〇年代は、いわゆる「ビートニク」を中心とした若者のカウンターカルチャーが勃興しつつあった時期である。ローティは「新左翼」の苗床となったこの文化についてあまり同調せず、「少しだけポット（マリファナ）を吸い、髪を長くのばした。でもそれがすべてです。大学を破壊しようとしていた過激派の学生たちは、私が絶対に共感することができないような人間であるとすぐにわかりました。私は、アメリカ文化は病んでいるとか、それが別のものに置き換えられる必要があるとかいう考え方を真剣に受け取ることはまったくありませんでした」と述べている[11]。

トロツキーと野生の蘭との対立を調停する単一のヴィジョンを得るための枠組みとしてキリスト教の見解に馴染むことができなかったローティは、やがて絶対主義的な哲学を志向するようになる。ローティはシュトラウスの講義に出席したが、その講義には同級生だったアラン・ブルーム（Alan Bloom）などシカゴの学生の中でも最も優秀な人々が揃っていた。ローティもその中に加われたことを喜んではいたが、「彼の観点を本当の意味で理解することは不可能だった」と述べている[12]。しかし、シュトラウスに触発されてか、ローティは十五歳の夏にプラトンの著作を通読し、プラトン主義者になりたいと心底思ったという。しかし、プラトン的な哲学を追求すればするほど、それが不可能なのではないか、とローティには思われた。ローティはプラトン主義的な志向から転向するときに悩んだ考え方を、次のように述べている。

プラトン主義的な哲学者が目指すのは、反論を許さない論証……を提示する能力であるのか、それとも、ある種の伝達不可能で私的な至福……であるのか、そのどちらなのか、わたしにはまったく解決がつかなかった。前者の目標は、他者を圧倒する論証的な力を獲得することである。……後者の目標は、自分の持つ疑問がすべて鎮められ、もはやそれ以上議論したいと願わないような境地に入ることである。どちらの目標も望ましいとは思われたが、二つがどうやったらうまく調和するのかについては、見当もつかなかった。……様々な哲学者の著作を読めば読むほど明らかになってきたのは、誰もが自分の見解を第一原理にまでさかのぼらせることができるが、しかしその原理は論敵の第一原理とは両立し得ず……並立する複数の第一原理の評価基準となりうる中立的な立場などはないように思われた。しかし、そうした立場がないのならば、「合理的確実性」という観念そのもの、そして、理性が感性に取って代わるというソクラテス－プラトン的な考え全体が、たいした意味を持たなくなるように思われた。[13]

ローティはシュトラウスの他には論理実証主義の大御所であるカルナップ、哲学者のR・マッケオン（Richard McKeon）、A・N・ホワイトヘッド（Alfred North Whitehead）の弟子であったC・ハーツホーン（Charles Hartshorne）などに学んだが、シカゴ時代には主にそのハーツホーンの下で形而上学を学び、一九五二年にホワイトヘッドについての研究をまとめた修士論文により学位を得た。[14] 博士課程ではイェール大学に移り、C・ヘンペル（Carl Hempel）、P・ワイス（Paul Weiss）、R・ブランボー（Robert Brumbaugh）といった人々に師事した。当時のローティの興味は主にホワイトヘッド、ハーツホーン的な形而上学とマッケオン的な哲学史にあり、アリストテレスのデュナミス（可能態）と十七世紀合理主義者における可能性の概念についての哲学史的な比較についての研究を行い、博士論文では「仮定的条件文の正確な分析といったA・J・エイヤー（Alfred J.

Ayer）もどきの論題を持った博士論文（タイトルは"The Concept of Potentiality"[15]）」を書いている。これはローティによると、当時のアメリカの哲学界の主流が分析哲学になりつつあり、職を得るために書いたものであったという。また、ローティは博士課程在学中の一九五四年にアメリー・オクセンバーグ（Amélie Oksenberg）という女性と結婚をしている。ハッチンズ・カレッジの「著名な卒業生のリスト」によると、アメリーはローティの二学年後輩にあたり、ローティがそのことについて語っている箇所は見当たらないものの、シカゴ大学の在学中に知り合っていたのかもしれない。

一九五六年に二十五歳の若さで「素早く」博士号を取得するが、逆に二十六歳になる前に卒業してしまったために合衆国陸軍で二年間の兵役期間を送ることになる。一九四八―七三年の間に実施されたアメリカの徴兵制度では十八―二十六歳の男子が徴兵されたが、大学に在学している者は対象から外されていた。つまり、ローティはもう少し論文の提出を遅らせれば、兵役を免れることができたのであった。そのことについて、ローティは「私が愚かにも二十六歳の誕生日が過ぎるように博士論文の提出を遅らせなかったせいで、陸軍に徴兵されることになった。なぜこんな馬鹿げたことをしたのか、自分でもわからない[16]」と述べ、ひどく後悔している様子がわかる。陸軍での兵役中のローティは、陸軍通信隊に所属し、主に初期のコンピューターのプログラミングの仕事を行ったが、「ポーランド記法」という演算方式のより効果的な運用方法を提案する、といったような仕事に就いていた[17]。

兵役を終えた一九五八年に、ローティはウェルズリー大学[18]というボストン近郊の名門女子大の専任講師という職を得るが、そこでの同僚の研究者に、アリストテレスの形而上学や哲学史の比較といったローティの研究は時代遅れだから、哲学の世界で今何が行われているかを見つけた方が良い、と言われたそうである。そこで彼は、まず最初に論理実証主義者の著作を読んでみるが気に入らず、次にJ・L・オースティン(John Langshaw Austin)、G・ライル(Gilbert Ryle)、P・F・ストローソン(Peter Frederick Strawson)といった「流行のオックスフォードの哲学者」の著作を読んだ。そして、ウィトゲンシュタイン(Ludwig Wittgenstein)の『哲学的探求(*Philosophical Investigation*)』を読み、流行遅れの哲学者から現在進行形の分析哲学者へと変貌を遂げることができたのであった。

三年後の一九六一年に、ローティはアメリカでも随一のレベルの高さを誇るプリンストン大学の哲学科へ助教授のポストを得ることができたが、そこではウェルズリー以上に、同僚や学生からの「プレッシャー」を受けることとなった。当時のプリンストン大学哲学科にはトマス・ネーゲル(Thomas Nagel)、ソール・クリプキ(Saul Kripke)などの教授陣が在籍した。一九六〇年代のローティはウィトゲンシュタインやウィルフリド・セラーズ(Wilfrid Sellars)についての研究を行い、「心身問題」に関する論文をいくつか書き、『言語論的転回(*The Linguistic Turn*)』という言語哲学のアンソロジーを編集して一九六七年に出版した。しかし、この時期にはまだ一線級の実績を残しているとは言いがたい。実際に、ローティ自身は最新の議論を避けて哲学史に専念したいという誘惑と、学会誌に論文を投稿することによって最新の議論に没頭したい、という誘惑の両方と戦っていたと

いう。(19)

変化が訪れたのは、ローティ自身の述懐によるとヘーゲルの『精神現象学』を「哲学とは一番最近の哲学者を再記述して乗り越えていくということであるとすれば、理性の狡知はこの種の競争をも利用できる」ものとして読んでからであった。ローティはヘーゲル的な発想を通じてデューイを再発見し、またプリンストンの同僚のジョナサン・アラック（Jonathan Arac）に薦められて読んだデリダ（Jacques Derrida）と、デリダの著作によって引き戻された後期ハイデガー（Martin Heidegger）やニーチェの著作によって、デューイ、ウィトゲンシュタイン、ハイデガーにおけるデカルト批判の共通点についてひらめく。そして、そのひらめきの成果が、一九七九年に出版されたローティの主著の一つとなる『哲学と自然の鏡（*Philosophy and Mirror of Nature*）』へ結実することとなった。ちょうどこの本を出版した頃に、ローティは「アメリカ哲学会東部部会」の会長を務めるが、理論的な分析哲学が主流であった哲学界においては英米の言語哲学、分析哲学とヨーロッパ大陸の現象学的、解釈学的な哲学とを同等に論じることは異例なことであった。というのも、英米の哲学者はヨーロッパ大陸の哲学をあまりに神秘的な次元で議論をしすぎているため「形而上学的」で無意味なものとみなしていたし、ヨーロッパ大陸の哲学者は英米の哲学を科学的思考に偏った薄っぺらで深遠さを欠く「哲学」の名に値しないものとみなしていたため、双方の文化圏の哲学的な交流はほぼ途絶えていたからである。分析的な傾向の強かった当時のプリンストンにおいて、ニーチェやハイデガー、フーコー（Michel Foucault）、デリダなどを取り上げるローティは、同僚の多くから白い目で見られるようになったという。プリンストンにはアメリカ中から最も優秀な部類の分析哲学に興味を持った学生が集まってきたが、ローティは彼らに哲学のジャーナルに論文を載せられるような能力を授けるための最先端の分析哲学の講義をすることにはあまり楽しみを見出せず、むしろ苦痛だったという。しかし、この時期にローティが指導した学生の中から、R・ブランダム(Robert B. Brandom)といった次代のアメリカ哲学を担う人材が輩出された。

また、私生活では妻アメリーとの間に一人の息子をもうけたものの、一九七二年に「あまり友好的ではない」形で離婚をしてしまった。アメリーもまた哲学の研究者であり(アメリー・オクセンバーグ・ローティの名前でアリストテレスについての著作などを数冊出版している)、彼女もプリンストンの同僚と親しかったために、この離婚はプリンストンに居辛くなったことの要因の一つとなったようである。なお、ローティはアメリーと離婚した同年に、生命倫理学者であるメアリー・ヴァーネイ(Mary Varney)と再婚し、以後は一男一女をもうけ、亡くなるまで生活を共にしている。

一九八二年に、ローティはヴァージニア大学の文学部に人文学の教授として招かれ異動した。ヴァージニア大学で文学部の学生を相手に授業をすることは、自らが興味を持つ哲学史や大陸哲学を自由に取り上げることができたため、気分が楽になったようである。ヴァージニア大学においてヨーロッパ大陸の哲学や英米の政治思想、様々な文学作品など、自らの興味の赴くままに自由な研究に専念できるようになったローティは、その成果として一九八九年に『偶然性・アイロニー・連帯(*Contingency, Irony, Solidarity*)』という著書を発表する。この著書はそれまで哲学を主要な論題としてきたローティが、その関心を政治思想にシフトさせたものであり、その政治的ステイトメントは、哲学が近代的な価値観を批判する「ポストモダン」的なものになったからといって、自由主義や民主主義といった近代ヨーロッパが生み出した社会制度まで否定しなければならないということにはならず、私的な趣味としての哲学と公的な規範としての政治制度は分離して考えなければならない、ということであった。この頃になると、議論の対象や相手も分析哲学に限定されなくなり、ハーバーマス（Jürgen Habermas）やデリダといった同時代の偉大な思想家たちと論争を行うようになり、哲学界だけでなく一般的にも知名度が上がって来ていた。[20] また、幼少の頃のヒーローの一人であり、大学時代に一度は「軽蔑」をしたデューイのプラグマティズムを、自らにとって最も重要な思想として、何度も取り上げるようになった。ローティは「私が誰よりも敬服し、自分をその弟子だと思いたい哲学者は、ジョン・デューイである」[21]と述べている。そして、ウィリアム・ジェイムズ（William James）のプラグマティズムや宗教論も積極的に自らの思想に取り入れ、分析哲学の流行以降、アメリカ国内においても衰退していたプラグマティズムを現代において復興させたことから、ローティの思想は「ネオ・プラグマティズム（Neo Pragmatism）」と呼ばれることも多い。

政治的な立場としては、基本的に一貫して社会主義的な考え方を保持し続けたようである。青年期以降の政治的立場をローティはこのように述べている。

私は三十代まで政治的目標として望ましいものは社会主義であると考え続けていた。しかし、一九七〇年を過ぎた頃から市場主義経済はおそらく永遠に私たちと共に存続し続けるだろうし、それゆえに私的財産を取り除くのではなく、何か別の社会的不平等を是正する方法を持たなければならないと考えるようになった。[22]

ローティは典型的なマルクス主義者ではなかったし、六〇年代の「新左翼」にシンパシーを抱いてもいなかったが、それでもある種の社会主義的な変革に希望を持っていたようである。しかし、一九七〇年代以降、資本主義経済体制の枠内での格差是正という「社会民主主義」的な考えに転向していった。[23]

一九九〇年代に入るとローティの議論の主要な関心はさらに政治へと移っていき、一九九七年には六〇年代の左翼運動の挫折とそれを通過した現代の左翼の問題点を指摘し、自らの両親たちが活動した一九三〇―五〇年代のニューディール政策に参加したような、いわゆる「旧左翼」を再評価した『アメリカ未完のプロジェクト』の元となる講演を行った。そのような政治的立場であった故か、ビル・クリントン（William J. "Bill" Clinton）が大統領だった時期に、一度ホワイトハウスに招かれて大統領と現代の倫理の問題について話し合ったという。[24] ローティはF・D・ルーズベルト（Franklin D. Roosevelt）大統領のニューディール政策や、J・F・ケネディ（John F. Kennedy）、リンドン・ジョンソン（Lyndon Johnson）両大統領による六〇年代の民主党の政治と同様とまではいかないものの、クリントン時代を貧富の格差の是正に多少なりとも気を配ったとして、概して好意的に評価している。それに対し、共和党のG・W・ブッシュ（George W. Bush）大統領の政策やその支持母体となっていた宗教的右派の団体にはかなり辛辣なコメントを多数寄せていた。

一九九八年にはスタンフォード大学の比較文学の教授に就任し、二〇〇五年まで勤めたあと退職している。世紀を跨いでもなお活発に著述を行ったローティであるが、その頃には道徳論や宗教論などを主なテーマにするようになった。晩年はカルフォリニア州のパロ・アルトという街に居を構え、研究、執筆活動の傍ら趣味のバードウォッチングにも没頭し、亡くなる四ヶ月前にもグランドキャニオンへコンドルを見るために旅行した。また、ローティは自身に批判的な哲学者から学部生に至るまで、送られて来たメールには律儀にもほとんど全てに対して返事を書いていたそうである[25]。

ローティは二〇〇七年六月八日にパロ・アルトの自宅で妻メアリーに看取られながら亡くなった。死因は膵臓がんとそれによる合併症で、享年は七十五歳であった。死の数ヶ月前には既に手の施しようのない病状であることが告知されていたようで、ローティは死後に出版された『ポエトリー・マガジン（*Poetry Magazine*）』誌二〇〇七年一一月号に、最晩年に書いたとされる「生命の灯火（The Fire of Life）」というエッセイを載せている。そこには次のように書かれている。ローティの家を訪ねてきた長男とバプティスト教会の牧師である従兄弟から、死に際して自らの思想が「宗教」や「哲学」に拠り所を求めることはあるかと聞かれたので、ローティは「宗教」もエピクロスやハイデガーが死に関して考察した「哲学」も何ももたらさないが、ふとした時に思い出した古い詩を暗誦していると答えた。そして、詩に関しては青春時代に読んだ、古いものしか馴染みがないが、人生においてもっとたくさんの詩に触れておけばよかった。というのも、詩や散文のなかにエピクロスやハイデガーが見落としたような真理があるからではなく、自分の人生がもっと充実したものとなっただろうから、とも述べている。

死後の六月一一日にはドイツの新聞『南ドイツ新聞（*Suddeutsche Zeitung*）』紙上にハーバーマスが追悼文を載せている。それによると、ちょうど一年くらい前にローティから送られてきた電子メールには「戦時下の大統領」であるブッシュに対して皮肉を書いた文章の後に、突然「ああ何てことだ！　デリダを殺したのと同じ病気に罹ってしまった」と書かれ、それを読んだハーバーマスのショックを和らげるためか、冗談めかしたように「娘はその類いの癌はハイデガーの読み過ぎが原因に違いないと思ったそうだ」とも書かれていたという。ハーバーマスはローティが三十数年前に「分析的思考」という職業上の「コルセット」から自らを解放して以来、デイヴィドソン（Donald Davidson）、パトナム（Hilary Putnam）、D・デネット（Daniel Dennet）のような人々との決闘の中で巧妙で洗練された議論を行ったが、それ以上にその哲学が我々の生きている生命に関する問題であることを決して忘れていなかったことと、その創造力をアカデミックな哲学者という立場で隠してしまうのではなく「ロマン主義的精神」によって、読者に衝撃を与えるような忘れがたいレトリック、ローティの言葉を使うならば新しい「ボキャブラリー」を提示したことを評価し、またその文章から受ける印象とは異なったシャイで引っ込み思案でいつも他の人に気を配っていたような人柄を偲んでいる。(26)

注

（1）フラットブルックヴィル（Flatbrookville）はアパラチア山脈を縫うように流れるデラウェア川上流に面した山間にある村（web上の航空写真を見ると人家はほとんど見当たらず、森と小さな湖がいくつか見当たる程度）で、「デラウェア渓谷国立公園」の中にあり、ニュージャージー州とペンシルバニア州の境にある。全長約三五〇〇キロメートルに及ぶトレッキングコース「アパラチアン・トレイル」が近く、マンハッタンからも一五〇キロメートル程の距離にあるため、ハイキング、釣り、キャンプ、避暑などのレジャーを主な目的として訪問する人が多い。

（2）Richard Rorty, *Achieving our country : leftist thought in twentieth-century America.* Cambridge, 1998, p.61.『アメリカ未完のプロジェクト——二〇世紀アメリカにおける左翼思想』小澤照彦訳、晃洋書房、二〇〇〇年、六六—六七頁。

（3）Richard Rorty, *Philosophy and social hope.* London, 1999, pp. 48-49.『リベラル・ユートピアという希望』須藤訓任・渡辺啓真訳、岩波書店、二〇〇二年、四八—四九頁。

（4）*Ibid.*, p. 5. 四七頁。

（5）*Ibid.*, p. 6. 四八頁。

（6）Richard Rorty, (edited by Eduardo Mendieta), *Take care of freedom and truth will take care of itself : interviews with Richard Rorty.* California, 2006, p. 5.

（7）Rorty, *Achieving our country*, pp. 62-63. 六八頁。

（8）一九七九—八〇年にかけて、プリンストン大学のローティの下に留学をしていた野家啓一は、ローティの印象を次のように語っている。

「ローティという人はアメリカ人にしては割とシャイな人です。普通アメリカ人というのは初対面から親しげに握手を求めて、ファースト・ネームで呼び合うという人が多い。それからするとローティはちょっとシャイなところがありまして、私たち日本人にはむしろ付き合いやすい人だと思います。……ローティという人は自らアイロニストを名乗っていますように、ちょっと斜に構えたようなところもありますが、アイロニーとユーモアのセンスを共に備えた人です。ローティは書いたものはかなり戦闘的ですが、議論などをしていると、アメリカの哲学者の割には戦闘的という印象はそれほど受けません。他人の話をじっくり聞いて、それからおもむろに「それは違うんじゃないか」と自分の立場を主張し始める人です。頭ごなしに否定して、自分の立場だけを主張するような人ではありません。」（野家啓一「アブノーマル・フィロソフィーへの挑戦」『理戦　74』二〇〇三年秋号、実践社）を参照。

（9）Rorty, *Philosophy and social hope*, p. 7. 五一頁。

（10）*Ibid.*, p. 8-9. 五二頁。

（11）Rorty, *Take care of freedom and truth will take care of itself*, p. 150.

（12）*Ibid.*, p. 150.

（13）Rorty, *Philosophy and social hope*, p. 9-10. 五六頁。

（14）Rorty, *Take care of freedom and truth will take care of itself*, p. 18.

（15）Rorty, *Achieving our country*, p. 130. 一四一頁。

（16）Rorty, *Take care of freedom and truth will take care of itself*, p. 5.

（17）他のアメリカの思想家では例えば、クワインは第二次大戦中に海軍の諜報部に所属し、少佐にまで昇進した。デイヴィドソンは海軍でイタリア戦線に参戦した。ロールズは陸軍で太平洋の戦線を転戦し、日本の進駐軍の一員として広島の原爆投下後の惨状を目の当たりにしている。

（18）ウェルズリー大学からは、クリントン政権で国務長官を務めたM・オルブライト（Madeleine Albright）、クリントンと結婚してファーストレディとなり、二〇〇八年アメリカ大統領選挙で民主党の予備選挙に立候補したヒラリー・ローダム・クリントン（Hillary Rodham Clinton）などの卒業生が出ている。
（19）*Ibid.*, p. 19.
（20）ローティがイェールの大学院時代に分析哲学を教わったヘンペルは、この『偶然性・アイロニー・連帯』を読んで「お前は私が教えたことの全てを裏切ってしまった」という手紙を書いて送って来たという。*Ibid.*, p.1.
（21）Rorty, *Philosophy and social hope*, p. xvi. 一二頁。
（22）Rorty, *Take care of freedom and truth will take care of itself*, p. 99.
（23）野家啓一はローティが政治的談義を行っていた様子を語っている。
「最初、ローティの自宅で開かれた哲学科のパーティに招かれた時、同僚の先生や大学院生たちが床に車座になってディスカッションしていたのですが、その話題は哲学というよりは政治の話でした。次の選挙がどうだとか、最近の民主党の傾向はどうだとか盛んに議論していました。私はローティにはそういう面もあるのかと、はじめて気がついたわけです。」（野家、前掲書を参照）
（24）*The Independent* 紙、二〇〇七年六月一二日付けの訃報記事を参照。
（25）*The Washington Post* 紙、二〇〇七年六月一一日付けの訃報記事を参照。
（26）*Suddeutsche Zeitung* 紙、二〇〇七年六月一一日付けの追悼文の英訳が掲載されているサイト（http://www.signandsight.com/features/1386.html）を参照。

第2章　認識論的転回と言語論的転回

『言語論的転回』におけるローティ思想の萌芽

ローティが学者としてのキャリアをスタートさせたのは一九五八年、二十七歳の時であるが、本格的に一流の思想家として、その名が全米はおろか全世界へと知れ渡ったのは一九七九年の末、四十八歳の時に『哲学と自然の鏡』を出版してからである。学者として、遅咲きとまでは言わないまでも、二十代や三十代の時に天才的な業績を残すようなタイプの哲学者（例えばウィトゲンシュタインのような）も多い中、ローティは天才的なひらめきによって革新的な著作を生み出すというタイプではなく、地道に仕事を積み重ね、その成果を発表するというタイプであった。実際に、ローティの著作は折々に書き貯めた論文を一冊の書物に編んだ「論文集」の体裁を成しているものが多い。

しかしながら、ローティにとっての初めての単著であり、生涯のキャリアからみても主著と呼び得る『哲学と自然の鏡』は「論文集」という体裁のものではなく、最初から最後まで一貫した議論が続けられる「書き下ろしの単行本」であり、この本に対してローティは構想から出版に至るまでに一〇年程の時間をかけたそうである。(1)

ローティが対外的に発表した初めての論文は、一九六一年の『フィロソフィカル・レヴュー（*Philosophical Review*）』誌四月号に掲載された「プラグマティズム、カテゴリー、言語（Pragmatism,

Category, Language)」と題された論文であった。ローティの名が少しずつ知られるようになったのは、一九六五年に発表した論文「心身同一性、私秘性、カテゴリー（Mind-Body Identity, Privacy, Category)」という論文であり、この論文は心身問題における「消去的唯物論（eliminative materialism)」という考え方を提示したものとして、「心の哲学」の分野においてはファイヤアーベントの「唯物論と心身問題（Materialism and the mind-body problem)」などと並んで、「消去的唯物論」の代表的なものとして取り上げられることがある（この論文の内容については本章の後の方で少し詳しく触れることになる）。それ以上にローティが注目を集めるようになったのは、一九六七年に『言語論的転回』という、ローティが考える言語哲学の古典的な論文を集めて一冊の書物にまとめたアンソロジーを編纂し、独自の観点を表明したイントロダクションを付けたことによってである。この編著は一九九二年にも増補版としてローティによる新たな論文が書き加えられて再出版されている。初期の論文が本人によって後に再考されたことは少なく、また一九七〇年代以降は『哲学の脱構築――プラグマティズムの帰結（*Consequence of Pragmatism*)』や『哲学的論文集（*Philosophical Papers* volume 1〜4）』に収録されている論文を執筆し、『哲学と自然の鏡』の構想を練っている時期にあたり、晩年までの一貫した思想が既にでき上がりつつあった時期と考えられるため、この『言語論的転回』のイントロダクションが、後に続くローティの哲学的思索の出発点であると考えられる。(2) 実際に、英文で三九ページにおよぶそのイントロダクションには『哲学と自然の鏡』における主張と共通することが書かれている。

『言語論的転回』というアンソロジーは、二十世紀前半から半ばまでの英語圏における「言語哲学」の様々な論文を、ローティが独自の視点で一冊の本にまとめたものである。その中には、M・シュリック（Moritz Schlick）の「哲学の未来（The Future of Philosophy）」やカルナップの「経験論、意味論、存在論（Empiricism, Semantics, and Ontology）」などといった古典的論文から、一般的にはあまり馴染みが無いような論文まで、様々なものが含まれており、また一つの主義へと結論を導こうとするような構成ではなく、対立する様々な意見の論文が並べて収録されているのも特徴である。

ローティはここでいうところの「言語哲学（Linguistic Philosophy）」を、「哲学的な問題を言語を再構成したりわれわれが日常的に使っている言語の使用法をより良く理解したりすることによって解決することができるという視点を持つもの(3)」と定義している。「言語論的転回」という用語は、現代では二十世紀哲学の潮流の一つを表すものとして一般的に使われており、フレーゲ（Gottlob Frege）、ラッセル（Bertrand Russell）に起源を持つ英語圏の哲学のみならず、場合によってはソシュール（Ferdinand de Saussure）の言語哲学に始まるフランスやドイツの思想、例えばハイデガー、メルロ＝ポンティ（Maurice Merleau-Ponty）、ロラン・バルト（Roland Barthes）、レヴィ＝ストロース（Claude Lévi-Strauss）、フーコー、デリダなどの言説もそれに含まれることもある。しかし、厳密に言えば「言語論的転回」を経た言語哲学と呼び得るのは英語圏の、特にフレーゲ、ラッセルを継承しウィトゲンシュタインの『論理哲学論考（*Tractatus Logico-philosophicus*）』に影響を受けた「論理実証主義（Logical positivism）」と、その批判を行うことによって発展したクワインやデイヴィドソンらのプラグマティックな言語哲学、ウィトゲンシュタインの晩年の思想をまとめた『哲学的探求』やライルの「行動主義（behaviorism）」に影響を受けて発展したイギリスのオースティンやサール（John Searle）らの「日常言語学派（The School of Ordinary Laungage）」その他クリプキやM・ダメット（Michael Dummett）、ヒラリー・パトナムなどの哲学のことであろう。

なぜそのように言えるのかというと、ウィトゲンシュタインの『論理哲学論考』の結論部分における有名なテーゼ、「語り得ぬものについては沈黙しなければならない」という言葉が表しているように、哲学における思考から、曖昧な形而上学や認識論の用語の使用を追放し、厳密な論理分析によって哲学的な問題を解決しようとしたのが二十世紀前半の言語哲学であり、またその議論が継続されているのが「分析哲学（Analytic Philosophy）」という学問のフィールドだからである。そのため、言語の曖昧な使用や形而上学的思考が残る[4]ヨーロッパの「大陸哲学（Continental Philosophy）」を、「哲学」としてみなさない分析哲学者も多い。これらの哲学の潮流を「言語論的転回」と呼び、一般にその名を広めた人物の一人にローティは数えられているが、ローティによるとこの言葉を最初に使ったのは自分自身ではなく、G・ベルグマン（Gustav Bergmann）であろうと指摘している。[5]このイントロダクションにおける「言語哲学」に対するローティの見解をまとめると次のようになる。

哲学は様々な「革命」を経て「進化」を遂げているようであるが、その「進化」が正しい方向へ進んでいるということをわれわれはいかにして知ることができるのだろうか。初期の実証主義者たち（エイヤー、カルナップ、ベルグマンなど）は、有意味な言語は全て「理想言語（Ideal Language）」へと還元できるという「検証可能性（verifiability）」を一つの「尺度（criteria）」として、中立的な観点があり得るという考え方をもっていた。しかし、そのような「理想言語」は、言語における「行動」という観点が抜け落ちており、そもそも何をもって「理想」とするのかということを完全には決定できないという難点をもっていたため、「日常言語学派」によって批判されることとなった。その対立を検討したローティは、「果たして哲学的問題を解決するのに〈尺度〉は必要なのか」「言語哲学は伝統的な哲学の在り方をより強固にして再生しているだけではないのか」と問う。「言語哲学」は伝統的な哲学を「似非哲学（pseudo-Philosophy）」として批判していたはずなのに、その問題を解決できないどころか、その泥沼に再び捕らえられてしまっている。そのような状況を見て、ローティは次のように主張する。「言語論的転回」は哲学史上における変革の一つであり、それはそれで有益なものである。しかし、いかなる形態の変化が起こったにせよ、哲学における「尺度」を必要としており、それは伝統的哲学と変わりがなく、むしろ反動ですらある。

ローティは哲学の未来を「哲学の終焉」「ポスト哲学的な文化」という観点から考察する。未来の哲学における「形而上学的」な闘争は、「提案」としての哲学vs「発見」としての哲学という形態を採るかもしれない。一度「言語論的転回」が為されれば、哲学者たちが議論の規準を「自然の本質」や「現象の超越論的統一」などから「言語」へと変更するのも自然なことである。しかし、その規準が「事実」の正確な「尺度」である「科学」と成り得るという希望を捨てることが難しいのもまた、哲学者の自然な特性である。プラトンがこの話題を始めて以来、哲学は一方に芸術、もう片方に科学という両端から互いが引っ張り合う綱の上にいたが、「言語論的転回」はその綱の力を弱めることなく、むしろその話題についてより意識的にさせてしまったのであった。

そして、ローティは次のように結論づける。「過去三〇年間に哲学に生じた最も重要な問題は〈言語論的転回〉それ自体ではない。むしろ、プラトンとアリストテレス以来、哲学者に保持され続けてきた認識論的な難点を全体的に再考しようという動きが始まったことである。[6]」

以上のように、このイントロダクションには後のローティの思想のタームが、さながら発芽を待つ種子のように凝縮されているのである。そして、その種子が一〇年以上の熟考という萌育の時を経て大輪を咲かせたのが『哲学と自然の鏡』という大著であった。

「自然の鏡」という問題提起

ローティは後年、自由主義や左翼論といった政治思想から宗教論、道徳論など幅広いジャンルにおいて議論を行っているが、最も多く著述を残しその本領としたのは哲学であろう。とりわけローティが大学時代から訓練を受け、思惟の基本とした「分析哲学」の文脈において、その術語を多く用いて書かれた『哲学と自然の鏡』は、ローティの哲学的な分野における主著であることは間違いない。ローティは『偶然性・アイロニー・連帯』において、哲学と政治思想を区別、分離させることを主張し、前者が後者を基礎づけるような従来的な学問の在り方を批判しているが、かといってローティの哲学がその政治思想と全く無関係であるというわけではなく、むしろその発想の源、思考の方法は哲学においても政治思想においても同じであるように思える。そのため、ローティの思想の全体像を俯瞰するにあたり、まず始めに『哲学と自然の鏡』の内容を読解しておく必要がある。

『哲学と自然の鏡』とはいかなる書物かというと、上述したように主に「分析哲学」のボキャブラリーで書かれているものであるが、内容的には「分析哲学」だけについて書かれた本ではない。導入部分では「分析哲学」においてオーソドックスな話題の一つである「心の哲学」と認識論の批判が論じられているが、やがてクワインやセラーズ、デイヴィドソンといった「プラグマティック」な言語哲学の擁護、「指示理論」の批判、クーン（Thomas Kuhn）の科学史の受容といったあたりから不穏な空気が流れ始め、やがてガダマー(Hans-Georg Gadamer)的な「解釈学」への転回と、ニーチェ、ハイデガー、デリダといった、「分析哲学」においてはタブーとされているような思想との比較を行い、最終的には「哲学の終焉」を仄めかす。

では、『哲学と自然の鏡』とは、どのように位置づけられる本なのだろうか。それは、クーンが『科学革命の構造（*The Structure of Scientific Revolutions*）』において行ったような「非ホイッグ主義的」な科学史の見方を哲学の歴史の見方に適用したような、ローティ流の「哲学史」の本なのではないかと筆者は考えている。「分析哲学」の著述家の多くは、基本的には「哲学史」というものを、とりわけギリシャから近代における西洋の哲学と現代におけるフランス、ドイツの「現象学」的な哲学を、自分たちの哲学と同列のものとして重視しておらず（カントだけは別格で非常に重要視されているが）、アリストテレス、デカルト、ロック、ヒューム、ヘーゲル、ニーチェ、ハイデガー、フーコー、デリダ、パース、ジェイムズ、デューイといった固有名を頻繁に使用するローティの文章は、他の分析哲学の著作と比べるとやはり異様であるし、「論理実証主義」の名残から、現代でも「大陸哲学」を「哲学」として認めていない分析哲学者からローティの手法に対し嫌悪感を持たれることがあっても不思議ではない(7)。

ローティの構想する「哲学史」において、哲学は何回かの「転回」を経ているとされる。西洋の哲学は古代ギリシャに起源を持つが、初期の自然哲学者やソクラテス、プラトン、アリストテレスらは共通して、「普遍」を「観照（contemplation）」することを哲学の目的とし、その「観照」の能力の存在が人間を他の動物から分かつものであるとした。ギリシャ哲学において、後世に最も大きな影響を持っているのはプラトンの「イデア論」である。プラトンは日常的に現れている個別的な物事や事象は真の「存在」の影に過ぎないという、「洞窟の比喩」の寓話によって、日常的に目に見える物事を超越した真の「存在」を探求するものとしての「イデア（Idea）」を構想した。アリストテレスは様々な学問を体系化したが、その最も基礎となる学として「自然学（phisica）」の「後（meta）」に置かれるものとしての「形而上学（metaphysics）」を打ち立てた（ただし、自然学の後の巻に形而上学を置いたのはアリストテレスの著作群を整理した後世の編者であるが）。

ギリシャ哲学はキリスト教神学に影響を与え、その「形而上学」的、「存在論」的な構造を継承させた。中世において哲学は「神学の婢」であったが、ルネッサンス以降の人間学や様々な諸科学の発展により、哲学における「尺度」は少しずつ「神」から「人間」へと移行して行った。そんな中、「哲学史」における重要な「転回」のきっかけをもたらしたのがデカルトである。

デカルトは徹底した「懐疑」によって、あらゆるものの存在を疑った。知覚されるものは「見間違い」や「聞き間違い」など、誤った情報によって錯覚をさせられることが頻繁にあるので疑わしい。世界の存在も、実は自分が夢を見ているだけで、夢から覚めれば今まで見てきた世界は全て偽物だったということが有り得るかもしれないので疑わしい。しかし、全てを疑っている思考としての「私」の存在だけは疑い得ない。このことから、確実な存在である思惟するものとしての私の「心(mind)」は、いかにして外界における延長する物体である「物」を認識するのか、というように「心」と「物」の分離が行われた。すなわち、ギリシャ以来の哲学や神学においては、普遍的なものとはいかなるものか、永遠にして不変なる存在とはいかなるものか、という問いを直接問うことが主題とされてきたのに対し、デカルト以後の哲学においては、「〈普遍的なものや永遠、不変の存在〉というものをわれわれは、いかにして客観的に認識することができるのか」というように、その主題が「認識論(epistemology)」へと「転回」したのである。そして、デカルト以降のロック、バークリ、ヒューム、カントといった近代の哲学者たちも、経験論、合理論、観念論などと分類がなされるものの、基本的にデカルトの立てた問題に対する視点を多かれ少なかれ引き継ぐこととなった。

ローティによると、ギリシャ的な存在論的哲学も、近代の認識論的哲学も、ある共通性を持ち合わせているという。それは、人間は自然的な物事における「本質」を一点の曇りも無く、純粋に映し取ることのできる「鏡のような本性（Our Glassy Nature）」[8]を持っている、というようなイメージである。[9]人間の持っている「鏡」には「観照」によって普遍的で形而上学な真の「存在」あるいは歪みの無い認識によって「客観的」で「中立的」な無色透明の「知識」など様々なものが映し取られるが、いずれのものがどれだけ曇りが無く、透明に「本質」を映し取ることができるか、ということが哲学の真偽を定める「尺度」となった。

デカルト的な認識論哲学は、「心」と「身体」は別々のものであり、「痛み」などの「感覚（sense）」や「色」「味」といった「知覚（perception）」は物理的な性質を持たない「心的」なものであるとされるような「心身二元論」を生み出した。デカルトやロック、バークリが「心」や「観念」といった、従来の哲学ではあまり問題にされなかった概念を発明し、導入した理由として考えられるのは、自然科学の知識の発達である。ギリシャ以来、哲学は伝統的に全ての知識を包括するものであり、自然科学の知識も「自然哲学」としてその体系の一部を為していた。しかし、近代になると「形而上学」的ではない、実証的な科学が徐々に形成されるようになり、哲学や神学の学説を覆していった。そのような時代状況において、哲学は「真理」を探求するものではなく、ただのお伽噺の地位に堕してしまう危険性に直面していた。そこでデカルトは、「真理」とは何か、という問いを棚上げして、人間は「真理」をいかにして認識することができるか、という問いにすり替えたのであった。そのような認識論的な問いがデカルトからロック、バークリを経てカントへ至ると、その認識における普遍性、すなわち人間はいかにして「真理」を普遍的に認識することができ、そのための能力としての「理性」や「悟性」とはどういった性質のものか、という問いへと発展した。このようにして、問いの立て方をすり替えることによって、実証的で外在的な知識の探求に関しては自然科学の分野にその地位を譲ったものの、哲学はその知識の認識方法を探求することによって、より上位の立場を保守することができ、学問の基礎としての地位を延命させることが可能となったのであった[10]。

しかし、これらの二元論にはいくつかの弊害が伴っている。第一に、「私」の内面は「私」にしか知られず、逆に他人の内面を知ることができないとすれば、「絶対確実」に「心」を持っている「私」以外の存在者が「心」を持っているという証拠はないのではないか、というように「独我論」に至ることである。実際に生活をするうえで、私たちは直感的に自分と同様他人も「心」を持っているということを知っている。しかし、「心身二元論」を議論の基礎として自己の思考以外の全ての存在を疑うのであれば、論理的に他人の「心」の存在を確実なものとして証明することはできないのである。そのような考え方は、日常的な人間関係を破壊してしまいかねない危険性を持っているし、第二の弊害の元ともなる。

その第二の弊害とは、「心」の特権視による自意識の肥大化である。中世ヨーロッパの人間観は、まず神が頂点として君臨していたが、「認識論的転回」によって神の存在よりもこの「私」が神をいかにして認識するか、ということが問題とされるようになった。そのことによって、自分にしか知ることができず、他人とは絶対的かつ存在論的な違いのある、この「私」とは一体なんなのか、という内面への探求の旅が始まる。この「私」は自分にとって世界の中心を占めるわけではあるが、かといってそれが一体何なのかということは、何かに基礎づけられたりすがったりして知られることではなく、結局のところ「私」にしかわからないものであるために、永久に解けることのない謎である。そのような寄る辺なき「本当の私」を探求する無限の迷宮に陥った近代人は、常にシュールレアリスティックな苦悩を抱えることとなってしまうのであった。

しかし、心身二元論は弊害をもたらしただけではなかった。他の誰でもないこの「私」の確立は、近代的な個人を生み出す源の一つとなった。そして、内面は「私秘的（private）」であるということは、自分の「心」の中だけは他人の権力から自由であることができるし、またあるべきだというような、近代自由主義の議論の根拠の一つとなった。そのような「心身二元論」は二十世紀においても哲学の主要な前提の一つとして保持されたが、それに対する批判的な見解を提示したのがライルとウィトゲンシュタインである。

認識論への批判的考察

ライルはデカルトによる心身二元論を「機械の中の幽霊のドグマ（the dogma of the Ghost in

the Machine)」と呼び、そこには「カテゴリー錯誤（category mistake)」があると論じた。(11) ライルの言う「カテゴリー錯誤」とは、本来ならば「心」と「身体」とは別々の規準によって測られるべきものであるのに、近代の科学的世界観を背景に、心と身体を「素材」「属性」「過程」「原因」「結果」というような、共通の枠組みの中で比較してしまったことによって、同一の次元のカテゴリーであるかのように扱おうとしたことから生じてしまったものであった。ライルが挙げている例を具体的に言うと、大学を見学に来た人が学部、図書館、運動場……と案内された挙句、「では、大学は一体どこにあるのですか」と尋ねることや、師団の行進を見物した人が、歩兵大隊、砲兵中隊、騎兵大隊……と見た後に「では、師団はいつ出てくるのですか」と尋ねるようなことである。同様に、「心」と「身体」を並列的かつ完全に区別できるものとしてカテゴライズしたのは、心的現象は科学的な用語のみでは記述され得ないので、「心」と「身体」は別々の素材で作られた、別々の構造を持つ個別の実体でなければならないし、また別々の「原因‐結果」の系に属するものでなくてはならない、とされたからである。そのことによって、人間は「身体」という物理的な機械を生きる時空の生と、「心」というその機械の中に住み、それを操るが非空間的で時間的にしか生きない生という、二つの生涯を生きることになった。

とはいえ、ライルは心的現象をすべて否定し、完全な唯物論に立っているわけではない。では、ライルは「心」と「身体」の関係性をいかにしてとらえているのだろうか。ライルは人間の心的現象を、「身体」に生じる物的現象と並立して同じ次元で語り得るようなもう一つの実体としてとらえているのではなく、「傾向性（dispositions）」としてとらえた。「傾向性」とは、例えば砂糖は水に溶ける「傾向性」を持っているが、それはある種の仮言的な状況、例えば乾燥した砂糖が水分に触れると溶けるなどの場合に置かれた時にはそのようになる、ということであって、水に溶けた砂糖は砂糖のもう一つの実体ではない、ということである。心的現象が「傾向性」であるということは、砂糖の場合と同様に、人間もある種の仮言的状況に置かれたら、それぞれ似たような行動をとり、反応を示す傾向を持っているということである。そのように考えると、他人の心を考えるのに「機械の中の幽霊」のドグマを持ち出す必要がなくなる。チェスの試合を見物するのにはチェスのゲームのルールを知っておく必要があるが、対戦者の心の中を覗く必要はない。われわれは、「機械の中の幽霊」の存在を想定しなくても、物事を理解することができるのである。「機械の中の幽霊」としての他人の内面を探ることは、本当に存在するかわからない実体のないものの想定によって探るという点で、水脈探知をするのにダウジングを用いることに似ているとライルは論じている[12]。

ライルのこのような主張は「行動主義」であるとされ、また本人も「行動主義」を自認している。「行動主義」は、人間の内的な活動は公的に確認できないため、「心」についての何らかの理論は外面に表れている行動の観察によって確立されるべきである、とするものである。そのような立場からすると、「感覚」とはいかなるものとしてとらえられるのだろうか。

ライルによると、乱視や色盲は「知覚」の一種の異常な状態に他ならないが、それは観察をする「心」が異常なのではなく、目の視力機能という身体的な点に異常があるため、乱視や色盲を治療するのは精神科医ではなく眼科医である。それというのも、なにかを感じるということは意図的なことではなく、仮にその原因が不明であったとしても、その感じを持ったことを誤ることはないが、「観察」をするということは意図的な行為で、誤った観察をするということも起こり得るからである。つまり、「知覚」を持つということに、そもそも「心的」な事柄が入り込む余地はなかったのである。[13] 内面の「私秘性」という観点からすると、それでも眼科医は患者の乱視や色盲がどのように見えているかを知ることはできない、と考えられるが、そのような内面のプライバシーということは実は論理的に無意味なことである、とライルは考えた。というのも、他人である眼科医が患者である「私の視覚」を感じるということは、「他人は私の視覚を見た」ということになるが、そのことが明らかに無意味であるのと同様に、「私は私の視覚を見た（I saw my seeing）」ということもまた明らかに無意味なのである。[14] 以上のことからライルの論点を整理すると、「心」というものを考えるにあたって、「身体」とは別の実体としてもう一つの実体を想定することは必要なく、それは「カテゴリー錯誤」であり、居るのか居ないのかわからないような「幽霊」を想定しなくても、心的な現象を「傾向性」として考えれば心に関する議論は整合性を保てる、ということになる。

ライルの「行動主義」は、その「傾向性」が何に当たるのかを確かめるためには一つ一つの行動に対してそれぞれの「傾向性」をリストアップする必要があり、そのリストは無限に長大なものになってしまうであろうことと、ある行動がある内的状態と連関しているということは、ただそのように説明される習慣があるという事実を説明しただけにすぎないという理由から批判をされた。

ローティは、「行動主義」によってデカルト的な議論から導かれる「独我論」を回避することができるという意義を評価しつつも、次のように批判をする。

ライルの洞察は、彼が受け継いでいる実証主義的認識論のために挫折したのである。訂正不可能な知識とは、いかなる正当化を同胞が採用し実践しているのかという問題に他ならないと言う代わりに、ライルは次のような発言へと導かれてしまった。すなわち、ある種のタイプの行動は、「生まの感覚」の帰属を決定することに対して必要充分条件を形作る、そしてそれは「われわれの言語」の事実なのだ、と。そのゆえに、彼は手に負えない問題に直面することになった。そのような感覚が現前しているという推論をわれわれの言語が許しているという事実は、唯物論に頼ることなしに次のような考えを否定することを難しくした。すなわち、実は幽霊じみた存在者が存在しており、報告されることを待っているのだ、という考え方である。(15)

ローティが問題視しているのは、ムーアやラッセルが認識論の哲学から引き継ぎ、ライルもまた受け入れてしまっている「生まの感覚（raw feeling）」あるいは「センス・データ（sense date）」の存在という考え方である。では、それはいかなるものだろうか。

われわれの感覚は、それを感じた本人にとっては訂正不可能なほど確かなものであるように思われる。例えば、他人が「痛み」を感じているような行動をしているとき、それは「痛み」を感じているというフリをしているという可能性を否定できないが、自分が感じた「痛み」は確実に感じられたものとして報告することができるように思える。そのことをローティは「われわれが自分自身の状態について訂正不可能な報告をなす場合には常に、当の報告をなすようにわれわれを促すある特性が現前していなければならない[16]」という原則として表現している。このような原則は、まさに伝統的な哲学が保持していた「鏡」としての知識の在り方であり、ライルはそのような知識の在り方から抜け出ようとして、結局のところ引き戻されてしまったとローティは指摘しているのである。

二十世紀半ばの同時代において、ライルと同じような問題提起をしたのが晩年のウィトゲンシュタインであった。『論理哲学論考』におけるウィトゲンシュタインは、言語の意味を論理的に可能な領域に限定し、その外側にあるものを「語り得ぬもの」として思考の対象から除外したが、『哲学的探究』におけるウィトゲンシュタインは、言語の意味はその対象と意味とが直示的に対応しているという『論理哲学論考』の中心的な概念を放棄し、「言語の意味とはその使用である」という考え方に転換する。それはいかなることかというと、ウィトゲンシュタインは次のような例を挙げている。

以下のような言語使用について考えよ：私がある人を買い物に遣る。その際、私は彼に「五つの赤いリンゴ」と書いてある紙片を渡す。彼は店に行ってその紙片を店の人に渡す。店の人は「リンゴ」と書いてある箱を開け、次に或る表の中に「赤い」という語をさがし出し……数詞を順に「五」まで唱え……リンゴを一つずつ取り出す。――このように、そしてこれと似たように、人は語を使用するのである。――……しからば「五」という語の意味（Bedeutung）は何か？――そのようなことは、ここでは全く問題にならない。ただ、「五」という語は如何に使用されるのかということのみが問題になるのである。[17]

つまり、「五」とはいかなる意味か、「リンゴ」とはいかなる物か（そして「リンゴ」という言葉といかにして結合されているか）、「赤」とはいかなる色か、ということを本質的な次元で知らなくても、その言語の使用が通じさえすれば、意味は成立してしまうし、またこの場面で買い物に来た人は「五つの赤いリンゴ」を欲しいという意味を明確な形で示していないのにも関わらず（もしも彼が小さな子供だと仮定すれば、当の本人は買い物に来ているという意識すらないこともあり得る）店の人は紙片を見ただけで彼の意図を察し、買い物という行為を成立させることもできるのである。ウィトゲンシュタインはこのように言語の直接的な「意味」ではなく、「使用」に注目することを「言語ゲーム（Sprachspiel）」と呼び、そのような発想転換から心身問題を解いていった。

デカルト的な「心身二元論」によれば、「感覚」は私的なものであり、私のこの「痛み」と同一なものを他人が感じることはできないとされる。そして、私が「痛み」を持っているかどうかを知ることができるのも私だけである。しかし、ウィトゲンシュタインによると「感覚」や「痛み」というものは、そもそも「私が持つもの」という言語ゲームの下にあって、「感覚は私的である」という命題は「人はペイシェンス（独りで行うというルールのトランプ占い）を独りで行う」という命題と同様であるとされる。(18)すなわち、「独りで行うものを独りで行う」という一種のトートロジーを構成しており、論理的には価値のないような事柄なのである。これを「痛み」の「感覚」ということに置き換えると、「私は〈私は痛みを持っている〉ということを知っている」というようなデカルト的言明は、「私は痛みを持っている」ということと論理上では全く同じことであるので、実のところ無意味な言明に過ぎない。そして、「彼は私の痛みを持っている」ということは痛みの言語ゲームを逸脱しているし、「私は〈私は痛みを持っている〉ということを疑う」ということもまた矛盾しているので無意味である。このような点においては、先ほどのライルの考察と近い論点を見てとることができる。

「私は〈私は痛みを持っている〉ということを知っている」という言明が無意味であるとしても、「彼は〈私は痛みを持っている〉ということを知っている」という言明には意味がある。それは、私がお腹をさすっていたり、顔を歪めていたりすることを彼が見て、その痛みを察するということによって可能である。しかし、その彼がたとえどんなに名医であったとしても、私の〝この〟「痛み」を直接知ることはできず、私が説明をし、患部を診察することによって推察することしかできないのである。私の内的な感じは私にしかわからないということは確かなことであり、例えば足を失った負傷兵が失ったはずの足が痛むという感覚を持つことはよく知られたことである。

ウィトゲンシュタインは、ではその私にしかわからない内的感覚に私にしかわからない名前をつけたらどうなるのか、ということを考察する。ある人が自分の中で起こる感覚に「E」という名前をつけ、その感覚が起きた日にはカレンダーに「E」という記号を書き込んだとする。その人の内面では、その感覚と「E」という記号とが直示的に対応しているということは可能なことである。そのようなことを「私的言語」と呼ぶことができるが、しかしそれは単なる飾りのようなものにすぎないとウィトゲンシュタインは言う。その人が、様々な検証を行った結果、その「E」と血圧の上昇との関係がわかったとすると、「E」とは血圧の上昇によってもたらされる或る〝感じ〟の徴候であったとされ、それはただちに公的な言語となる（なぜなら他の人がその「E」を見れば、彼は血圧の上昇によってその感覚を持ったということが理解できるから）。「赤い」という私の印象に対して、何か私にしかわからない名前をつけたとしても、その私的な名前は「赤い」という言葉の言い換えにすぎない。もし他の人が、その人の特別な単語が他の人ならば「赤い」と言うであろう状況において使用されていることが発見されるならば、その言葉は「私的」ではなくなる。そして、同様に私のこの「痛み」に対して何か私的な名前をつけても、それを「痛み」という言語の使用法において使用する限り、その名前は「痛み」のことを意味するのである。

私にしかわからないこの「感覚」ということについてウィトゲンシュタインは次のように述べる。

さて、人は皆自分自身についてこう語る、「私は、私自身の痛みからのみ、痛みの何たるかを知るのである！」――そこで、人は皆或る箱を持っている、としよう。その中には、我々が

「かぶと虫」と呼ぶ或るものが入っているのである。しかし誰も他人のその箱の中を覗く事ができない。そして皆、自分自身のかぶと虫を見る事によってのみ、かぶと虫の何たるかを知るのだ、と言うのである。——ここに於いて、人は皆各々の箱の中には異なった物を持っている、という事も可能であろう。否、それどころか、箱の中の物は絶え間なく変化している、という事すら想像可能であろう。——さてしかし、このような人々に於ける「かぶと虫」という語が、それでも彼らに於いて有効に使用されるとすれば、どうであろう？——そうであるとすれば、「かぶと虫」という語のその使用は、或る物の名前としての使用ではない。箱の中の物は、そもそも——或るものとしてすら——その言語ゲームには属さないのである、なぜなら、その箱は空っぽですらあり得るのであるから。[19]

この「かぶと虫」の中に「痛み」であったり「赤という印象」であったり「甘さ」というような私的な「感覚」の言語をそのまま代入することが可能である。[20]

ローティはウィトゲンシュタインが「他人の心の懐疑論」によって心の「私秘性」と「生まの感覚」を否定したことは評価しつつも、それはやや行き過ぎた議論だと考えている。ウィトゲンシュタインはデカルト的な描像、すなわち感覚の「訂正不可能性」と「伝達不可能性（私秘性）」の双方を問題視するのであるが、ローティは双方ともにウィトゲンシュタインの指摘は当てはまるものの、後者に関しては一般的には理解できるのではないか、と疑問を呈している。ライルとウィトゲンシュタインは、十七世紀の哲学は「心の哲学」を誤解したと考えているが、ローティは次のようにその二人を諌めている。

アリストテレスが自然の運動を誤解したわけでもなく、ニュートンが重力を誤解したわけでもないのと同様に、十七世紀は「自然の鏡」や「内的な眼」を「誤解」したわけではない。彼らがそれを創出したのだから、実際は誤解でき
るはずもなかったのである。[21]

では、ローティ自身は「心身問題」についていかなる考えを持っていたのであろうか。ライルとウィトゲンシュタインとは異なった道を選ぶとすると、「心」とは脳内の神経過程に他ならないとする心身一元論的な「唯物論」が最も妥当なようにも思える。実際にローティは「消去的唯物論」という「心脳同一説」の一形態を支持する論文を書いており、それが先に挙げた「心身同一性、私秘性、カテゴリー」という論文である。

消去的唯物論から認識論的行動主義へ

ローティによると、デカルト的二元論を批判し、「心身同一説」を唱える理論は、その「同一性」をいかにして証明するかという規準を巡って、「翻訳型」と「消去型」という二つのタイプに区別

することができる。「翻訳型」とは、従来の感覚の言語から「カテゴリー錯誤」に陥っている部分を取り除き、中立的なものに翻訳することによって、二元論を解消することができるとするものであり、「心」とは脳内の神経過程を解明することができれば、その全てを神経科学的な言語に置き換えることができるというような厳密な意味での「心脳同一説」も含んでいる。「消去型」とは、それらを厳密に同一視するものではなく、何が実体のあるもので何が実体の無いものなのかということを見極めることによって、実体の無いものを消去してしまおうという議論であり、例えばかつて「熱」とは「熱素（caloric fluid）の総量」であるとされていたものが、現在においては「分子の運動エネルギー」という新たな言い方が付け加えられたことによって、実体のない「熱素」という概念が消去されたというようなことが例示できる。「翻訳型」の論者としてはＪ・Ｊ・Ｃ・スマート（John J. C. Smart）などの名前が挙げられているが、「消去型」に関してははっきりとした言明を出す論者は見当たらないものの、ファイヤアーベントなどから多くの議論を借用した、とローティは述べている。[22] 近年ではポール・チャーチランド（Paul Churchland）などが著名である。

そして、ローティはこの二つのタイプのうち「消去型」の方を擁護する議論を展開する。その理由として、第一に「消去型」が提示する「感覚はある種の脳過程と同一である」とする議論は、「翻訳型」の中立的な言語に翻訳することによって「カテゴリー錯誤」を回避するという議論と同じ目的を達成するだけでなく、伝統的な唯物論者の地位をも完全に保存するであろうことと、第二に「翻訳型」のような完全な翻訳はその困難さから必然的に行き詰まるであろうことが述べられている。

では「消去型」の考え方をもう少し詳しく述べるといかなるものになるだろうか。もしも「翻訳型」の議論をとるならば、「感覚」による言語を全て中立的な言語に置き換えて話さなければならなくなり、会話は無機的な言葉に限定されることとなるだろう。しかし、「消去型」の議論をとれば無機質な言葉の使用に限定することなく、「熱素の総量」のような言葉を消去することができる。このことをローティは次のように説明する。

「消去型」の理論の観点からすると、「XはY以外のなにものでもない」ということは「すべてのXについての有意味な属性はYについての有意味な属性である」という事柄を含むと推定することは誤りである。というのも、この推定は我々に（コーンマンによる便利な言い回しによるところの）「カテゴリーを横断した同一性」という観点から科学的探求の結果を表現することを禁じるからである。それによると、「ゼウスの稲妻は静電気の放電である」とか「悪魔の憑依は幻覚的な精神病である」という言明における動詞である〈is〉は同一性を表すように見えるが、「厳密な」同一性を表すことはほぼ不可能である。「消去型」の理論は、例えば「人々が悪魔の憑依とかつて呼んでいたものは精神病の幻覚的な症例の一形態である」というような曖昧な言明として表す事ができると提示している……。なぜ「人々がXと呼んでいるもの」を（ライル的な言い回しで言うところの）同じ「カテゴリー」におけるものとしなければいけないのか、ということに対する理由がなくなって以来、「翻訳型」の理論が必須とするように、

Xを使った中立的な状態への翻訳が可能であると主張する必要もなくなったのである。(23)

「翻訳型」の議論はXとYを同一の「カテゴリー」に翻訳することによってその目的を達しようとするが、それに対しローティは単一のカテゴリーにおける中立性という考え方に疑念を呈する。そして、「熱素」や「悪魔」のようなものの実体のなさを明らかにするのと同じように、「感覚とは脳内の神経過程のことでありそれ以外のなにものでもない」と言うのではなく、「脳内の神経過程の一形態である」と言う事によって「感覚」というもの自体を物理的な形態へと翻訳してしまうのではなく、その存在の必然性を「消去」することができるのである。

しかし、「熱素とは分子の運動のことであった」や「魔女とはパラノイア的な女性のことである」という言明を述べようとすることによって、「熱素」や「魔女」は存在しないと言おうとしていると考えられるように、「感覚」や「心」も存在しない（存在の必然性も含めて）というような形で否定することはわれわれの直感に反するのではないだろうか。そのような実体のないものの否定を行う「消去型」の方法をローティは次のように説明する。

ある部族が、病気は「悪魔」の仕業であり、その「悪魔」を見ることができ、追い払うことができるのは部族の中の「魔女」だけだと考えていたとする。我々は、彼らに近代医学の成果を説明することによって「悪魔」の存在を否定させようとするが、ある賢い魔女が「すべての悪魔の存在は細菌やウィルスなどの存在と相関関係にあり、ある種のキノコを食べることによって、人々はそこには普段では見る事ができない存在者を見ることができるようになる」と反論したとする。それはまさに、悪魔／ウィルスの二元論であり、それ自体で整合性のとれた議論であるため、「悪魔」の存在を否定するのは難しくなってしまう。そのような賢い魔女に対して反論をするための最良の方法は、説明の単純さを求めることである。そのためにはひとまず彼女の言うような悪魔言説と近代医学の両立可能性を認め、次に「魔女」は彼女以外には実際に見ることができない、実体のないものを見ているということをその考えに付け加える必要がある。そのことによって、近代医学の予見力と説明力における優位さを得ることができる。つまり、病気の原因を近代医学のシンプルな理論だけで悪魔言説よりも上手く説明できるのに、そこに敢えて「魔女」によって提示された特殊な言説である「悪魔」の存在を付け加えることは余分な議論であり、「オッカムの剃刀」によって削除することができるのである。「翻訳型」の手法で「悪魔」を否定しようとすれば、「悪魔」イコール「ウィルス、細菌」なのかどうか、完全に証明して納得させることは、極めて複雑で細かい専門的な説明をその部族の人々に対して行なう必要があるので難しいが、このようにして「悪魔」の存在を不必要なものとしてしまうことによって「消去」してしまう方が、説明の整合性をシンプルに保つことが可能となる。

心身同一論者が「感覚」を「消去」しようとする方法は、「悪魔」を消去しようとした方法と同じである。というのも、もしも科学が脳内の神経過程を詳細に説明できるようになれば、「感覚」による報告はあっても無くても良いものになりかねないからだ。そのため、心身の同一性を明らかにするためにはその二つのものを同じ「カテゴリー」おける中立な言語へ翻訳するのではなく、「悪魔」や「感覚」に関する表現がわれわれの言語から消去されても、われわれの描写や説明の能力が減退していないということから考えられる「消去型」の方がより妥当であるとローティは考えた。

以上が概ねローティの初期における「心身同一説」の立場である。このような「消去的唯物論」の考え方を発展させたものは、近年においてはチャーチランドによって主張されているが、ローティがこの論文以降もこの「消去的唯物論」を無垢なまま保持しているとは考えられないため、後年の両者の議論の間には少し隔たりがあるといえる。そもそも、この議論においては心身同一論が前提とされており、心身は同一なのかどうか、というよりも、いかなる方法によって「同一説」を保証するのか、ということが考えられている。たしかに、「消去型」の説明の方法は一面においてはプラグマティックな性格を有しているのだが、いかなる方法にせよあるものを別のものに還元してしまうという「一元論」的な手法を持つ形での「唯物論」は、ローティが後に批判している「鏡」としての知識の在り方に陥ってしまってはいないだろうか。また、心的なものを自然科学的な言語である神経科学への還元することによって探求を終えてしまうという態度は、まさしく「真理」に対応した単一の「実在」を探求し、それを発見することによって探求を終えてしまうといった「形而上学的実在論」以外の何ものでもない。実際にローティは『哲学と自然の鏡』において、「消去的唯物論」を一歩進めて、「心身同一性なしの唯物論（Materialism without Mind-Body Identity）」という立場を表明している。ローティは『哲学と自然の鏡』第2章の「心なき人間」という箇所において、次のようなSF物語を語ることによって自身の「心身問題」への見解を述べている。

二十一世紀の中頃に地球人の探検隊が地球とほぼ同じ身体的特徴と文化を持っているが、唯一「心」という概念だけを持たない人々が住む惑星に到着した。その惑星の住人達は、

子供が灼熱したストーブに近づくと「この子は自分のC繊維を刺激するだろう！」と叫び……「F―11と同時にG―412の状態になった。しかし、それからS―147になった。そういうわけで、それはマストドンに違いないとわかった。[24]

というように、地球人が感覚言語を用いて話す事柄を、脳内の神経過程の記号で話した。逆に、彼らは地球人が話すような感覚言語が理解できなかった。探検隊はこの惑星を、デカルト的二元論に反対したオーストラリアとニュージーランドの学派にちなんで「対蹠星（Antipodea）」と名付けた。

対蹠人の脳と地球人の脳を電極で結び、同一の刺激にそれぞれがいかなる反応をするか試験してみたところ、（脳内の神経が電極によって直接繋がれている状態なので同一の刺激を共有する事ができ、私の〝この〟痛みというような感覚の私秘性は無関係になる）地球人が「痛みを感じる」と言う時に、対蹠人は「C繊維が刺激される」と答えた。では、彼らはその刺激に対して本当は「感覚」を持っておりそれに対して「C繊維の刺激」という名前を付けているだけではないのか、とい

う疑問も浮かぶが、彼らはそもそも何かを「感じる」ということの意味がわからないと答えた。対蹠人は「感覚」や「心」を持っていないのか、という疑問に関しては、地球人で言うところの〝それ〟を持っているわけではない、ということになるだろう。では彼らがナイフで皮膚を裂かれたり焼けた鉄の棒を押し付けられたりして何も反応をしないのか、というとそうではなく、地球人と同様に嫌がるため、我々が「痛み」と呼ぶところの何らかの刺激を持っているであろうことは疑いようがない。このような事態に至ったとき、対蹠人に「感覚」はあるがそのことを知らないだけだと考えることは、ローティによると「ウィトゲンシュタインが言うところの哲学の末期症状」に陥ってしまっているということになる。[25]

対蹠人の存在に対して哲学が立てるであろう理論をローティは以下の三つに要約する。①ライルとウィトゲンシュタインの言う事は正しいと認め、心的対象は存在しないとすること。②彼らは間違っており、対蹠人が「生まの感覚」を持っているかどうかを我々は知り得ないのでデカルト的二元論は無傷であるとすること。③心脳同一説の一形態を採ること。ローティ本人は先に挙げた一九六五年の論文の時点では①を基本的な出発点としつつ③の可能性を積極的に肯定しようと試みている。そもそも対蹠人という空想上の存在自体が、件の論文における脳内の神経過程の解明によって「感覚」の言語という実体のないものを消去された未来人に近いものである。しかし、この『哲学と自然の鏡』の時点においては「二元論者にも、懐疑論者にも、行動主義者にも、あるいは同一性論者にもなるべきではない」と主張している。そして、最終的に「心身同一性なしの唯物論」という考え方に至っている。では、それはいかなる考え方だろうか。

「心的状態」とは脳内の「神経過程」に他ならないとする考え方には様々な形態があるが、単純に「心」＝「脳」と還元をしてしまうタイプの唯物論から、スマートやD・M・アームストロング（David M. Armstrong）のような「機能主義的」で「主題中立的」なもの、そして「心的」なものを「消去」し得るとする「消去的唯物論」に至るまで共通しているのは、「心」と「脳」とは「同一」であるとする一種の「形而上学」から逃れられていない態度であり、その根源となっているのが「生まの感覚」「センス・データ」の存在という考え方である。それに対し、ローティはその考え方こそが、二十世紀の「心の哲学」がデカルト主義を脱却しようとして、結果的に「形而上学」から逃れられていないことの要因となっていると主張する。

いずれ、将来的に脳神経に関する科学的な知識が高まれば、例えば「痛みとはC繊維の刺激である」というように「物理的」なものが勝利を収めるかもしれないが、ではその「勝利」とは何に対してのものなのか。それは、十七世紀にヨーロッパで生まれたある一つの些細な概念に対してのものに過ぎず、同一性論者がその「勝利」に喜び、またその「勝利」がなければ「科学の統一性」が危機に瀕すると考えるのも、十七世紀的な考え方を引きずり、「哲学」を買いかぶりすぎているところからきている。[26]「認識論的転回」後の哲学とは、われわれの「認識」や「心」を正確に表象する「鏡」とはいかなるものか、ということを探求するものであったが、その「鏡」にとらわれている限り、いくら「転回」を遂げたといっても結局のところその問題とした出発点から脱却することはできなかったのである。

　ローティが「消去的唯物論」擁護の立場から「心身同一性なしの唯物論」へと歩を進めたのは、セラーズの読解によるものと思われる。セラーズは「経験論と心の哲学（Empricism and the Philosophy of Mind）」において、「生まの感覚」や「センス・データ」という考え方における「所与の神話（Myth of Given）」に対して批判的考察を行っている。セラーズの指摘によると、ロックやヒュームにおける伝統的な経験論からムーアやラッセルに至るまで、例えば「赤い三角形」が認識されるのは、「赤」や「三角形」についての「生まの感覚」を人間が持つことによってであると考えられてきた。セラーズはそれに対し、「赤」や「三角形」といった言語的に分節化された概念を予め人間が持つことによってはじめて「赤い三角形」という識別が可能になるのであって、人間が生得的に「赤」や「三角形」の知識を持っているわけではないと論じた。そして、「認識論的転回」は「この本は赤い（This book is red）」という言明を「これは赤く見える（This book looks red）」という言明に置き換えたが、前者は命題的な主張が是認されているのに対し、後者はただその存在だけは是認するものの、「赤」という色に関しては実際にその物が赤いのか赤くないのかということには関係なく、ただ「赤く見える」と言っているだけに過ぎないので、そのような形式を伴う「所与」としての「センス・データ」は実際のところ認識論における正当化の基礎とはなり得ないのではないか、という疑いがセラーズによって提出された。

　しかし、このようなセラーズ的「心理学的唯名論（psychological nominalism）」においては、ウィトゲンシュタインの「箱の中のかぶと虫」のように「内的出来事」の存在に全て懐疑的になるわけではない。「センス・データ」を否定したからといって「赤い三角形」の認識が消えるわけではない。セラーズは「赤い三角形」の「生まの感覚」を持つ、ということを「彼は、彼の理論によれば同胞が赤い三角形の印象を実際に持っているとき、そしてそのときに限り〈私は赤い三角形の印象を持っている〉と言う」ように言い換えることを推奨している。また、そのような「内的出来事」が「私秘性」を持ちつつも、それが「絶対的私秘性」ではないのは、「気体の観察可能な行動が分子レベルの出来事の証拠である事実が分子に関する語りの論理のうちに組み込まれているように、観察可能な行動がこれらの出来事の証拠である事実がこれらの概念のうちに組み込まれているから」である。つまり、「内的出来事」が理論的存在者として間主観的に「措定」されているとされるため、懐疑論に陥らずに済むのである。

ローティはセラーズの考え方を次のように発展させ、自らの立場を説明している。

合理性と認識上の権威は、社会がわれわれに何を語らせているのかを明らかにすることによって説明されるのであって、その逆ではないということ――これこそ、私が「認識論的行動主義（epistemological behaviorism）」の名をもって呼ぼうとするもの、すなわちデューイとウィトゲンシュタインに共通した態度の本質なのである。こういった種類の行動主義は全体論――ただし、いかなる観念論的・形而上学的基盤も必要としない全体論であるが――の一種と見な

すことができる。(27)

認識論的行動主義（それはこの語がいささか過剰な表現でないならば、端的に「プラグマティズム」と呼ぶこともできよう）は、ワトソンやライルとは無関係である。むしろそれは、哲学は認識や真理に関して常識（生物学や歴史学等々の知識によって補われた常識であるが）が語るより以上のことを語ることはできないであろうという主張なのである。(28)

このような表現において、ローティは「鏡」としての「認識論」を放棄することがプラグマティズムへの道を開くと主張している。

最終的にローティは心身問題に関して、デイヴィドソンから着想を得た「非還元的物理主義（non-reductive physicalism）」という考え方へと至っている。従来の物理主義では、自己を「心」と「身体」に二分し、内的で精神的な自己と、外的で物理的な世界とを区別していたが、「非還元的物理主義」においてその区別は、自己を信念と欲望という心理学的にも生理学的にも記述され得るもののネットワークからなるものとし、心的、物理的の区別がない一個人としての人間と、宇宙のその他の部分、という区別に置き換えられる。そのような考え方において、自己が抱く世界についてのイメージとは哲学や科学によって与えられるような、理論と世界との対応や還元においてではなく、メタファーや詩のようなものとなる。デイヴィドソンは「死んだメタファー」は意味を持たず、メタファーが生きるのはそれが最初は一見すると誰の目にも明らかに偽であるように見えるほど人間の思考を躓かせる時であると論じた。例えば初期キリスト教徒が「愛は唯一の法である」と言い出したり、コペルニクスが「地球は太陽の周りを周回している」と言い出したり、マルクスが「歴史とは階級闘争の歴史である」と言い出した時、周囲の人々はすぐには受け入れなかったが、やがて多くの人々の信念を揺るがし、その世界についての記述を書き換えていったという例からわかるように、メタファーとは世界についての「異常」とも言える新しい記述を与えてくれるもの（ときに文学、芸術、神話、宗教のような形で表現される）である。プラトンが哲学と詩を区別して以来、伝統的にその両者は相容れなかったが、もしこの区別を乗り越えることができたなら、「非還元的物理主義」において科学に対してわれわれが必要とする尊敬と、詩に対する尊敬とを融合させることができるし、実はそのようなことは哲学が歴史上においても行なって来たことだとローティは指摘している。(29) このような考え方は、新たな解釈が世界についての創造的な記述を生み、自己の「ボキャブラリー」を書き換えるが、新たな革命的な記述に出会えば再びそれは書き換えられ得るという『偶然性・アイロニー・連帯』における考え方ともつながる部分である。

現在においてローティの「心の哲学」自体は、「心の哲学」というジャンルにおいてそれほどインパクトのあるものと成り得ていない。それは、ローティ自身が『哲学と自然の鏡』を発表した一九七九年頃を最後に、それほどこのジャンルについて突っ込んだ議論をしておらず、ウィトゲンシュタインやセラーズの解釈をした時点で議論を停止しているからである。その後の「心の哲学」における、唯物論、二元論、その他様々な議論は、ローティが議論をしていた時点から遥かに進展している。現在の「心の哲学」におけるローティの評価は「消去的唯物論」を先駆的に提示した人物のうちの一人、という程度であるが、それも以上のことから考えると妥当かもしれない。

では、なぜローティは「心の哲学」の議論を更新することをやめてしまったのだろうか。それは、「心の哲学」と同様に「指示」に関する議論にも同様のことが言えるが、ローティがそもそも「心の哲学」や「指示」といった論点に関して、「哲学的」に考察することに、重要な意味を見いだしていないからである。それは、ある種の文化の一形態における特殊な議論としては興味深い話題ではあるが、「心の哲学」や「指示」の問題を解くことによって、「哲学」全体の問題を解決できるとローティは考えず、むしろいかにしてその「哲学的」な習慣を解体するかということを問題にしているのである。

「認識論的行動主義」およびプラグマティズムとして「鏡」を放棄する道は、認識論における批判的考察のみならず、言語哲学の批判的考察においても行われている。そして、その両者の考察によって導かれる道は「解釈学的転回（hermeneutic turn）[30]」へと至る道となった。

注

（1）Richard Rorty, *Philosophy and the mirror of nature*. Princeton, 1979, p. xiv.『哲学と自然の鏡』野家啓一監訳、産業図書、一九九三年、一二頁。

(2) ローティの思想は様々なジャンルの議論に言及しつつも、晩年に至るまで一貫した意見が表明されていたが、第1章のローティの伝記を見ればわかるように、大学時代のシュトラウス、カルナップの影響期から大学院時代の論理実証主義の時期を経て、一九五〇年代末から六〇年代にかけて、後期ウィトゲンシュタイン、クワイン、セラーズらの影響により、徐々にプラグマティズム的な思想へと転回していった。後に検討する「心身同一性、私秘性、カテゴリー」におけるローティは、プラグマティックな発想へと転換し、後に続く議論を展開しつつも、「同一性」という還元主義的なドグマや自然科学的な言語によって最終的な答えを出せるとする外在的な真理観を放棄していない。そのため、「鏡」の放棄という考え方と連なるような議論を行っている『言語論的転回』のイントロダクションの方が、より後の思想との連関は深いものと思われる。

(3) Richard Rorty, *The Linguistic turn : Essays in philosophical method with two retrospective essays*. Chicago, 1967, p. 3.

(4) 例えば、カルナップはハイデガーの思想を痛烈に批判している。ハイデガーは「無」が「形而上学的」問い(なぜそもそも或るものが在って、むしろ無ではないのか、というライプニッツ的な問い)の契機となると考えたが、カルナップは「無(nothing)」とは否定を表す言葉であり、本来ならば名詞として論理的意味のある使い方ができる言葉ではない、というように批判している。逆に、ハイデガーはカルナップのような不粋な態度を軽蔑した。

(5) *Ibid*., p. 9.

(6) *Ibid*., p. 39.

(7) 反対に、フランスやドイツの思想において「科学」や「論理」を重視する「分析哲学」に対しては、人間中心主義や近代の啓蒙主義を脱しきれていないとして嫌悪感をもたれている。そのため、哲学に関しては大西洋の間(あるいはドーバー海峡)に深い溝が生じており、二つの世界で全く異なった「哲学」が存在している。そして、ローティやデリダはこの溝に架け橋をかけ得る存在であった。

(8)『哲学と自然の鏡』とは *Philosophy and The Mirror of Nature* を日本語に訳したものであり、その翻訳自体は適切であるが、このMirror of Natureを単純に「自然」を映す「鏡」として理解する以上に「本質」や「本性」としてのNatureを映す「鏡」として理解する方が、よりローティの意図をとらえやすいと思われる。

（9）Rorty, *Philosophy and the mirror of nature*, p. 42. 三一頁。

（10）もう一つの理由として考えられるのは、内在的な認識の装置として発明された「心」が、その在り方や構造において謎に満ちていて、哲学的探求が深まれば深まる程、新たな問題が次々と生じるということにある。心的現象は表象であり、「痛み」や「味」などは自分の内面では確かに感じられることはできても、物理的なものに還元することはできないし、また他人の「痛み」や「味」と全く同じものを自分が感じることはできず、その逆もまた不可能である。そのような謎や、心と身体の繋がりを説明しようとして、デカルトは松果線という器官の働きがこの「心」と「体」を繋いでいると想定して整合的な説明をしようと試みたが、結局そのような働きが行われていることが解明できず、滑稽な議論として汚点を残してしまったという先例もあることからわかるように、心と身体の関係を実証的かつ最終的に説明することのできるようないかなる科学的、哲学的議論も、実のところは未だに論じられたことはなかったのである。

（11）Gilbert Ryle, *The concept of mind*. London, 1949, pp. 15-16.『心の概念』坂本百大・井上治子・服部裕幸訳、みすず書房、一九八七年、一一―一二頁。

（12）*Ibid.*, p. 53. 六四―六五頁。

（13）*Ibid.*, pp. 203-204. 二九五頁。

（14）前者は矛盾しており、後者は同義反復しているため論理的に無意味となる。ライルの例を挙げると、前者は「金星は海王星の衛星を所有することができる」ということであり、もしそうなればその衛星は金星の所有する衛星となるし、後者は「海王星は海王星の衛星を所有している」ということで、「海王星の」という箇所を削除しても意味が全く変わらないということである。

(15) Rorty, *Philosophy and the mirror of nature*, pp. 99-100. 一〇一頁。
(16) *Ibid*., p. 84. 八四頁。
(17) Ludwig Wittgenstein, *Philosophical investigations*. 1953, translated [from the German] by G.E.M. Anscombe, Oxford ,1967, pp. 2-3. §1. 『哲学的探求・第一部』黒崎宏訳・解説、産業図書、一九九四年、二頁。
(18) *Ibid*., p. 90. §248. 一七七頁。
(19) *Ibid*., p. 100. §293. 一九九―二〇〇頁。
(20) 同様のことをウィトゲンシュタインが述べている箇所として次の一文を引用しておく

「私的体験に於いて本質的なことは、実は各人がそれぞれ私的体験の固有な事例を持っている、ということではなく、他人もまたこれを、或いは、何か別のものを、持っているのかどうかを、誰も知らない、ということである。したがって、人類の或る一部の人々では或る赤の感覚を持っており、他の一部の人々ではそれとは別の赤の感覚を持っているという仮定は、――検証不可能ではあるが――可能であろう。」*Ibid*., p. 95. §272. 一八九頁。

(21) Rorty, *Philosophy and the mirror of nature*, p. 113. 一一五頁。
(22) Rorty, "Mind-BodyIdentity, Privacy And Categories" in *The Review of Metaphysics* vol・XIV. 1965, p.27.
(23) *Ibid*., pp. 27-28.
(24) Rorty, *Philosophy and the mirror of nature*, p. 72. 六八―六九頁。
(25) *Ibid*., p. 86. 八五頁。
(26) *Ibid*., pp. 123-124. 一二五―一二六頁。
(27) *Ibid*., p. 174. 一九〇頁。
(28) *Ibid*., p. 176. 一九二頁。
(29) Rorty, *Objectivity, relativism, and truth* Philosophical Papers volume 1. Cambridge, 1991. p. 125.
(30) この「解釈学転回」という用語は、R・シュウォルツが『哲学と自然の鏡』に対する書評のなかで使っている。Robert Schwartz, "Reviewed Work(s):*Philosophy and the Mirror of Nature.* by Richard Rorty" in *The Journal of Philosophy*, Vol. 80, No. 1. (Jan., 1983), p. 64.

第3章　解釈学的転回

言語論的転回における問題

ローティの構想する「哲学史」において、「認識論的転回」の次に生じた「転回」が「言語論的転回」である。もちろん、その「言語論的転回」とは、ローティがその名前に冠した編著の内容の通り、英語圏の哲学におけるものについてのことである。しかし、英語圏における言語哲学の発展は、実際にはオーストリアにも起源の一つを持っている。というのも、その哲学は十九世紀にフレーゲによって始められ、二十世紀前半にウィトゲンシュタインが確立し、シュリック、ノイラート、カルナップといった「ウィーン学団」の人々が一つの学派として完成させたからである。

英語圏におけるその影響はラッセルが同時期に始めた論理的考察によるところが大きい。フレーゲやラッセルが問題としたのは、認識論において「認識」の概念に使用される言葉の曖昧さである。彼らが主題としたのは、厳密に言えば「言語」だけに限定されるものではなく「論理」の形式の問題である。従来の哲学における言葉、あるいは日常的に使用される言葉の曖昧さを排除し、論理的に整理され、完全さを持った数学や記号から構成される「理想言語」によって哲学の問題を解決しようと取り組んだ時、「言語論的転回」の第一歩が踏み出された。

「言語論的転回」における決定的な第二歩目は、ウィトゲンシュタインの『論理哲学論考』によって進められた。『論理哲学論考』の序文には次のように書かれている。

本書は思考に対して限界を引く。いや、むしろ、思考に対してではなく、思考されたことの表現に対してと言うべきだろう。というのも、思考に限界を引くにはわれわれはその限界の両側を思考できねばならない（それゆえ思考不可能なことを思考できるのでなければならない）からである。したがって限界は言語においてのみ引かれ得る。そして限界の向こう側は、ただナンセンスなのである。(1)

論理的に言えば、たしかに人間は思考できないものを思考することはできないため、思考の限界は人間の思考し得る範囲、つまり言語によって表現できる範囲のことである。そして、そこから「語り得ぬものについては沈黙しなければならない」という結論が導きだされるのである。『論理哲学論考』にはもう一つの主要なテーマがあるが、それは「命題は事実の像である」とする「真理の対応説（correspondence theory of truth）」的な「意味の写像理論（picture theory of meaning）」である。『論理哲学論考』の冒頭では、「世界は諸事実の総体によって成立しているのであって、〈もの〉の総体ではない」と述べられている。ここで言われている「事実」とは現実に起きている事柄、また「事態」とは現実には起きていなくても論理的には起こり得る事柄のことである。このような考え方は、世界において何かが有意味な事柄であるかどうかを考察しようとすれば、すべて「論理的」に有意味な事柄になり得るかどうかを調べればわかるのではないか、というようにもまとめられるが、それを実際に行ったのがシュリック、ノイラート、カルナップら「ウィーン学団」と呼ばれた「論理実証主義」者たちであった。「論理実証主義」はウィトゲンシュタインの考え方を基にして、「有意味である命題はすべて検証可能でなければならない」とする、意味の「検証可能性（verifability）」テーゼを打ち立てた。例えば、ある事柄を論理的な記号と式に変換し、その式からなる命題が有意味なものとして理解可能であれば「真」として受け入れ、無意味なものとして理解不可能であれば「偽」あるいは「形而上学」として切り捨てることができる。「論理実証主義」の目的は科学の統一性を守ることであった。「論理実証主義」が盛んであった一九三〇年代には、一方においてハイデガーのような「形而上学的」な哲学もまた盛んであったが、ハイデガーはニーチェの考えを継承し、「近代」や「科学」を批判した。もともと物理学の研究などを行っていた自然科学者が多かった「論理実証主義」者たち（「ウィーン学団」の正式名称は「エルンスト・マッハ協会（Ernst Mach Association）」である）は、どうにかしてハイデガーのような（彼らから見ると）不届きな輩から、科学の有効性を守らなければならない、という使命感を持っていたのである。そして、「哲学」を「科学」のように客観的なものとして構築し、また事実を扱う科学の正当性の基礎を保証する学問としての地位に据えようとしたのであった。

「論理実証主義」において、「言語論的転回」は一つの完成を見た。「認識論的転回」の問題意識が「〈普遍的なものや永遠、不変の存在〉というものをわれわれはいかにして客観的に認識することができるのか」であったのだとすると、「言語論的転回」における問題意識とは『〈普遍的なものや永遠、不変の存在〉というものを客観的に認識する』ことができるわれわれの言語の論理的な構造はどのようになっているのか」というように「転回」をしたものである。しかし、「論理実証主義」によってその方法論が完成されたかのように見えた言語哲学は、その内部によって批判を受け、再び大きく転換することとなる。

アメリカへ移住したカルナップやイギリスへ移住したウィトゲンシュタインらの影響で、ラッセル以降、論理的な哲学が盛んとなっていた英語圏の哲学はより「分析的」なものとなる。しかし、一九五〇年代以降、その実証主義的な傾向に変革がもたらされることとなる。まず、ウィトゲンシュタイン自身が（当初から論理実証主義からは距離をとっていたが）『哲学的探求』において、語の意味は実在との対応ではなくその使用によって決まるといった方向性に「転回」を行ったのだが、それに引き続き分析哲学においてはクワインやセラーズらが、また科学哲学においてクーンやN・R・ハンソン（Nowood R. Hanson）、ファイヤアーベントらが実証主義的な思考を覆すような著作を発表していった。本章ではローティが影響を受けた「解釈学」的な側面に注目することから、科学哲学からはクーンとハンソンを、言語哲学からはクワインとデイヴィドソンの思想に焦点を当てる。

ローティは、このように二段階の「転回」を遂げた哲学において、共通して保持され続けてきた思考を見抜いた。それは、ギリシャ哲学、認識論哲学、言語哲学のうちに共有された「普遍的なものや永遠、不変の存在とはいかなるものか」という問題意識とはまさに、そのような「普遍」「真理」

「存在」を「鏡」に一点の曇りも無く写し取ることができるはずであるとする写像的な思考であり、そのことが人間は他の動物とは異なり、神や天使たちと共有する理性的な能力であるとする考え方である。

「鏡」を保有する哲学は理性によるア・プリオリな、あるいは分析的な知識の学として数学を高位のヒエラルキーに位置づけ、次いで理論が検証されさえすれば数学のように全ての人びとによって共通の理解が得られる自然科学を位置づけた。逆に、プラトンが「詩人」を哲学者と対立するものとしたように、偶然性に左右される文学などの人文系の学問は下位のヒエラルキーに位置づけられた。クワインは一九五一年の論文「経験主義のふたつのドグマ（The Two Dogma of Empiricism)」において、このような「分析的」な知識とそれ以外の「綜合的」な知識という区別を、論理実証主義者が保有するドグマであるとして批判を行った。クワインによると、「独身男は結婚していない」という文は「独身男（bachelor)」という語が「結婚していない男（unmarried man)」という語と同義であるため「A＝A」となり「分析的真理」であるとされてきたが、「独身男」と「結婚していない男」の間における同義性が定義されるためにはその二つの語の間において先行して必然的な同義性が存在していなければならないという循環に依存しているという。[2]つまり、純粋に「分析的」な語は存在し得ないということである。また、クワインが指摘したもう一つのドグマである、意味の「検証可能性」テーゼに基づく「還元主義」においても、個々の言明が各々の「経験」と単独に対応しているとする論理実証主義の理論は、知識や信念はその全体としてその周縁において経験とぶつかり合うとする「全体論（holism）」の観点から否定される。例えばP＝Qという理論が成立し、それが観測によって検証されているように見えるときでも、現実にはP（n_1、n_2、n_3……）＝Qという、様々な未知の要因が並立していることによって成立しているように見えているのであって、様々な〈n〉のうちの一つでも想定されていた理論と誤差が大きければ元の理論は成り立たなくなる。そのときには観測結果のミス、未知の要因の想定という順に誤差の原因が探られ、基本的な理論はなるべく保守されようとしてその見直しは最後になる。また、修正される要因〈n〉のうち、どのように手直しされるかは、それがいかにして上手く説明できるようになるかという観点からなされるのであって、実在と対応しているかどうかではない。

クワインは「体系のどこか別のところで思い切った調整を行うならば、どのような言明に関しても……幻覚を申し立てるとか、論理法則と呼ばれる種類の言明を改めることによって、相変わらず真とみなし続けることができる。……どのような言明も改訂に対して免疫があるわけではない[3]」と主張し、「科学という織物を織りなしている糸のうち、どれを調整するかについての、曖昧ながらプラグマティックなわれわれの性向、そうした選択における保守主義と単純性の追求」に目を向けることが重要である、と結論づけた[4]。

「鏡」の哲学としての論理実証主義から後期ウィトゲンシュタイン、クワイン的な思想への「転回」を受け入れるとすると、哲学から曖昧な形而上学を取り除き、科学的な知識として確立しようとした「ウィーン学団」の目標は挫けることとなる。同じように、論理実証主義的な知識論を「転回」

に導いたとローティが考えているのが、クーンの「科学哲学」であった。

クーン以前の「科学史」における科学観はアリストテレスからガリレオ、ニュートン、アインシュタインに至る、といったように新たな理論体系が発見されるたびに「真理」へと近づいてきたという「ホイッグ史観（Whiggish historiography）」であり、現代の観点からするとガリレオ以前のアリストテレス的、あるいは神学的な体系は「非科学」であるとされた。

それに対し、クーンは科学の進歩とは「パラダイム（paradigm）」の獲得によって形成される「通常科学（normal science）」と、「通常科学」の理論では説明がつかなくなる様々な変則性という危機に対応するために「異常科学（extraordinary science）」による新理論が出現し、その理論が上手く危機を解消することができればそれが新たな「パラダイム」として受け入れられ、やがて「通常科学」としての常識となる、という循環的な歴史観を持つものであるとして、「科学革命論（scientific revolution）」を展開させた。クーンの考え方においてそれ以前の「科学史」と異なるのは、従来の科学史観においては近代以前の考え方は「科学」と呼ぶに値せず、近代以降の「新理論」は「旧理論」が発展してより真理に近づいたものであるという連続的な考え方であったが、クーンはそれぞれの理論における基本的な「パラダイム」が異なっているのであり、「旧理論」には「旧理論」なりの整合性は存在し、「新理論」は「旧理論」と全く異なった新たな論理による整合性が築かれているので、近代以前の体系と近代以降の体系の間には「通約不可能性（incommensurability）」が存在するのみであるということ、「パラダイム」間における関連性は、同一の理論がより高度に発展したというよりも、断続的な別々のものであるとしていることである。また、「新理論」は「旧理論」における危機の綻びをうまく解消することができるが、その「新理論」も実験や観測の積み重ねによっていずれ必ず新たな危機に直面することになり、再び全く異なった論理による「異常科学」による「新理論」の提出と、科学者集団の「パラダイム転換」という革命の歴史が繰り返されるために、決定的に「真理」と対応した理論を発見することはできないとされている。

ある「パラダイム」は、例えばプトレマイオスの「天動説」に基づく惑星の運行の計算が数百年の間、上手に説明を与えることができたように、「通常科学」として通用している時期にはその理論内部における整合性は保たれており、観察や実験によって期待されているデータと異なるものが観測されたとしても、まずは基本的な理論に改訂を加えるよりも先に、データが誤ったものであると考えるか、できるだけ「パラダイム」は保持しつつ、変則的な事項を加えるかのどちらかであった。そして、理論が様々な変則事項であまりにも複雑で難解になるという危機の状態になって初めて、理論の単純さを求めて新理論の模索が行われる。このような考え方はクワインの「全体論」と近いといえるだろう。クワインとクーンの考え方からみると、現代の最新の科学理論でも絶えず全体の経験という体系として未知の変則性にさらされている可能性は否定できず、やがて大なり小なり改訂を加えられることから免れられないこと、また例え何千年、何万年先の世界の科学理論においてさえ、その変則性から逃れることはできないので、完全な意味で「真理」と対応した理論は存在し得ないという結論に至る。

一方、クワインとクーンにおいて異なっている点もある。それは、クワインが理論の改訂を「われわれがそれを改造しようとするならば、船上にとどまったままで板を一枚一枚張り替えていかなければならない[5]」という「ノイラートの船」の考え方を踏襲しており、クーンが「パラダイム」の転換における断続性を強調しているのに対し、一つのものに少しずつ手を加えるような連続的なものとしてとらえている点である。クーンはその断続性という「通約不可能性」を説明するにあたって次のように述べている。

パラダイムはある一定の期間成熟した科学者集団が採用する方法、問題領域、解答の基準の源泉となっている。その結果、新しいパラダイムを受け入れることは、それに対応する科学の再定義を伴うことが多い。若干の古い問題は別の科学に追いやられるか、全く「非科学的」と焼き印を押されることになる。また、今まで存在しなかった、あるいはつまらないとみなされていた問題が、新しいパラダイムの下に脚光を浴び、科学の仕事の原型となる。そして、問題が変わるにつれて、本当の科学的解答と単なる形而上学的思弁や言葉の遊戯、数学の遊戯を区別する規準も変わることが多い。科学革命から生じる通常科学の伝統は、今までのものと両立しないだけでなく同一の規準で測れないことも多い[6]。

たしかに、クワインとクーンが一隻の乗り換えることができない「洋上の船」を強調し、クーンが「非連続性」による「パラダイム」の乗り換えを強調する点において両者は異なっている。ただし、クーンも「パラダイム転換」の前後で完全に両者の間に会話すら成り立たないほどの「通約不可能性」が存在するとまでは考えていないのではないだろうか。例えば、ガリレオとベラルミーノ卿が「惑星」を巡りどれだけすれ違った議論を行い、二人の間における語の意味が異なっていたとしても、少なくとも「会話」は成立したであろうことは確かである。また、「科学革命」の前後において、どれだけ基本的な考え方が変化したとしても、その時期においてある程度同一の人物が「科学者集団」を形成していたはずであり、同一の人物の中でまったくその前後に脈絡のないものが保持されるとは考えにくい。

それ以上に、クワインとクーンの両者における「解釈学（hermenutics）」的なものへの志向という共通点を見逃してはならない。クーンは『科学革命の構造』の第10章において、ゲシュタルト転換の実験の例とハンソンによる「理論負荷性（theory-ladenness）」の議論を援用しながら「パラダイム転換」の説明をしている。ハンソンは『科学的発見のパターン』の冒頭において、丘の上に立って明けていく空を同時に眺めている「地動説」のケプラーと「天動説」のティコ・ブラーエが、物理的対象として、あるいは視覚的な「センス・データ」として以上に同一の「太陽」を見ることができるのか、という疑問を呈する。そして、両者はゲシュタルト転換の説明でよく用いられる「酒杯と二人の顔」の絵における齟齬のような意味において「違ったものを見た」と言うことができるという。そのようなことから、「見ること」は「理論負荷的」な試みなのだ、という言い方に一つの意味が出てくる。Xについての観察は、Xについて予め持っている知識によって形成される、というのが「理論負荷性」である。観察に対してはもう一つ、われわれの知識を言い表すために用いられる言語や表現記号が加えられ、それなくしては、われわれが知識として認めるべきものは、皆無となってしまうであろう。つまり、観察や実験によって得られた結果を科学的な理論にまとめる時には必ず、先行して持っている自らの理論（クーンの言うところの「パラダイム」）によるフィルターがかかり、同じデータを基にしても異なった「理論負荷性」がかかっていれば、ある人は「酒杯」と言い、別の人は「二人の顔」と言うことがあり得るということである。

このことから考えられるのは、従来の哲学や科学が目指してきたとされた「鏡」としての透明な知識や、どんな価値観からも分離され、万人が等しく共有することのできる普遍的で中立な立場というようなものは存在しないのではないか、ということである。そして、逆に知識とは何らかの立脚点を持ち、そこから逃れることのできない「解釈学」的なものにならざるを得ないのではないか、という疑問が生じる。このことからもたらされるのは、次なる「転回」すなわち「解釈学的転回」への第一歩である。

根底的翻訳と根底的解釈

その歩みはクワインとデイヴィドソンによる「根底的翻訳（radical translation）」と「根底的解釈

(radical interpretation)」によって進められ、ローティへと受け継がれることとなる。デイヴィドソンはクワインに影響を受け、ローティはその両者に影響を受けたという関係にあるため、デイヴィドソンもローティも「クワイン主義者」であるが、それ以上に両者ともにクワイン的な思想をより深く突き詰めることとなったため、クワインの思想を高く評価すると同時に批判的考察も行っている。

クワインは『ことばと対象（*Words and object*）』において「翻訳」の問題を取り上げるが、その問題意識の出発点は「経験主義のふたつのドグマ」におけるものと共通している。クワイン曰く、一見すると「分析的」であるかのように見える「独身男は結婚していない」という文は定義によって同義とされているのであり、日本語にせよ英語にせよ「独身男」と「結婚していない男」という語の刺激が同じなのはある意味では「社会的」な原因によるのであって、例えば地球にやってきた火星人が「独身男」と「結婚していない男」という語がある地球人の話者にとって同一の刺激意味を持っているという事実は発見できるものの、その二つの語をなぜ比較する気になるのか理解できないというような困難さは消せないのである。

そのことを説明するために、クワインは全く未知の言語を話す部族の調査を行う言語学者の例を挙げる。言語学者はあるとき、自らの言語においては「ウサギ」と呼ばれる動物が目の前に現れた時、同じ対象を見た現地人が「ガヴァガイ」と発音するのを聞く。そのことから、言語学者は現地語における「ガヴァガイ」という語は自らの言語における「ウサギ」という語に翻訳できるだろうと推測する。そして、別の機会に「ウサギ」が目の前にいるときに「ガヴァガイ」と発話することで現地人の肯定的な反応を得て、「ウサギ」がいないときに発話すると否定的な反応を得ることによってその翻訳の確かさを確認することができる。そのことによって、「ウサギ」＝「ガヴァガイ」という翻訳はとりあえず成立するのだが、実のところ「ガヴァガイ」という語は現地人にとっては言語学者の概念における単体としての「ウサギ」ではなく「ウサギの諸相（stages of rabbits）」「ウサギの分離されていない部分（undetached parts of rabbits）」「普遍的なウサギ性（rabbithood）」というような、われわれが「ウサギ」という語で通常意味するようなこととは全く異なった意味を持っているという可能性は排除できない、ということをクワインは指摘する。[7] しかし、「ガヴァガイ」という発話が、言語学者が通常用いる言語において「ウサギがそこにいる」という文として翻訳されて、現地人との間に会話が成立するという点においては何も不都合はない。そのことから、クワインは次のように結論づける。

フリースランド語も英語も低地ドイツ語という連続体の中に含まれているため、互いの翻訳が容易となり、ハンガリー語も英語も文化的な進化という連続体に含まれているため、互いの翻訳が容易となったのであった。これらの連続体は翻訳を容易にさせながら、（結果的には）当該の問題に関してある幻想を抱くよう仕向けている。つまり、かくも容易に互いに翻訳可能なわれわれの文は、個別文化に属さない命題や意味を様々な仕方で言葉として具現化したものであり、その際、それらの文は同一の文化的言語表現の単なる変異形とみなしたほうがよいという幻想である。（ところが）根底的翻訳の非連続性によって、そのような「意味」なる概念は試練に直面し、実際、言葉による具現化と敵対関係に立たされている。というより、そこでは「意味」など見いだされないのがむしろ普通なのである。[8]

クワインはこのことを「翻訳の不確定性原理（principle of indeterminacy of translation）」と呼んだ。

デイヴィドソンはクワインによる翻訳という考え方を「解釈」という考え方に徹底させ、「根底的解釈」という形にした。デイヴィドソンの思想において、解釈とはタルスキ（Alfred Tarski）が提案した「SがTであるのは、Pの場合その場合に限る」という「T文」という真理条件の規約において行われる。「T文」とは、例えば「〈雪が白い〉が真であるのは、雪が白い場合その場合に限る」というようなケースを考察してみることである。[9] クワインは未知の言語を翻訳するにあたって、現地人が「対話者がある程度愚かではあっても、悪しき翻訳、あるいは同一言語内の場合は言語的逸脱を許すほど愚かではありそうにない常識」は持っているであろうことは確かであり、整合的な論理を保有しているという推理の下に翻訳をすることができるとする「論理結合の翻訳における寛容の原理（principle of charity）」を採用したが、デイヴィドソンはその「寛容の原理」を真理条件に則った解釈全般に拡大する。

クーンの「科学革命論」とクワインの「ノイラートの船」において両者ともに共通しているのは、経験的事実を解釈する際に、理論としての「パラダイム」や「概念的枠組み（conceptual scheme）」という認識論的な機能を果たすものが存在していることであった。デイヴィドソンはその「概念的枠組み」というものの存在を批判する。クーンは「革命」の前後における「パラダイム間」の断絶と「通約不可能性」を強調するが、どれだけ捉え方が異なっていようとも、両者の間に少なくとも「会話」は成立することは確かである。また、クワインの言語学者が現地人との間に「ウサギ」と「ガヴァガイ」という「概念」における相違が生じようとも、やはり両者の間の「会話」は成立している。

クーンとクワインの考え方（というよりもそれを極端に押し進めたファイヤアーベントの考え方に顕著であるが）においては「概念的相対主義」が見られるが、それは「経験主義のふたつのドグマ」において放棄された「分析的と綜合的な真理の区別」に基づいているとデイヴィドソンは指摘する。つまり、意味だけにおいて「真」になる「分析的」な文の存在はクワインによって否定されたが、そのことによって逆にあらゆる文が「概念的枠組み」によって証明可能な経験的な内容を持つと主張することができるようになり[10]、例えばケプラーとティコ・ブラーエや言語学者と現地人は同一の経験的内容を全く相容れない「概念的枠組み」を通すことによって全く別々のものとして見ているということができる。もっと言うと、同一の現象を「プラズマ現象」として見るか「火の玉」として見るかという違いは、「概念的枠組み」の違いに過ぎないので、両者は全く別のものを見ているというようなことが可能となる。しかし、上述したように、それぞれの間において少なくとも「会話」が成立するのであれば、「相手が言っていることは私の考え方とは相容れない」ということは理解できるのであり、相手が言っていることは論理的に整合した体系的なものであるということだけでも理解できるのである。そうなると、食い違う価値観を持った者同士でも、その「会話」の話題の対象となっている事柄を全く別のものとして見ているとは考えにくく、同一のものを見てはいるのだが、両者の「解釈」が異なっている、というように考えることができる。

もし、相手の言っていることの信念の体系が論理的に整合していないとすれば、「T文」の形式において、例えば「〈雪は白い〉は草が緑のときその場合に限り真である」というような不合理な形式になってしまう。そのため、相手が論理的に整合していることを言っていると「寛容性の原理」を最大限に適用して見なさない限り、そもそも相手の言っていることが自分と一致しているのか相容れないのかということの判断すらつかない。そのことからデイヴィドソンは次のように結論を下す。

概念相対主義という考えに、したがって概念的枠組みという考えにしっかりとした意味を与えようという試みは、翻訳の部分的な失敗に基づく場合であっても、全体的失敗に基づく場合以上にうまくいくわけではない。他者がわれわれ自身のものと根源的に異なる概念なり信念を持っていると判断できる立場には、われわれは立ち得ないであろう。異なる枠組みを持つ人々の間でいかにしてコミュニケーションが可能になるか、存在し得ないもの、すなわち中立的な基盤や共通の座標軸を必要とせずにうまくいく方法とは何か、こうしたことが明らかになったといって要約するのは間違いであろう。というのは、枠組みが異なると言えるための理解可能な基盤は何も見いだされていないからである。また、全ての人類は——少なくとも言語の話し手はすべて——共通の枠組みや存在論を共有している、というすばらしいニュースを公表するのも同様に間違いであろう。なぜなら、枠組みが異なることを理解可能な形で言い得ないとすれば、それが同一であることもまた理解可能な形では言い得ないからである。(11)

デイヴィドソンは「概念的枠組み」による図式と内容の二元論を「経験主義の第三のドグマ」と呼び、これもまた放棄するように勧めている。では、そのことによっていかなることが言えるようになるのだろうか。デイヴィドソンの指摘する「経験主義の第三のドグマ」としての「概念的枠組み」とはクーンとクワインに共通して保持されている相対主義的な傾向を批判したものであるが、逆に言うとそれは、「パラダイム転換」論や「全体論」をその発案者たちの意図を基本的には支持しつつ、それを遥かに超越した相対主義へと陥ることを警告するものであり、われわれが日常的に考えていること、知覚しているもの、他者の意見などがあきらかに不合理なものと見えない限り、それをそのまま「真」として受容しても問題はないという素朴な「実在論」を肯定し、極度の懐疑主義を無意味なもの、というより無駄な労力として退けるという効力を持っている。

「会話」としての哲学

ローティは以上のような科学哲学、分析哲学の展開を受け継ぎ、議論を行っている。先に述べたように、ローティは西洋哲学において伝統的に保持されてきた「鏡」としての性質を放棄しなければならないと考えているが、なぜローティはそのように考えたのだろうか。それはローティの哲学史研究家としての視点によると、近代のデカルトやロックにおける認識論的哲学とそこから派生した「心身問題」が、ライルや後期ウィトゲンシュタイン、セラーズなどの批判によってひとまず解消したこと、プラトン的な「真理」の在り方をニーチェ、ハイデガー、デリダといったヨーロッパの思想家やジェイムズ、デューイといったアメリカのプラグマティストたちが解体したことに加え、言語哲学の内部においてもクワインやデイヴィドソンが、あるいはクーンやハンソンが「論理実証主義」的な哲学の企てを解消したことにより、伝統的な「自然の鏡」を希求する哲学の在り方は説得力を失う、と理解されるからである。ローティが当初志したプラトニズムからプラグマティズムへと転向したのも、彼の思想形成期においてウィトゲンシュタイン、クワイン、セラーズ、デイヴィドソン、そしてデューイといった人々の著作の洗礼を受けたからである。とくに、クーンからの影響は顕著で、その考え方を受け入れ徹底させたことにより『哲学と自然の鏡』というクーン的な視点によるローティ流の「科学史」ならぬ「哲学史」を完成させたのであった。(12)

では、ローティはクワインとデイヴィドソンについてどのように評価していたのだろうか。ローティはクワインの「経験主義のふたつのドグマ」からの影響もさることながら、「心」に直接与えられた「センス・データ」を「言語」という偶然的で社会的な媒介物によって特権的に報告させることはできないという「所与の神話」を批判したセラーズと共に、その「全体論的」「行動主義的」観点を評価し、自分は彼らと同様に「認識論的行動論者」であるとしている。(13) 一方で、クワインに対して批判的な見解を示している部分もある。それは次のように述べられている。

クワインは、科学と哲学との間に境界線はないと主張するとともに、そうすることによって科学が哲学に取って代わりうるということを示したのだと考えようとしている。しかし、彼が科学にどんな仕事をすることを求めているのかは明らかではない。また、なぜ芸術や政治や宗教ではなくて、自然科学が空白となった領域を引き取らなければならないのかも明らかではない。さらに、クワインの科学の概念は依然として奇妙に道具主義的なのである。それは、直感と概念という古い区別を支援しているように思われる「刺激(stimulation)」と「措定(posit)」との区別に基づいている。しかし、クワインは感覚器官の刺激というものが他のものと同様に「措定物」であることを認める点ではどちらの区別をも超越している。あたかも、概念的と経験的、分析的と綜合的、そして言語と事実という二分法を完全には捨てきれずにいるかのようである。(14)

クワインは日常的な物理的対象（机、マットの上の猫など）が感覚器官の「刺激」を通じて認識され、その存在が「措定」されているという、ある種常識的で自然主義的な「認識論」を抱いており、その意味では伝統的な「経験論者」に近い側面を持っている。しかし、「経験主義のふたつのドグマ」におけるクワイン的な全体論をより推進しようとするローティは、クワインの中に全体論的な観点から言えば同等の地位にあるはずの自然科学（Naturwissenschaften）と精神科学（Geisteswissenschaften）において、前者を特権視し、後者を軽視するという矛盾点があることを指摘する。[15] また、クワインは「センス・データ」の代わりに「同時に同じ刺激の下にあればその言語を話す全ての人が同じ真偽判定を下すであろう、間主観的な観察文（observation sentence）」を保持していた。ローティによれば、クワインは「自分とロックとを理論と証拠の関係を研究する同じ研究者仲間とみなす気の優しいところ[16]」があり、懐疑論的な不安から離れた経験論哲学者、認識論者であるということになる。[17] そして、そのことはデイヴィドソンが「第三のドグマ」として「概念的枠組み」という認識論的なものを批判したことと共通する。そのため、ローティとデイヴィドソンはクワイン的な全体論をより徹底させたクワイン主義者であると言うことができる。

では、ローティはクーン、クワイン、デイヴィドソンの中に見られる「解釈学」的な議論をいかに受容し、発展させたのであろうか。ローティが西洋の哲学において放棄されるべき自然の「鏡」とみなし、問題視したのは、知識の在り方を「真理」「客観性」「合理性」「理性」といったものの支配下に置こうとし、実在に対応する「真理」を探求しようとする傾向であった。そのことは、中世までは神学の研究を行う聖職者によって行われてきたが、近代においては自然科学の研究者によって行われるようになった。そして、中世においても近代においても、哲学は神学、あるいは自然科学に寄り添って発展しようとしてきた。しかし、近代になって神学が客観的な真理に基づくものではないということが明らかにされたように、現代において自然科学における真理もまた、必ずしも客観的な真理、実在に対応する真理ではないのではないかという疑念がクーンやクワインが提起した議論によって生じた。同様に、哲学も客観的で合理性に基づいて求められるような「(恒久的かつ中立的な枠組み」は存在しないのではないか、という転換に導かれるが、そのことが「(恒久的ではない) 暫定的で可謬的かつ (中立的ではない) 自文化中心主義 (ethnocentrism) の立場」から出発するしかない、という意味での「解釈学」への転回を招くのである。ローティは自らの「解釈学」という用語の使用法について次のように述べている。

私が提示する解釈では、「解釈学」というのは一つの学問を表す名でもなく、また認識論が達成し損なったような成果を上げるための方法や研究プログラムを表す名でもない。逆に、解釈学とは、認識論の終焉によって空けられた文化的空間はこれからも満たされないであろうという希望、つまりわれわれの文化は、制約や対面への要求がもはや感じられないようなものになるはずだという希望を表明するものなのである。……認識論が展開されるための前提は、所定の言説に寄与するすべてのものが共約可能だということであり、解釈学とはもっぱらこの前提に戦いを挑むものなのである。[18]

近代の認識論とは万人に共通の地盤となる認識の在り方を探求するものであったが、そのような「鏡」としての知識は存立し得ないということが明らかになった以上、それは放棄した方が良いものである、とローティは考えた。

「解釈学」というと、一般的にはガダマーによるものが有名であり、ローティも『哲学と自然の鏡』の中でガダマーによる「解釈学」を援用している。[19]では、ローティ自身による「解釈学」あるいはクーン、クワイン、デイヴィドソン的な「解釈学」とガダマーのそれとの関係を、ローティはどのようにとらえているのだろうか。

ガダマーの「解釈学」においては「理解」が行われるときには常に「先入見」が足がかりとされる、と論じられている。近代の啓蒙主義や論理実証主義は、そのような「先入見」を排除した透明で中立的な視点を前提にしようとしていたが、ガダマーはそれに反対し、「歴史がわれわれに属しているのではなく、われわれが歴史に属している」という、伝統と歴史に立脚した視点を強調した。過去のテクストを理解するということは、過去のテクストが保有する唯一の真なる読解法を発見することではなく、現在と過去の間の時代の隔たりを意識しつつ、自己の「先入見」と「会話」をさせ、過去を現在に媒介させることによって「理解」を行い、また現在の「先入見」が修正される。

そのことをガダマーは「地平の融合」と呼び、当初の「先入見」を出発点とした部分的な「理解」と、「地平の融合」によって全体的に「理解」された解釈によって再び部分的な「理解」が修正されるということを「解釈学的循環」と呼んだ。ガダマーの「解釈学」において、「理解」は実在と対応する真理を発見する「自然科学」的な方法ではなく、歴史や伝統に立脚した「精神科学」「人文科学」的な方法によって行われる。そのような方法において重要なのが、自己の「先入見」を異質なものとの出会いによる「地平の融合」によって涵養するという「教養」という理念である。

ローティは従来の西洋の哲学を、「鏡」を希求し、「万学の女王」としての地位によって他の全ての学問を基礎づけしようとする構築的な「体系的哲学（systematic philosophy）」と呼ぶが、その「体系的哲学」が説得力を失った後に相対主義的なニヒリズムと混乱がもたらされるのではなく、「中立的な枠組み」から脱却し、自文化中心主義（エスノセントリズム）的な立脚点に立って異質な他者を解釈し、自己を絶えず書き換えていく「解釈学」的な行為が哲学の主な仕事になると予測する。そして、その行為をガダマーの「教養」に倣い「啓発（edification）」という言葉で言い表した。(20)「啓発」はクーン的な表現で言うところの「通常的言説（normal discourse）」によっては引き起こされず、反抗的で皮肉やパロディやアフォリズムを提示し、意図的に傍流であろうとし、時がくれば自らの著作はその反抗的な意味を失うことを自覚しているような「変則的言説（abnormal discourse）」によって引き起こされる。「体系的哲学者」であったプラトンは「詩人」を「哲学者」と対立するものとしたが、ローティは「啓発」としてのひらめきを起こす「変則的言説」は哲学においても時に「詩的」であると考えた。ローティによれば、そのような「啓発的哲学者」として呼ぶことができるのは、デューイ、後期ウィトゲンシュタイン、後期ハイデガー、ニーチェ、デリダ[21]などである。[22]

ローティは「啓発的哲学者」による「ポスト哲学」的な哲学の在り方を表現するために、『哲学と自然の鏡』の最後の節のタイトルをM・オークショット（Michael Oakeshott）の「人類の会話のなかでの詩の声（The Voices of Poetry in the Conversation of Mankind）」という論文のタイトルをもじって「人類の会話のなかでの哲学（Philosophy in the Conversation of Mankind）」と名付けている。ローティによると、全てを「共約可能」なものにしようとする「体系的哲学者」は、「万人の共通の地盤を知っている文化の監督者」としての役割を担う「プラトン的哲人王」を目指すが、「啓発的哲学者」は「様々な言説の間をとりもつソクラテス的媒介者」としての役割を担い、学問や言説の間の不一致は、会話が進められていく中で調停され、乗り越えられることを目指す。そして、その「ソクラテス的媒介者」のサロンにおいて行われる「会話（conversation）」という概念はオークショットから引用されているのである。

オークショットによれば、「哲学者」の中には人間のすべての発話がただ一様のものであると請け合うものがおり、バベルの塔がきっかけとなって人類の上へふりかかった呪いからわれわれを解放することが哲学者の仕事であるという見解はなかなか死に絶えることがなく、唯一の言語、議論の言葉である「科学」の言葉に全ての発話が収束されてしまっている。しかし、それよりも発話が合流点を持つというイメージ、研究や論争によって「真理」を発見したり、命題を証明したりするのではなく、また説得したり論駁したりするのでもなく、多くの異なった言葉の世界が出会い、互いに互いを認め合い、相互に同化されることを要求されず、予測されないようなねじれの関係を享受し、ただそれを継続することだけが目的となるような「会話」のイメージが、人間のかかわり合いについての適切なイメージである。[23] ローティはオークショットのこの考え方を「解釈学」として応用する。

認識論にとって、会話とは潜在的な探求であり、解釈学にとって、探求とは日課となった会話である。認識論は、会話の参加者を、オークショットの言う「普遍共同体（universitas）」、つまり共通の目的を達成しようという相互の関心によって統一された集団のなかに統一された者と見なす。解釈学は、彼らをオークショットの言う「社交共同体（societas）」に統一された者と見なす。彼らは、人生の行路を共にしてはいるが、他に対する丁重な態度によって統一されているのであって、共通の目標や共通の地盤によって統一されているのではない諸個人なのである。[24]

また、「鏡」が放棄された後の哲学は、プラトンが創始した「会話」を彼が議論して欲しかった話題を議論せずに継続していき、彼が夢想だにしなかった多くの声と、何も知ることの無かった話題が拡大され続けたものとして、新たな哲学者による考え方がより「真理」に近づいたというよりも、絵画や音楽の様式が時代によって変わることが流行の変遷によるものであるといったように、「非ホイッグ的」なものとしてとらえた方が良いとローティは考えた。

このことは、ローティによる大文字の「哲学」の終焉宣言としても理解できるが、ローティ自身は絵画が印象主義で終わらなかったように、哲学も終焉するという危険はなく、それは西洋的な文化の一つとして存続するであろうと予測している。[25]そのため、これらのことは「鏡」を放棄し、「会話」的な哲学の在り方への「パラダイム転換」を促す「解釈学的転回」の宣言としてとらえた方が良いだろう。

しかし、ローティが『哲学と自然の鏡』の後半部分においてこれだけ「解釈学」へ熱を入れた論述を行っているにも関わらず、その後のローティの数ある著作において「解釈学」を主題にしたものは少なく、現在においてローティが「解釈学」について論じた哲学者であったというイメージはほとんどなくなってしまった。実際に、『哲学と自然の鏡』が刊行されたのと同時期に行なわれた講演「プラグマティズム・相対主義・非合理主義」においては「解釈学」という言葉ではなく「プラグマティズム」という言葉に重要性が与えられている。[26]では、ローティは「解釈学」的な考え方を全く放棄してしまったのかというとそんなことはなく、「解釈学」における主張とその後の多くの著作における主張においてはほぼ一貫性が保たれている。たしかに「解釈学」と「プラグマティズム」を同義のものとして扱って良いのかという問題はあるが、それよりもむしろローティは「解釈学」を足がかりにそれをより大きな器に拡大し、発展させたと考えるべきであり、それがローティの「ネオ・プラグマティズム」の思想の素となったのではないか。そのため、「解釈学的転回」とは「プラグマティズム的転回（pragmatic turn）」(27)という言葉へ言い換えても、少なくともローティの思想の内部においては、ほとんど同義のものであると考えられる。

ローティによる「解釈学」とは、異文化理解、他者との共生の知恵である。ローティがプラグマティズムと自由主義について主に論じた『偶然性・アイロニー・連帯』において、自由主義の原則とは他者の苦痛や残酷さに共感し、互いにそれらを減少させていくことにあると論じられているが、そのことによって必要とされるのがまさに、他者の言っていることを「真」として受けてとり、共通の「中立的な枠組み」を発見するのではなく、「解釈学的循環」によって「翻訳」と「理解」を少しずつ修正し合いながら高めていくような、「解釈学的」な「会話」の在り方である。また、一九八三年に発表された論文（これについては第6章において詳しく論じる）においては、理想的にリベラルな社会とは「バザール」と「クラブ」に別れたものであり、異質な他者が集まる「バザール」においては残酷さや苦痛を与え合わないように、集まった人々は互いの価値観や趣味を相手に押し付けたりせず、ただビジネスライクな「会話」を行い、私的な価値観や趣味を持った同好の士が集まる「クラブ」に戻ったときに存分に自らの価値観を追求すれば良いとする「公と私の区別」が必要であると論じているが、このことにおいても「解釈学」的な態度や「寛容の原理」のような態度が見られる。このように、ローティの思想において「解釈学」とは哲学の面においてだけではなく、政治思想における発想の「源泉」ともなっており、非常に重要な「転回」であったことがわかる。

「自然の鏡」を探求する大文字の「哲学」としての「体系的哲学」から「解釈学」的に転回した「啓発的哲学」は、それでもなお「哲学」という名の学問として、その機能を果たすことができるのだろうか、という疑問は残る。西洋的な意味での「哲学」に限らず、宗教や神話なども含めれば、形而上学的な思考は、洋の東西を問わず、人間が文化的な生活を営んできたところには必ず存在してきたし、啓蒙や科学的価値観が迷信としての形而上学を駆逐してきた現代においても、その必要性は変わらない。『哲学と自然の鏡』が出版された直後の一九八〇年代は、折しも「ポストモダン」的な思想が流行し、ローティの主張と同様に「哲学の終焉」が声高に叫ばれた時代でもあった。もちろん、ローティの思想を「ポストモダン」の系譜として括ることは必ずしも外れてはいない。それどころか、その基本的な主張は類似している。しかし、両者が決定的に違うのは、その目指す方向性である。「ポストモダン」は「哲学」や「神」の死を宣言するが、その後の世界について希望的観測を持たず、シニカルな世界観しか提示できない。つまり、近代までの「哲学」や宗教が批判されるべきものであるのならば、それに基づいて生まれた政治や社会制度、価値観や道徳も同時に批判されなければならないという考え方である。それに対し、ローティの思想は「解釈学」的に転回したからこそ「哲学」は「教養」の一つとして可能であるとする、肯定的な観点を持つことができる。ローティの視点によれば、「哲学」という一つの学問ジャンルにおいて、「存在」や「普遍」について探求しようが、人間の「認識」や「心」の在り方について考察しようが、言語における「意味」や「文法」「指示」についての理論を提出しようが、すべてそれはそれで有意義なことなのではあるが、ただ、それらの探求や理論によって導き出された言説が、人間の知識における「客観性」や、他の学問の正当性を基礎づけるとする欲望だけは捨てねばならないというのがローティの考えである。それは「哲学」は全てを調停する「万学の女王」でないのならば、他の諸学問と並立する一つのジャンルに過ぎないのであり、政治や社会制度、価値観や道徳に関する考察は「哲学」に対する考察とは別様になされても良いという考え方である。

絶対的なものとしての「鏡」の放棄による「解釈学」は、一見すると非常に相対主義的なもののように見えるが、クワインとデイヴィドソンがそれぞれ「翻訳」と「解釈」において提示してみせたように、自分が今ある立場から相手を理解するしかない、という「自文化中心主義（エスノセントリズム）」の考え方であり、様々な価値観が同列に存在し、それを傍観者的に外部から見ているというものではなく、自己の立場からの当事者的な参加の仕方はむしろ反相対主義的なものであるとも言える。

このように、厭世的なシニシズム、消極的な逃亡ではなく、肯定的な「希望」、積極的な「参加」を促すことができるという点に、[28] ローティの「解釈学的転回」と、それによって発展した後のローティの思想の意義がある。

注

(1) Ludwig Wittgenstein, *Tractatus Logico-Philosophicus*. 1922, p. 27.『論理哲学論考』野矢茂樹訳、岩波文庫、

二〇〇三年、九一一〇頁。

(2)W V, Quine, *From a logical point of view; 9 logico-philosophical essays.* Cambridge, 1953, [c1961] p. 27.『論理的観点から——論理と哲学をめぐる九章』飯田隆訳、勁草書房、一九九二年、四八頁。

(3)*Ibid.*, p. 43. 六四頁。

(4)*Ibid.*, p. 46. 六八頁。

(5)W V, Quine, *Words and object.* Cambridge, 1960, p. 3.『ことばと対象』大出晁・宮館恵訳、勁草書房、一九八四年、四頁。

(6)Thomas S, Kuhn, *The structure of scientific revolution* , Chicago, 1962（1970）. p. 103.『科学革命の構造』中山茂訳、みすず書房、一九七一年、一一七―一一八頁。

(7)Quine, *Words and object.* pp. 51-52. 八一―八二頁。

(8)*Ibid.*, p. 76. 一一九―一二〇頁。

(9)Donald, Davidson, *Inquiries into truth and interpretation*, Oxford, 1984. P. 25.『真理と解釈』野本和幸・金子洋之・植木哲也・高橋要訳、勁草書房、一九九一年、一二頁。

(10)*Ibid.*, p. 189. 二〇〇頁。

(11)*Ibid.*, pp. 197-198. 二一一―二一二頁。

(12) ローティはクーンの功績を次のように評価している。

「もし、わたしが追悼記事を書いていたとすれば、二つの理由で、努めてクーンを偉大な哲学者と呼ぶようにしたであろう。一つ目の理由を言うなら、「哲学者」という呼称は、文化の編成換えを行うような人にこそ最もふさわしいと考えるからである。……第二の理由は、わたしと同じ哲学教授たちが常々、クーンのことを哲学者の共同体においてはせいぜいのところ二級市民としてしか扱わなかったという事実に対する憤慨である。……わたしは、哲学者—非哲学者という曖昧な区別をそれほど重視すべきでないと思うし、この区別を厳密なものにしようとする人がいたら反対を表明するだろう。

……クーンはわたしが崇拝する人々の一人であった。なぜなら、彼の著書『科学革命の構造』を読んで、目から鱗の落ちる思いをしたからである。彼がいわば脇道から哲学の問題へと接近してきた……という事実が、彼をわたしたちと同じく哲学者として位置づけることを排除する理由とされるなら、それはまったくおかしいことだとわたしには思われる。」(Richard Rorty, *Philosophy and social hope*. London, 1999. pp. 175-176.『リベラル・ユートピアという希望』須藤訓任・渡辺啓真訳、岩波書店、二〇〇〇年、二二〇—二二一頁)

(13) Richard Rorty, *Philosophy and the mirror of nature*. Princeton, 1979. pp. 173-174.『哲学と自然の鏡』野家啓一監訳、産業図書、一九九三年、一九二頁。

(14) Rorty, *Philosophy and the mirror of nature*. p. 171. 一八六頁。

(15) *Ibid*., p. 201. 二一八頁。

(16) *Ibid*., p. 229. 二五九頁。

(17) 冨田恭彦はローティの哲学に対して高い評価を与え、日本に紹介した人物の一人であるが、唯一ローティにおけるロックとクワインの「認識論」の捉え方に対しては批判的である。ローティは知識の正統化(regitimation)と正当化(justification)とを区別しているが、冨田によるとロックはたしかに当時の自然科学などを「正統化」しようとはしたが、ローティが言うように特権的な知識として「正当化」しようとしたわけではなく、むしろ当時手にしていた「説明」を手がかりとして「認識」の「正統化」を行なおうとしたのであり、その点ではプラグマティズム的であるとすら言える、としている。(冨田恭彦『クワインと現代アメリカ哲学』世界思想社、一九九四年、二二三—二二七頁)

(18) Rorty, *Philosophy and the mirror of nature*. pp. 315-316. 三六八頁。

(19) ローティのガダマーの援用の仕方について、G・ウォーンキは疑問を投げかけている。ウォーンキは、ローティがガダマーの「影響作用史的意識(wirkungsgeschichtliches Bewusstsein)」を、外部世界に何が存在するかとか何が歴史に起こったかということよりも、自然や歴史から自分たちの用途のために何を掴み出せるのかに関心を抱く態度として、「われわれを変革するような、過去についての意識」であるというような理解をしているが（Rorty, *Philosophy and the mirror of nature*. p. 359. 四一九頁）、それと対照的に、ガダマーは「歴史がわれわれに属しているのではなく、われわれが歴史に属している」ということを強調しているということを指摘している。つまり、ローティが「変革」に関心を持っているように見えるのに対し、ガダマーは家族や社会、国家の絆が歴史や先入見と同様の重さを持っているということに焦点を当てており、ローティの「解釈学」の主張は怪しいものである、とウォーンキは見ている。しかし、ローティの解釈学への関心はむしろ自由主義や民主主義の議論の分野で貢献しており、ローティの政治思想における解釈学の援用に関する議論は不十分である、とも論じている。（Georgia, Warnke, "Rorty's Democratic Hermeneutics" In *Richard Rorty* / edited by Charles Guignon, David R. Hiley.Cambridge, U.K. ; New York, 2003. pp. 106-107.）

（20）Rorty, *Philosophy and the mirror of nature*. p. 360. 四一九—四二〇頁。

（21）デリダの脱構築的なテクスト読解とローティ的な「解釈学」との間には多くの共通点があることを指摘できる。デリダによると、西洋の形而上学は「パロール（話し言葉）」を重視し、「エクリチュール（書かれた言葉）」を軽視してきた。それは、言葉は話された瞬間にしか「真理」を保持し得ず、書かれた言葉は読む人によって必ず誤読されるからである。そのため、階層的二項秩序に基づき、純粋な真理を現前させようとする「現前の形而上学」が生じる。しかし、「パロール」もまた伝統的に「魂に書き込まれた言葉」などと表現され、「エクリチュール」としての構造を内包している、とデリダは指摘する（この点もクワインによる「分析的真理」の批判と相似しているかもしれない）。そして、その「エクリチュール」の誤読の可能性、反復可能性は二項対立としての「現前の形而上学」を「脱構築」する。このように、「脱構築」におけるテクストにはその本来的な真理は存在せず、読解の自由度を認める態度はデイヴィドソン－ローティ的な「解釈学」と共通する点が多い。

（22）*Ibid.*, p. 368. 四二八頁。

(23)Michael, Oakeshott, *Rationalism in politics and other essays*, London, 1962(1971), pp. 197-199.『政治における合理主義』嶋津格・森村進訳、勁草書房、一九八八年、二三六―二三九頁。

(24)Rorty, *Philosophy and the mirror of nature*. p. 318. 三七一頁。

(25)*Ibid.*, p. 394. 四五四頁。

(26)実際にジェイムス・タータグリアは、ローティがインタビュー中に『哲学と自然の鏡』の後、すぐに「解釈学」については全く意識することがなくなった、といった発言をしたり、『リベラル・ユートピアという希望』の原書の序文において、ヨーロッパの哲学者が新たな「ポスト・ニーチェ的」な哲学の方法論として採用しがちなもののリストとして、ハイデガーやサルトルの「存在論」、後期ハイデガーの神秘的な術語群、フーコーの「知の考古学」などとともに、ガダマーの「解釈学」が批判的に取り上げられたりしている点を指摘している。(James Tartaglia, *Rorty and the Mirror of Nature*, London and New York, 2007. pp. 178-179.

(27)ローティ自身はこの「プラグマティズム的転回(pragmatic turn)」という言葉を『哲学と自然の鏡』のなかで一度だけ使っている。(*Ibid.*, p. 149. 一五六」) ハーバーマスは『哲学と自然の鏡』における成果としてこの言葉を強調している。(Jurgen, Habermas, "Richard Rorty's pragmatic turn" in *Rorty and his critics* / edited by Robert B. Brandom. Malden, Mass, 2000. p. 34.) ローティにおける「解釈学」の放棄の問題や、ガダマーの解釈学とアメリカ的な解釈学、プラグマティズムとの比較の考察については(大賀祐樹「ローティのプラグマティズムにおける解釈と真理」『社学研論集第十四号』早稲田大学社会科学研究科、二〇〇九年)を参照。

(28)ローティの哲学が「希望の思想」であり、「反相対主義的」であるとする見解は冨田恭彦がその多くの著書の中で頻繁に展開している。(冨田恭彦『アメリカ言語哲学入門』筑摩書房)他を参照。

第Ⅱ部　ローティによる自由主義の再構築

第4章　偶然性の自由主義

ローティが一九八九年に発表した著作『偶然性・アイロニー・連帯』は、それ以前は主に哲学の問題を専門的に論じ、哲学の研究者としてキャリアを積んで来たローティが、政治や道徳の問題にも言及するようになった書物である。では、ローティの政治思想における問題意識とはいかなるものだろうか。

第1章で取り上げたように、ローティは幼少の頃に両親とその知人たちから社会正義のために実際の運動に参加するという政治的姿勢の英才教育を施され、周囲の人々と同様に「トロツキー」を英雄視するようになったが、それと同時にチベットの神秘性や「野生の蘭」へ興味を持つような、厭世的で耽美的な趣味を持ち合わせており、その両立についてオブセッションをもっていた。哲学の道を志したローティは、プラトン的な哲学によってその合一を目論んだが、やがてその両者（社会正義を追求する「公」と耽美的な趣味を追求する「私」）を「単一のヴィジョン」のうちにとらえることを諦めるようになった。そのかわり、その両者を単一のものとして統合するのではなく、区別されたものとしてなら両立できるのではないか、という考えに至った。哲学者として、ニーチェ、ハイデガー、デリダなどの「詩的」とも言える思想に意義を見いだし、また文学愛好家としてプルーストやナボコフ、ロマン主義の作家や詩人たちの文章に魅力を感じるのと同時に、それらの（ローティの用語で言うところの「アイロニカルな」）文筆家たちがあまり関与しようとしてこなかった現実的な政治における問題をいかにして改善していけば良いのか、という問題意識を抱くということを、「単一のヴィジョン」のうちにとらえることなしに、いかにすれば両立できるのか。この「トロッキーと野生の蘭」の葛藤に対する一つの答えとして刊行されたのが、『偶然性・アイロニー・連帯』である。

この第二部においては、ローティの自由主義に対する考え方を俯瞰的に検討し、「自由」を「偶然性（contingency）」の承認とみなし、「可謬性（fallibility）」を重視するというローティの自由主義の特性や、「残酷さ（cruelty）」と「苦痛（pain）」を減少させるということが、ローティの自由主義におけるミニマムな原則をなすこと、最後に「公（public）」と「私（private）」の区別について考察する。これまで哲学の議論に集中してきたローティが「政治」を問題とするようになったことは、一見すると唐突にも見える。しかし、ローティは「哲学」と「政治」を区別しつつも、両者をめぐる思索の方法は共通しており、まず『哲学と自然の鏡』において自身の「哲学」に対するスタンスを確立し、そしてネオ・プラグマティズムという独自の手法を編み出した八〇年代において、その思考が「政治」へと向かうのは、順序としては自然なことであった。

自由主義とアイロニー

まず始めに、ローティがいかにして哲学と政治を「単一のヴィジョン」に捉えることなしに両立させる方法を構想したかを俯瞰してみよう。ローティは自らの考える理想的な社会を「リベラル・ユートピア（Liberal Utopia）」、その住人を「リベラル・アイロニスト（Liberal Ironist）」と呼ぶ。「リベラル・アイロニスト」の人物像とはいかなるものかというと、ローティの定義によれば、政治的には自由主義と民主主義からなる近代的な政治体制や市民社会の在り方を受け入れ、積極的に擁護しつつも、私的な価値観としては「アイロニスト」の著作や価値観を容認し、愛好しているような人物のことである。ローティの考える「リベラル」とは、具体的には広義の自由主義、つまり近代の西洋において最も一般的に理解されている意味での民主主義も付随するような自由主義であり、その思想家としてJ・S・ミル、I・バーリン（Isaiah Berlin）、デューイ、ハーバーマス、ジョン・ロールズ（John Rawls）などが挙げられている。基本的には近代の西洋における市民社会の制度に肯定的な見解を持っており、かなり広い意味においてよりリベラル、もしくはより民主的な社会を実現させるための議論を行っている人々であれば、互いに論争をし合っている論敵同士であっても、また例えば厳密に言えば狭義の「リベラル」に批判的なM・サンデル（Michael Sandel）のような人も、ローティの言う「リベラル」に括られると考えてよい。これは、序章や第8章において言及するアメリカの政治地図において特殊な位置を占める「リベラル」とは意味合いが異なっているので注意されたい。

一方で、ローティの考える「アイロニスト」とは「自分にとって最も重要な信念や欲求の偶然性に直面する類いの人物、つまりそうした重要な信念や欲求は、時間と偶然性の範囲を超えた何者かに関連しているという考えを棄て去るほどに歴史主義的で唯名論的な人[1]」のことである。具体的には古代ギリシャから近代までヨーロッパにおいて培われてきた哲学、宗教が規定する人間像に対し、懐疑的な考えを持っているような人々のことであり、ローティが「アイロニスト」の思想家として名を挙げているのはヘーゲル、ニーチェ、キルケゴール、フロイト、ハイデガー、フーコー、デリダなどであるが、それらの多くは主にアメリカの哲学界から見た「大陸哲学」の思想家である。『偶然性・アイロニー・連帯』において「アイロニスト」として名を挙げられている人は、基本的に『哲学と自然の鏡』において「啓発的哲学者」として名を挙げられている人の範囲と重なっているが、「啓発的哲学者」が哲学の議論の文脈において言及されていたために、哲学に関する著述家に限定されていたのに対し、「アイロニスト」には哲学に関わる人以外にフロイトのような精神分析学者や、ナボコフ、ショデルロ・ド・ラクロ、プルーストといった時事的な事柄から超越した審美的な作品を書く「文学者」も含まれている。ローティは「アイロニスト」の条件として①自分がいま現在使っている「ボキャブラリー（vocabulary）」を徹底的に疑い、絶えず疑問に思っている、②自分がいま現在使っているボキャブラリーで表された論議はこうした疑念を裏打ちしたり解消したりすることができないとわかっている、③自らの状況について哲学的に思考するかぎり、自分のボキャブラリーの方が他のそれよりも「実在」に近く、自分以外の力（例えば合理性、神、真理、歴史）に触れているとは考えていない、という三点を挙げている。

ローティの挙げる上記のアイロニストのうち、ニーチェ、ハイデガー、フーコーは近代の西洋の市民社会における制度に対して懐疑的かつ批判的であり、彼らに影響を受けた多くの思想家達も同様である。自由主義と民主主義を近代までのヨーロッパにおいて培われてきた哲学、宗教が規定する人間像に基づいて生み出されたものだととらえると、その基礎の部分である哲学や宗教の在り方が懐疑や批判にさらされれば、当然自由主義と民主主義も同様に懐疑と批判の対象となり得るというのがこれらの思想家の考え方である。しかし、ローティの政治に対する考え方はこのような生粋の「アイロニスト」の思想家の考え方とは逆である。ローティはニーチェやハイデガー、フーコー、デリダなどをアイロニカルな理論において自分と同じ趣味を持つ哲学者だと考えているが、「リベラル・アイロニスト」になるということは、これら別系統の、相反することすらある思想および哲学を同時に受け入れるということである。

ローティは、そもそも社会制度の基礎となる「哲学」を覆せば「制度」まで覆さなければならないという考え方は、プラトンが考えたような、形而上学的に一貫した哲学による社会体制という思考形式をまだ捨てきれていないことの表れなのではないか、ということを指摘する。『哲学と自然の鏡』においては、西洋の哲学の歴史の中で従来の哲学を乗り越え、大きな変革をもたらすための様々な「転回」が遂行されたが、それは「鏡」をより透明なものとして磨き上げる方向への「転回」であったため、結局のところ「転回」によってそれ以前の哲学をより強化してしまった、ということの繰り返しとして描かれた。「アイロニスト」の哲学に従い、それをそのまま政治理論に応用することは、何か一つの「知識」によってすべての物事に説明をつけようとするような、「プラトンの呪縛」としての伝統的な西洋の知的態度に引き戻されてしまうことになってしまうため、注意が必要である。ローティが考える理想的なリベラルとは、そのようなプラトン–カント的な「哲学–

政治思想」の関係を放棄した「アイロニスト」が近代的な社会制度には肯定的である、つまり自らの良心が偶然性を帯びていて、誰も中立的な立場に立つことはできないという感覚を保持している、「リベラル・アイロニスト」であり、それは「ミルの仮面をかぶったニーチェ」でいることが可能であるような生き方なのである。しかし、そのような二面的な性格を持った人間は本当に成り立ち得るのだろうか。

ローティは、「リベラル・アイロニスト」という二面的な性格を持った人間を、「アイロニー」としての哲学を、政治という公的な場に持ち込まないことによって成立させようとする。「リベラル・ユートピア」の社会では、哲学は自己のあり方を記述するボキャブラリーとなり、革命的（クーンの言う意味での通常科学と革命的科学という対比における意味での）な発想を持った思想家が作り出す新たな「メタファー」によって再記述の更新を繰り返して行くものであり、決して「真理」に近づくためのものではない。例えば、ニーチェの「詩的」な文章のスタイル、ハイデガーの「詩」への関心、デリダによるパロディのような文章は何かを「論証」するためのものではなく、新たな著述方法のスタイルや「ひらめき」を提示するものであって、ローティはそのような哲学を「哲学」というよりも「詩」や「ファンタジー」の一種のようなものとして読むことを推奨する。もちろん、プラトンが「詩人」を哲人王の統治する国から追放しようとしたように否定的な意味合いではなく、「鏡」が放棄された後の「哲学」の一つのスタイルの在り方として、肯定的に捉えているのであるが。

ローティの考えでは、アイロニストの求める自律を社会制度のなかにも反映させることは、ある特定の人間の自己創造しか反映されないため、「残酷さ」と「苦痛」を減少させるという自由主義の欲求とうまく整合しない(2)。アイロニストの言葉は「論証」ではなく「物語（narrative）」的な著述の形式をとる傾向が強いが、その「物語」を基礎にして社会理論を築くことは、論証的な言葉への逆行になってしまう。自分が偶然に受け入れている「物語」を自己の中で保持し続けるためには、他の人間の「物語」も受け入れるか、受け入れないまでも排除をしてはいけない。そのようなことが可能とされるのが、ミルやバーリンのように偶然的な要素を承認する自由主義であるとローティは考えている。公的な面における自由主義者は、自己が基礎づけられている哲学の必然性を探究せず、私的な面に限定されたアイロニストは自らの理論から社会制度を構築しない、というような「公」と「私」の分裂状態が一人の人間の内に成立することこそが、ローティの考える「リベラル・アイロニスト」の正体である。

ローティによると、このような考え方はT・ジェファーソン（Thomas Jefferson）やW・ホイットマン（Walt Whitman）、デューイといったアメリカの民主主義を建設し、これを肯定的にとらえている人々の中によく見られるという。ローティやデューイのプラグマティズムの思想は、道徳を哲学に基礎づけて構築するカント的な道徳哲学からすると浅薄なようにも見えるが、ローティはその哲学的な浅薄さこそが、近代の啓蒙主義と世俗主義が神学を駆逐したように、「哲学に基礎づけられた道徳」が、より寛容に、よりリベラルに改良するのに役立つと考えていた。民主主義を哲学に優先させるという習慣がアメリカにはあり、それをジェファーソンやホイットマンのような「古き良きアメリカ」からロールズにまで引き継がれている「実験」であるとローティはとらえており、その伝統を継続させることが重要であるとローティは論じている。

ローティの「人間性」に関する哲学的見解は、普遍的で全人類に共通の尺度というものは存在せず、誰も完全に中立的な立場に立つことができないのであれば、人間の「良心」とは自己が偶然に出会い、受け入れることによって形成される偶然的なものであり、人間は必ず何か特定の観点に立って物事を考え、善悪を判断している、というものである。では偶然的に人それぞれ別々の良心や道徳規範を持ってしまった人間達からなる社会は、いかにしてその社会にとっての善悪や利害を調整し、いかにして「連帯（solidarity）」を形成するのか、ということが問題点として浮上してくる。つまり、様々な価値観が偶然的なものであり、「人それぞれ」という「相対主義」的な考え方を前提とするならば、例えばナチスによるユダヤ人大量虐殺の行為を「非人間的」な悪事だと言えなくなってしまう可能性があるのだ。しかし、やはりナチスの行為を非難することや、ナチスの迫害を受けているユダヤ人を匿ったり国外逃亡の幇助をしたりすることは道徳的に正しく、「人道的」な行為であると直感的には思われるし、ローティもまた当然そのように考えている（ローティの偶然性と相対主義に対する批判の反駁は本章の後半において論じる）。

ローティは、「連帯」をする「われわれ」の範囲は、カントのように動物や植物、物、機械などと対比した理性的存在としての「われわれ人間存在の一員」ではなく、「われわれと同じ種類の仲間の一員」としてとらえた方が、説得力があると考えている。そして、ナチスから追われたユダヤ人達がベルギーよりもデンマークやイタリアにおいてより多く助けられたということを例に挙げ、[3]社会の「連帯」とは自分の身近な仲間の人達との絆という形でまず表れるものであり、たとえその人がユダヤ人であろうと、黒人であろうと、女性であろうと、同性愛者であろうと、「自分の仲間」として受け入れられるならば関係がないということを説明する。そしてその「仲間」という「連帯」の意識を徐々に拡大させることによって、より広範な道徳が形成されると考えている。逆に、もしカント的な人間理性を基盤として連帯の範囲を定めるのならば、自分にとって「理性的存在」とは感じられない者はたとえ人間であっても連帯することは不可能となる。キリスト教の道徳観における普遍主義や、一部の原理主義的なキリスト教徒の同胞以外への排他性にも同様の問題点が見られる。

しかし、では「われわれの仲間」以外の人間とはいかにして連帯すれば良いのか。その点についてローティは、キリスト教やカントの道徳観の良いと思われる部分、「私たちは端的に人間存在そのものに道徳的な義務を負う」という考えを、形而上学的な信念や真理としてとらえるのではなく、西洋文明が歴史的に偶然手に入れることができた一種のスローガン、あるいは「物語」的な「ファンタジー」の一種としつつ、同時にこれを「連帯」のための発明品としては有効である、とプラグマティックな観点から認めることが重要だと論じている。そして、そのスローガン、あるいは「ファンタジー」を有効な道具として使用すれば、「われわれの仲間」という感覚をより多くの人々に適用できるようになる。

ここで、ローティが理想の社会として考える「リベラル・ユートピア」のイメージについて考察してみよう。ローティの言う「ユートピア」は、最後の審判によってもたらされる千年王国としてキリスト教が考えたもの、「歴史の終わり」に完成されるとしてヘーゲルが考えたもの、共産主義革命によってもたらされるとマルクスやレーニンが考えたものなどとは異なり、それが現実にもたらされるものであるとすら考えられてはいない。ローティの「リベラル・ユートピア」は飽くまで「物語」の中のイメージであり、一種のお伽噺なのだが、そのイメージに一歩でも近づけるように社会を漸進的に改良していく、というのがその「ユートピア」へのスタンスである。具体的にいかなる社会をローティがイメージしているのかということは『リベラル・ユートピアという希望』の日本語版のために寄せられた序文「日本の読者に」の中から窺うことができる。

もしも、世界の諸国が第二次世界大戦の終了時に、現在ヨーロッパで行われているように、連邦化の過程を開始し、それに伴い、国家主権を放棄していたのなら、強力で効果的な国際連合が今日しかるべく存在していただろう。百万の国連武装警官が存在したなら、国際テロリズムがそう簡単に計画し実行されることはあり得なかっただろうし、テロリズムに訴える事自体がそれほど気をそそるものではなくなっていただろう。(4)

つまりローティが夢想しているユートピアの具体像とは、諸国家が各々の主権をその上に立つ世界政府に譲り渡すという、国家の内部だけの単位ではなく、グローバルな規模のものである。その世界政府とは地球全体を単一の国家とするのではなく、国家の単位や文化圏を残しながらゆるやかに連帯するような「地球連邦」の政府、現在ある国連の機能をより強化したような政府である。そして、その社会における最大の目標は「親の収入や階級、人種、性の違いに関わりなく、全ての子供達に平等な機会が与えられること」という社会的、経済的正義の実現であり、多文化主義や「アイデンティティの政治」が標榜するような、マイノリティの問題なども、結局その社会的、経済的不正義の是正という問題に行き着くとローティは考えている。ローティによると、マイノリティの抑圧の最大の問題とは、社会的、経済的な抑圧であり、その解放のためにとられる具体的で最も効果的な手段は、むしろ自由主義の伝統の活用である。すなわち議会制民主主義のシステムの中で多数派を占めるような政治工作を行い、社会制度を変革するという方法である。[5] そのためには、「アイデンティティ」が異なるグループごとに分断して闘うのではなく、その分断を乗り越えて現実的に政策を実現することができるような「連帯」を達成することが重要となる。[6]

ローティのプラグマティックな見解からすると、近代西洋の伝統は「本質的に」優れていたというわけではなく、ただ単に結果として実験が成功し、他のやり方よりも上手く、より多くの幸福をもたらしたというだけのことであり、現段階では「リベラル・ユートピア」に近づくための最も優れた道具であると暫定的に考えられるというだけのことである。しかしながら、近代的な政治体制とは根本的に異なったオルタナティブな政治のあり方が未だに発明されていない以上、これを擁護し、より良いものへと改良していく必要があるのである。

自由における必然性と偶然性

ローティは自由主義における「自由」をいかに考えているのだろうか。人間が自由であるとはいかなることとか、という問いは、西洋の哲学史を通じて常に議論され続けてきたことであり、様々な種類の言説が著わされてきたが、ローティの分析によると、西洋哲学史において特に体系的で合理的な考え方をする哲学者は、自由と道徳に関する議論において、ある共通の特徴を持っていた。それは、人間の自由とはある種の必然性に従った時にのみ実現され得るとするものであり、そのような考えを持つ哲学者として、特にプラトンとカントの名が挙げられている。

必然性に従った自由とは一見すると逆説的なもののように思えるが、それは一体いかなるものなのだろうか。そもそも、西洋の世界観はキリスト教神学の世界観によって規定されてきたわけであるが、キリスト教神学にとっての宇宙とはコスモス（cosmos）であり、神によって創造された秩序がすべてを支配する世界のことである。そのため、宇宙の全ての現象は秩序立った法則によって起こっており、全ての法則を解明すればありとあらゆる物事を説明することができる、というのがキリスト教神学の自然観であり、またその考え方は近代以降にも自然科学者達によって引き継がれていった。このような考え方によると、世界の全ては必然性によって規定されており、一見すると偶然のように見える事柄も必然性の系列がある種の必然によって結びついて引き起こされたものであるので、全ての法則を解明すればその偶然に至る必然性が解明されるであろう、という答えに行き着くことになる。

そのような自然観は、さらにギリシャにまで溯ることができる。ギリシャ人にとって、宇宙の生成の最初の原因を与えたのが「デミウルゴス」という神である。デミウルゴスは無秩序な混沌の中にあった世界を、イデア界の在り方を模倣して物質的な世界に秩序を与えたとされる。また、宇宙は理性を備えた魂によって身体（物体）が支配される、一種の生き物のようなものであるとされ、二元論的な世界観の素となる考え方が誕生した。人間もそのような宇宙の構造に似せて制作され、魂と理性によって宇宙の秩序を知覚することができる動物である、と考えられた。そのような世界観におけるギリシャ人にとっての自由とは、法（ノモス）の下で実現されるものであった。ペリクレスの葬送演説は、アテネのポリスにおける市民の自由を賛美するとともに、自由人のポリスへの献身の務めを説いていたし、ソクラテスは他の選択肢が与えられたにも関わらず、自らの意志でポリスの法に従い刑死することを選んだ。このようなところに、秩序が善とされ混沌は排除されるべきものであるとされる西洋的な伝統の根本が見られる。そのため、西洋においては各々が好き勝手にやりたい放題の行動をすることは、ただいたずらに混沌を招くだけであり、望ましい状態の自由とはむしろ秩序に則った上で制限を受けた方が実現されるという、一種の逆説的なものとして考えられたのである。そして、そのような自由についての考え方を哲学的により強固なものとしたのがカントであった。

先に挙げた、偶然もある種の必然性によって解明することが可能なのではないか、という問題もまた、キリスト教神学における「決定論」以来の伝統的な問題である。すなわち、宇宙を創造した神が本当に存在し、全知全能の力によって全ての出来事を知り、予見することができるのであれば、人間の行為も全てが神によって予定され、人間の自由意志も存在しない、とするものである。カントはこのような問題に対し、自然の「出来事」と人間の「行為」を区別することによって、「決定論」と「自由意志論」とを両立させようとした。もしも、「決定論」が全てにおいて正しいとするのならば、人間に意志の自由は存在しないということになり、「行為」において人間がその行為を選択したということは神によってあらかじめ決定されていたということになるので、その行為を行った人間に責任を課せられないということになってしまう。つまり、例えばある人が殺人を犯したとしても、殺人という行為を行うことはあらかじめ決定されてしまっており、その当人が自由な意思で決定したわけではないので、その責任は問われないのではないか、という疑問を呈することも可能となってしまうのである。人間の行為に何らかの道徳的責任を課すためには、人間の行為は意志によって自ら決定されたと想定する必要があり、そのような意味で自由主義的な制度の社会においては「自由意志論」が前提として必要とされるのである。そして、このことがカントの自由論の主要な目的の一つであった。

カントの道徳哲学は、理性の認識による英知界と感性による現象界という二元論を想定することによって自由を可能にするわけであるが、さらにその人間の「自由意志」が普遍的な道徳法則たる「定言命法」に従うことによって、真の意味での道徳が達成されるようになる。それはつまり、もし好き勝手に行動をすることが「自由」なのであるとすると、当然他者を侵害することも多々あるであろうし、秩序も保たれないため、それは理性を備えた「人間」のすることではなく、「動物」のすることと同等のこととなってしまうということである。しかし、真に道徳的な人間は理性によって自らの欲望を抑制し、好き勝手な行動をせずに敢えて道徳法則に従うことができる、という意味で「自由」なのである。このように、カントもまたギリシャ人やキリスト教神学とは異なった道筋ではあるものの結果的には同じように、自由とはむしろ必然的なものに従うことによって達成されるものであると考えた。そして、必然的な「自由」は星辰の運行のような自然科学の法則と同等の普遍的な道徳法則と結びつき、「正しいとされていることをなぜ正しいと言えるのか」という問いに、確固とした基礎を与えることができたのであった。

プラトンもキリスト教神学もカントも、必然性・自由・道徳が結合し、合理的な体系を築き、そして必然的な正しさを発見することができれば普遍的な道徳を築くことができ、その必然的な正しさが「公的」な世界における正しいことと「私的」な価値観における正しいことを同じように正しいものであるとするような、一貫した包括的な体系となると考えていた点で共通している。特に、プラトンは必然性と客観性を司る哲学から偶然性と主観性を司る「詩」を排除した。彼らは「自由」とはいかなることか、という問いに対して明確な解答が実在しているという信念を共有していたのである。

では、ローティは「自由」をいかなるものとしてとらえているのだろうか。ローティは『偶然性・アイロニー・連帯』の中で、この自由における「必然性」の問題を取り上げており、伝統的な形而上学に対し次のように論じる。

真理がそこに在る——真理が人間の心から独立して存在する——ということはありえない。なぜなら、文がそのような形で存在し、そこに在るということはあり得ないからである。世界はそこに在る、しかし世界の記述はそこにはない。世界の記述だけが真か偽になることができる。世界そのものだけでは——つまり人間存在が記述行為によって補助しなければ——真や偽になりえないのである。世界と同様、真理もそこに在るという思いつきは、世界が自らの言語を持った存在者の創造物だと見なされていた時代の遺物である。(7)

「言語論的転回」以後、人間の認識というものは全て言語によって表されるという考えが主流になったが、そのように考えるとすると、世界の現象も全て文によって表されることになる。しかしこの考え方は、人間が作り出した「文」としての「真理」が世界に直示的に対応しているとする論理実証主義的な「意味の写像理論」の発想であり、ある文はある事態を正確に、「鏡」のように歪み無く写し取っていると考える点で実際のところ未だに形而上学的である。ローティは続けて次のように論じる。

世界は話さない。ただ、私たちのみが話す。私たちがいったんある言語を自分自身にプログラミングしてしまえば、世界が原因となって私たちが何らかの信念をいだくことが可能になる。しかしながら、世界が私たちに特定の言語を話すことを提案することなどありえない。……私たちがどの言語ゲームを話すべきかについて世界が教えることはないと理解したとしても、それゆえに言語ゲームの決定が恣意的であるとか、言語ゲームが私たちの内面奥深くにある何らかの表現だ、と述べるべきではない。ここから引き出される教訓は……尺度とか（「恣意的な」選択も含んだ）選択といった考えは、ある言語ゲームから他の言語ゲームへの変換が問題となる場合、もはや適切な考えではないということである。(8)

それは、例えばニュートンの体系がアリストテレスの体系を淘汰していくにあたって、ニュートンの方がより「真理」に近いことを言っていたり、世界が「ニュートン語」によって書かれていたりするということが発見されたというわけではなく、ニュートンはアリストテレスよりもより上手く世界の現象を説明し予測することが可能な道具を発明した、ということに過ぎないのであり、まさにプラグマティックな発想転換をすることである。クワインやデイヴィドソンの言語哲学の功績によって、言語は「鏡」のような歪みなきものではなく、全体的な整合性をとるためにあつらえられ、その都度改修され続けていくものであるとされたが、ローティは彼らの思想を受け継ぎ、「真理」や「人間本性」や「言語」が知識の客観性を基礎づけるための「尺度」と成り得るといった考え方を放棄することを薦める。知識を基礎づけるような「尺度」が存在しないとすれば、形而上学的な「必然性」という概念の想定も成立しなくなるのである。そして、世界は外在的な必然性によって支配されているのではなく、われわれが紡ぎだす偶然的な「物語」による「記述」が世界を不正確に説明しているというように考え直した方が、その整合性を整え、改修を続けるにあたって上手くいくのである。というのも、その「物語」の内側においては論理的な必然性が成立しているが、どの「物語」がどの文化において主流になるかということは、全くの偶然なのである。

ローティによると、哲学的な必然性を解体し、偶然性を浸透させたのはニーチェとフロイトの二人によってであった。ニーチェはプラトン以来の伝統的な「真理」と「必然性」の概念を転倒させた。そして、カントのように人間と動物の間に特殊な境界線を設けるのではなく、人間もまた動物の一種でしかないということや、自己を「発見」されるものではなく、「創造」されるものであると提起した。ニーチェは人間についての記述ができるのは哲学者ではなく、偶然性を受け取ることのできる詩人であると考えた。詩人は言葉にならない言葉、聞こえない音、見えない事物などを感じ取り、偶然性から自己の「物語」を紡ぎだすことができるのである。

ローティは、フロイトの考え方を良心についてのカント的な考え方に対比させる。カントは良心を法廷にたとえ、星辰の運行のように規則正しい内なる道徳律によって支配されていて、そこから生み出される必然的で万人に共通する普遍的な道徳によって成り立つものであると考えた。それに対し、フロイトは良心の形成とそこから生み出される道徳感覚を偶然的で、各々の個人に特殊なものであるとした。フロイトは、なぜある人がサディスティックになったりパラノイアになったりするのか、ということを「エディプス・コンプレックス」や「リビドー」という用語や、幼児期の体験という観点から説明をする。ローティにとって重要なのは、それらの用語や体験が実際にある人の心に作用し、影響を与えているのかどうかということではなく、むしろ、フロイトがそのような用語や体験によって、個人の良心形成過程を一つの「ファンタジー」として説明したことである。ある人が幼児期にいかなる体験をするかということは全くの偶然性に委ねられるし、いかなる性格的傾向を両親から遺伝するかということも同様である。

そのように考えると、道徳における必然性は失われ、個人の道徳の形成過程をより拡大すると、ある文化がなぜある道徳慣習を持っているのか、ということも歴史的な偶然性に支配されることとなる。そして、「自由」という慣習もまた必然性の基礎を抜き取られて、偶然的なものとなるのである。ローティによると、ニーチェやフロイトの影響を受けた二十世紀の、特にヨーロッパ大陸の哲学者達は彼らに倣って「自由を偶然性の承認とみる」(9)ようになった。しかし、果たしてそのような見解は何らかの建設的な政治・社会理論を生み出すことが、そもそも可能なのであろうか。つまり、すべてを「偶然性」に任せるのであれば、何かが他の何かよりも「良い」と言えることの根拠は何なのか。なぜ独裁政治よりも自由主義と民主主義が良い政体であると擁護できるのか。いずれの根拠も薄弱となり、もし何かに関する「良さ」が偶然的でしかないのなら、そもそもローティ自身は自分が言っていることとの議論の「良さ」をいかにして保証できるのか、という根本的な問題も浮上する。

しかし、ローティの自由主義、政治思想のポイントはむしろそのように根拠が薄弱であるというところにこそあると思われる。それは、ローティは根拠の弱い議論をしているのではなく、むしろ強い根拠を持つということを意図的に避けているからである。ローティは強い根拠を抜きにして肯定的な自由主義を構想するために、ミルとバーリンの自由主義を理想的なモデルとする。次に、ローティがいかにしてミルとバーリンの理論を受け入れているかを検討してみる。

可謬性と偶然性

ローティの自由主義を考えていく上で、ミルの自由主義に対して高い評価を与えているという点を欠かすことはできない。ローティがミルから直接の影響を受け、自らの思想に大きく反映させたという形跡は一見あまり見られないが、ローティがミルの自由主義を最大限に評価していることは、「人々の私的な生を守ることと、その苦しみを防ぐこととのあいだにあるバランスを最適化することに政府は務めるべきだというJ・S・ミルの提唱は、私にはほとんど最後の言葉であるように思われる」(10)というように述べている点で明らかである。この言葉は、ニーチェやハイデガー、フーコーといった思想家に影響を受けた一般的に「ポストモダン」の思想家とされる人々が行った近代社会や自由主義に対する批判に対して、むしろこれを擁護するために述べられたものである。

ローティの自由主義の特徴は、「残酷さ」と「苦痛」の減少と、「公」と「私」の区別による私的な自由の保護という二点に要約される。私的な自由の保護といっても、自然権に基づく古典的自由主義や、リバタリアニズムとは大きく異なる。ローティにとっては、権利という概念が存在すると述べることは形而上学的な議論以外の何物でもなく、それもまた放棄されるべきものとなる。では、いかなる点において両者の共通性が見られるか、ということを詳しく検討していきたい。まず、ミルの『自由論（*On Liberty*）』の次の箇所に注目してみよう。

この論文の目的は、用いられる手段が法律上の刑罰という形の物理的な力であるか、あるいは世論の精神的な強制であるか否かにかかわらず、およそ社会が強制や統制の形で個人と関係する仕方を絶対的に支配する資格のあるものとして一つの極めて単純な原理を主張することにある。その原理とは、人類がその成員のいずれか一人の行動の自由に、個人的にせよ集団的にせよ、干渉することが、むしろ正当な根拠を持つとされる唯一の目的は、自己防衛（self-protection）であるということにある。また、文明社会のどの成員に対してにせよ、彼の意志に反して権力を行使しても正当とされるための唯一の目的は、他の成員に及ぶ害の防止にあるということにある。(11)

ミルはこのことを未成年者（そして未開人）が保護者の指導によって強制的に自由が制限されなければならないことの理由としたが、逆に言うと自立した個人（または文明）であるならば、正当な理由なしに社会的な干渉を受けることは不当であるとし、私的な自由の保護を論じている。そのような私的な自由の領域とは、第一に個人自身にのみ関わりを持つという意味においてミルが「人間の自由の固有の領域」とした、良心、思想、感情の自由を包括する内面の自由である。そして、それは個人の意見を発表し出版する自由とも不可分である、とされている。第二に、この自由の原理は嗜好と目的追求の自由、そのための計画を立てる自由、その結果が他人に害を与えない限りにおいてその行為を遂行する自由と結びつく。第三に、ミルはこの自由が個人相互の団結の自由を生むということを挙げた。そして、これらの諸自由が存在している社会でない限り、その社会は自由な社会ではないとした。そして、最後に「自由の名に値する唯一の自由は、われわれが他人の幸福を奪い取ろうとせず、また幸福を得ようとする他人の努力を阻害しようとしない限り、われわれは自分自身の幸福を自分自身の方法において追求する自由である[12]」と結論づけた。ミルのこの議論の中から、ローティの自由主義と同様に私的な趣味嗜好の自由とそれへの干渉からの保護という考え方と、他人に害を与えない限りで自由な行為を遂行することができるということ、言い換えると他人に害を与えることだけは避けなければならないということ、すなわち「残酷さと苦痛」を与えることだけは回避しなければならない、ということなどを読み取ることができるであろう。

ミルにおける個人の自由の権利は形而上学的な基礎づけによって成り立っているわけではない。では、なぜこのような自由が保障されなければならないかというと、それは人間の「可謬性」が理由として挙げられている。ある人の思想が、社会の大多数の人々から見ると奇異なものに見えるとしても、その人が考えていることが他人に害を与えるものでない限りは、その考えがどれほど奇異であってもその人がそのように考えることを社会は許さなければならない、というのがミルの考え方である。ミルはこの点について次のように述べている。

およそ論駁すべきあらゆる機会が与えられていながら、しかもなお論破されていないからという理由によって、ある一つの意見を真理であると推定することと、ある意見を論破することを許さぬという目的のために、その意見を真理であると考えることの間には雲泥の差が存在している。われわれの意見を論駁しまた論破する完全な自由は、まさにわれわれが行動の諸目的のためにわれわれの意見を真理であると仮定することを許す当の条件なのである。そして、全能の神ならぬ存在としては、これ以上のいかなる条件をもっても、自分が正しいという合理的保証をもつことはできない。(13)

「真理」の存在と、神の知識を持つ教会の無謬性という想定に立ち、異端を弾圧したのが中世のキリスト教であったが、ガリレオの時代の一般の人々には奇妙で誤りであると思えたような考え方も、現代においては「真」であるとされている。それと同じように、アリストテレスの自然科学体系はニュートンによって、ニュートンの古典物理学は量子力学によって修正を加えられた。また、実験や観察によって真偽がはっきりとする自然科学だけでなく、社会制度や道徳も、歴史の進展によってより良いと思われる方向へ改良されている。そのように誤謬が修正されていくのも、まず多様な意見が存在するということを容認するような社会の寛容さによる自由が、近代になるにつれてますます保障されるようになったからである。一見すると奇異な意見であるように思えても、それを圧殺せず、存在することを是認し、またそれを公表する自由があれば、いつかその考え方が大勢を覆し、主流となることもあるかもしれない、というのがミルの主張である。

この、ミルの「可謬性」という考え方は、ローティの偶然性という考え方とリンクするところでもある。ミルは偶然性について次のように言及している。

彼は、他の人々の属する世間の、自分たちと意見を異にすることについて、自分が正しいという責任を、自己の属する世間にとってもらう。しかも、これらの数多い世間の中のいずれが彼の信頼の対象となるかは、単なる偶然の決定するものであって、ロンドンにおいては彼を国教徒たらしめるのと同一の諸原因が、北京においては彼を仏教徒または儒教徒たらしめたであろうということは、毫も彼を悩ますことが無いのである。(14)

ミルはこのことを、ある人が自分の意見が正しいという確信を持つのは自分が所属する社会の無謬性を仮定して、それに依っているということを明らかにするために述べた。そして、ミルは自分が所属するある文化がいかなるものになるかということは、自分がどの文化のもとに生まれ育つかという偶然性によってしか決まらないし、そのために自分が所属する社会、時代、文化に無謬性を求めることも無意味である、と論じている。

ローティも同様に、自己の偶然性を論じている。ローティの考える理想的にリベラルな社会である「リベラル・ユートピア」においては、知識人達はみなアイロニストである。アイロニストはみな、自らが現在持っている最高の信念である「ファイナル・ボキャブラリー（final vocabulary）」を、本当の意味で最高のものだとは思っておらず、暫定的に最高のものだと思っている。自らに与えられたボキャブラリーは偶然的に生まれ落ちた土地と時代における、その地域特有（parochial）の用語だということを知っている。そのため、自分達の常識では計り知れない、価値観が相容れない人々が存在していることも知っている。つまり、自分たちの価値観は絶対的に正しいのではなく、修正され得る可能性もある、ということを常に念頭に置いているのである。そして、そのようなアイロニスト達は、互いの価値観を尊重するために、互いに傷つけ合わないこと、互いがいかなる価値を信奉していようとも、それが自分を傷つけるものではなく他人を害する恐れがない限り、許容する自由と寛容を持つようになるのである。

消極的自由と偶然性

合理主義的な考え方からすれば、「偶然性」という考え方は非合理で相対主義的であり、なんらかの議論の根拠とはなりそうにないように見える。しかし、ローティはそもそも合理的な根拠というものそれ自体を、従来的な在り方から解体しようと試みるのである。ローティは次のように述べている。

しかしながら私は……言語に関するデイヴィドソン－ウィトゲンシュタイン的説明や、良心と自己に関するニーチェ－フロイト的説明が「デモクラシーにとっての哲学的な基礎」を提供するのだ、といっているのではない。なぜなら、「哲学的な基礎」という考え方が有効であるのは、啓蒙の合理主義が有効なときだからである。こうした説明はデモクラシーを基礎づけるのではない。それは、デモクラシーの実践と目標の再記述を可能にするのである。(15)

古典的自由主義は、哲学的な合理性や人間本性、自然権の想定という形而上学的な概念によって基礎づけられていたが、現代の哲学においてローティが影響を受けた学派の人々はそのような近代的な啓蒙の合理性の基礎を否定してしまった。ウィトゲンシュタインやクワイン、デイヴィドソンなどは言語哲学によって外在的な合理性を崩し、ニーチェやハイデガー、デリダなどは伝統的な形而上学を解体しようと試み続けた。しかし、それらの哲学が現代における自由主義と民主主義の基礎となり、根拠となるのではない、とローティは論じている。とはいえ、ローティの議論において合理性が根拠とされないのであれば、ローティは単に不条理な戯言をつぶやいているにすぎないことになってしまうので、当然ローティも何らかの合理性を議論の根拠としているということは間違いない。「解釈学的転回」における議論の展開を見ればわかるように、ローティが自らの自由主義において根拠とするのは理性に適ったものとしての合理的なもの（rational）ではなく、道理に適ったもの、もしくは穏当なものとしての合理的なもの（reasonable）の方である。このことは、当然ロールズの議論と関わってくることであるが、この点に関して詳しくは次章において論じる。

ローティは自らの考え方に近いものとして、バーリンによる「消極的自由」の擁護を挙げている。バーリンは「——への自由」としての「積極的自由（positive liberty）」と、「——からの自由」としての「消極的自由（negative liberty）」とを分けた。「積極的自由」とは例えば、ロックやカントのように哲学的な想定に基づく自由主義のことであるが、それらは、自由とは最終的に合理的な合意によってすべての人が納得できる形態として現れるものであり、そのためその自由の形態をあらゆる人々に広めていかなければならないとする、目的論的な考え方である。それに対し、「消極的自由」とは、道徳的価値観とは多元的で互いに相容れないものであり、最終的な合意に至るものでもないので、各々の価値信奉の自由を尊重しなければならない、とするものである。J・グレイ（John

Gray）は「自由論、社会思想、そして政治思想一般に対するバーリンの不変の貢献は自由を道徳に同化させる誤り、そして首尾一貫した価値体系を作るという構想の誤りを示すことにあった[16]」というようにバーリンを評している。

バーリンの意図は、自由を形而上学的基礎のあるもの、そして哲学的なものとして考えるのではなく、政治的であり経済的であるような、実際的な意味において考えようとしたことにある。哲学的に規定された自由は、カントの自由論を見ても明らかなように、必然性に基づく議論となり、一元論的な目的論を導くものであるが、バーリンはそれを蛮行であると考えた。しかし、そのような傾向はバーリンが「二つの自由概念」の講演を行った一九五八年当時において主流となっていた。それに対してバーリンは、「人間の目標は多数であり、そのすべてが同一単位で測りうるものではなく、相互に絶えず競い合っている」ため、一元論的ではなく多元論的な共存を求める「消極的自由」の方が「より人間味のある理想であるように思われる」と論じた[17]。そして、バーリンは「二つの自由概念」の結論としてシュンペーター（Joseph Schumpeter）の言葉を引用しつつ、次のように論文をしめくくっている。

「自己の確信の正当性の相対的なものであることを自覚し、しかもひるむことなくその信念を表明すること、これこそが文明人を野蛮人から区別する点である。」これ以上のものを要求することは、おそらく人間の不治なる深い形而上学的要求というものであろう。しかしながら、この形而上学的要求に実践の指導を委ねることは同様に深い、そしてはるかに危険な、道徳的・政治的未成熟の兆候なのである。(18)

そしてまた、ローティはこの部分を引用して次のように解釈をしている。

我々の世紀のリベラルな社会は、自分にとって最も高次の希望を語るボキャブラリーが偶然的なものであることを、すなわち、自分自身の良心の偶然性を認めながら、なおもその良心に対して忠実であり続けるような人々を、ますます大量に生み出してきている。(19)

ローティは、バーリンの言う「不治なる深い形而上学的要求」を避けることは、自由を「偶然性の承認」としてとらえることによって可能となると考えた。

ローティが称揚する「偶然性」の承認の下における「自由主義」という立場、すなわちミルやバーリン的な自由主義の在り方に対しては、「非合理的」であり「相対主義的」であるという多くの批判が浴びせられてきた。もしも「自己の確信」が「相対的」であり、「偶然的」であるのならば、なぜローティは自由主義を自らの信念として推し進めることができるのか。自由主義もまた数ある価値の中の一つでしかないのであれば、ナチズムに対していかに反対すれば良いのか、というような疑問が出てくるのである。例えば、R・バーンスタイン(Richard Bernstein)は次のようにローティの自由主義と民主主義擁護論に対して疑問を呈する。

ローティは、偶然性や歴史主義や唯名論についての自分の主張をあまりにもラディカル化するので、人間の行為や意図やプロジェクトについて語ることがそもそも（彼のボキャブラリーのなかで）意味をなすのかということにさえ、疑問に思えてくるのである。……残酷さを排除するために考案されたプロジェクトが逆の結果を持つということも、まったく同様に起こり得るだろう。というのも、何が起こるにせよ、すべてはまったく偶然的だからである。……根拠づけのないリベラルな希望をローティが擁護する時、彼の論争的攻撃の標的は……リベラル・ユートピアの実現を妨げる歴史的な傾向性（必然性）が働いているという主張である。しかし、もしローティの偶然性テーゼを受け入れるならば、絶望以上に希望をもとめる理由はない。なぜなら、われわれが行うことはこのユートピアへわれわれを近づけそうであって、その反対には行かないと期待するいかなる理由もないからである。[20]

また同様の点について、J・B・エルシュタイン（Jean B. Elstein）は次のように問題提起をしている。

ローティはファシストやスターリン主義者に対してどちらにも明確に反対する立場をとって

いるにも関わらず、その公的な残酷性について実際には意見を下していない。では、彼のスタンスは一体どれだけ確固としたものなのだろうか。私にはどうも、ローティは頭の中では「残酷になってはいけない」というルールを保ちつつも、この件について私たちがなにか正しいことを言うのではなく、ものが言えないようになってしまうような、彼の考え方とは異なってしまっているポーズをとっているのではないかと思えてしまうのだ。[21]

そして、ローティが連帯の実例として『偶然性・アイロニー・連帯』の最後の部分で挙げている、ユダヤ人を助けた人々はキリスト教的同胞愛やカント的定言命法に従ったのではなく、近隣に住む仲間である「われわれ」という意識によってであるという、という議論に対して、エルシュタインは、ナチスに対して反対運動を行った「白バラ」の学生達はアリストテレスやアウグスティヌス、カントを引用してナチスへの反対運動の根拠としたし、ヨーロッパ各地で実際にユダヤ人を助けた人々の意見を例証している、と述べる。各地で実際にユダヤ人を助けた人々の多くは、実際にはキリスト教的同胞愛の使命感、すなわち人間であれば敵であっても愛さなければならない、という道徳観に従っていたとエルシュタインは指摘している。つまり、ローティが想定するほど、現代の人々は偶然性を承認していないし、「正しい」と言えることには、必ず何かしらの根拠があるというのが一般的な意見なのではないか、という指摘である。[22]

しかし、ローティは「相対主義」ということに関して、そもそも合理的で道徳上特権的な信念が存在しているという想定が、むしろ「相対主義」という観念を作り出している、と論じている。第3章において論じた「解釈学的転回」の帰結が、一見すると「相対主義」的な考え方のようであるが、実はむしろ「反相対主義」的であった、ということを思い出してもらいたい。万人にとって普遍的に妥当する「客観性」なるものが存在するはずだ、という考え方は、「客観性」を否定する考え方の全てを「相対主義」として切り捨ててしまうのである。ところが、現代における哲学の多くは「普遍性」や「客観性」を否定する潮流に属している。そのようなことから、「政治」を「哲学」的に考察しようとする人々は、その議論の根拠を見つけ出せずに混乱に陥ってしまい、一般市民も議論の強力な根拠を提出することのできない「政治」に対してシニカルになってしまうのである。

ローティの「解釈学的転回」は、普遍的な「客観性」が存在しないのならばあらゆる価値観は同列で、どれか一つの価値観が他の価値観に対して優越していることはないとするような「相対主義」ではない。普遍的な「客観性」が存在しないのだから、自らが抱いている価値観も普遍的なものには成り得ないのであるが、だからこそ自らの価値観というフィルターを通してしか物事を見たり発言したりすることはできないとする意味での「自文化中心主義（エスノセントリズム）」なのである。

ローティが自由主義を擁護するのは、歴史的な「必然性」があるからではない。自由をそのように何らかの哲学的な文脈においてとらえることによって自由主義的な社会制度の基礎とすることには限界がある。では、自由主義の哲学的基礎が崩れ去ったからといって、自由主義がすべて崩壊するかというと、そうではない。むしろ形而上学的な基礎がなくなり、一元論的な目的論による必然性がなくなったことによって「何でもあり（anything goes）」という状態が可能になり、その「何でもあり」な状態の中で様々な実験が為され、その実験において最も成功したものが社会の主流を占めていくようになる。そして、その実験は、科学者が試験管の中で行う実験とは異なり、様々な未知の要因が入り込んでくるために、できるだけ公正な結果が出るように、その枠組みを偶然的な要素を許容するという意味において自由なものにしておかなければならないのである。自由の承認の根拠を哲学的な必然性から偶然性にシフトさせるということは、秩序を破壊して混沌を導こうとすることではない。それは「絶対に正しい」と考えられることを、「私の正しさは偶然的なものであるが、それでも私はこの正しさからしか考えることはできない」というように発想を変えることである。

もともと近代初期までは、現代では「哲学」として分類されている学問分野と「自然科学」として分類されている学問分野は単一のものであった。そのため、哲学も自然科学と同様に普遍的で絶対的な正しさを持った学問だとされてきた。しかし、クワインの「全体論」やクーンの「科学革命論」によって科学の普遍性と確実性が崩されて以降、科学と「物語」の間にあった境界線は曖昧なものとなった。つまり、現代の理論の上で真理とされていることは、未知の要因が発見されることによって修正されるかもしれないし、また天才的な科学者が革新的な理論を生み出すことによって「パラダイム転換」が起こされてしまうかもしれないため、世界と直示的に対応しているわけではなく、完全なる「真理」ではない。現時点における、世界の因果関係と成り立ちの説明をするという点で、科学は「物語」よりも確実な知識であるという差はあるが、決定的な違いはないのである。そして、ミルが「可謬性」という観点から自由主義を擁護したのも同様の理由による。先に述べたようにミルは、人間は誤謬を犯すものであるから、一見すると誤っているように見えるものでも、それを排除せずに存在することが許される自由がなければならないとしたが、それがつまり、実験の場である枠組みとしての自由である。ミルは『自由論』の冒頭で「この論文の主題は、哲学的必然という誤った名前を冠せられている学説に実に不幸にも対立させられているところの、いわゆる意志の自由ではなくて、市民的・社会的自由である[23]」と述べている。ミルはこの必然性と意志の自由という問題を論理学的観点から考察してはいるが、それと『自由論』における市民的・社会的自由とをはっきりと区別している。

このように、ミル、バーリン、ローティの議論から言えるのは、自由主義を考える上で、「自由」の概念の内実を哲学的・形而上学的に確立することは必要ない、ということである。そうであっても、彼らの自由主義の擁護は揺るがない。ローティがロールズに対する賛同を表明したように、この「偶然性の自由主義」こそ「政治的リベラリズム（Political Liberalism）」なのである。

ナチズムやスターリニズムが放逐され、自由主義が生き残ったのは、ローティ的なプラグマティズムからすると、結局のところ実験が成功したからだと言うことができる。ナチズムやスターリニズム、その他の強権的な独裁制が長続きしないのは、それらが単一の価値観に基づくような硬直性を帯びているからであるが、自由主義は多元的な価値観を内包し、様々な実験の可能性を育て、偶然性を生かすような度量を保持するために、成功の可能性をより多く持っているのである。「偶然性の自由主義」において、道徳と哲学は必ずしも連結されるものとはならなくなる。なぜなら、ローティが論じる「自由」とは、哲学的なものではなく、政治的・社会的なものだからである。そのような意味での自由主義的な社会では多元的な価値観が並立し、単一の道徳は確立されない。互いに相容れない価値観を持った者同士が、それぞれ互いに存在する「自由」を許すのは、互いが相手に危害を加えることだけは最低限避けなければならないとする、「残酷さ」と「苦痛」の減少というミニマムな原則だけである。

逆に、「自由」という概念を、何らかの単一の意味で規定してしまえば、もはや「自由」と呼べるものではなくなり、「自由」の「強制」となる。単一の価値観の行き着く先が、結局のところそれが目指したところと正反対になってしまうのは、歴史の教訓と言える。

注

(1)Richard Rorty, *Contingency, Irony, Solidarity*, Cambridge, 1989, p. xv.『偶然性・アイロニー・連帯』齋藤純一・山岡龍一・大川正彦訳、二〇〇〇年、岩波書店、五頁。

(2)フーコーは近代までの哲学に批判的であり、近代的な市民社会の在り方に対しても、人間を解放するどころか新たな抑圧を生み出したとして批判的である。しかし、「残酷さ」を最悪のものと見なすシュクラーの自由主義のテーゼからすると、フーコーもまた、新たな「残酷さ」を告発し、それを軽減するように訴えている点で「リベラリスト」の仲間に加わえることができるし、近代的な社会制度を肯定的に受け入れた方が良かったのではないかとローティは考えている。この点についてローティは「フーコーはリベラリストになるのをいやがるアイロニストであるのに対し、ハーバーマスはアイロニストになるのをいやがるリベラリストである」と表現している（*Ibid*., p. 61. 一三〇頁）。

（3）ローティの説明によれば、ベルギーよりもデンマークやイタリアの方が宗教や民族を超えた「隣人」としての連帯意識が高い、ということである（Ibid., pp. 190-191. 三九五―三九八頁）。

（4）Richard, Rorty, *Philosophy and Social*, London. 1999.『リベラル・ユートピアという希望』須藤訓任・渡辺啓真訳、二〇〇二年、岩波書店、日本語版序文、viii頁を参照。

（5）しかし、抑圧の個別的問題はそれぞれ根が深く、個々が各々の「アイデンティティ」を自由に発露することができるような、価値観の自由を認める社会の形成という点に関して言えば、経済的不平等の是正以上のこともやはり必要であると思われる。例えば、フランスの公的教育機関におけるムスリムの女性のスカーフ着用を禁止する問題や、同性愛者の間の結婚の問題などは、経済的不平等の問題と関係が深いとは言えない。

（6）二〇〇八年に行われたアメリカ大統領選挙において、バラク・オバマ（Barack Obama）がそれ以前のジェシー・ジャクソン（Jesse Jackson）といったような公民権運動を経てきた黒人候補と比べて広く支持を集め得たのは、ローティ的な手法と共通する人種を超えた「連帯」を訴えたからだと言える。オバマは二〇〇四年の大統領選挙における民主党大会の演説で、「リベラルのアメリカも保守のアメリカもなく、ただ〈アメリカ合衆国〉があるだけだ。ブラックのアメリカもホワイトのアメリカもラティーノのアメリカもアジア人のアメリカもなく、ただ〈アメリカ合衆国〉があるだけだ」「イラク戦争に反対した愛国者も、支持した愛国者も、みな同じアメリカに忠誠を誓う〈アメリカ人〉なのだ」という演説を行ったことがきっかけとなり注目を集めた。二〇〇八年の選挙戦においても、従来の黒人の政治運動とは一線を画し、愛国的な「アメリカ人」として、人種の壁を超えた「連帯」を築くために、白人やラテン系の市民の支持を集めようとした。この点においてオバマは「アイデンティティの政治」や「差異の政治」ではなく、ローティ的な「改良主義左翼」の政治手法をとったと言える。しかし、予備選の分析によると、結果的に人種ごとに投票内容が割れているという傾向が見られ、「連帯」を築くために乗り越えねばならない「差異」の壁は相当高いことがうかがえる。ちなみに、ローティ自身は二〇〇四年の予備選においては、民主党候補者となったジョン・ケリー（John Kelly）や予備選開始当初に勢いのあったハワード・ディーン（Howard Dean）などではなく、ＡＦＬ―ＣＩＯのような労働組合の支援を受けていたリチャード・ゲッパード(Richard Gephardt)を支持していた(二〇〇三年『ディッセント』誌秋号掲載“Humiliation or Solidarity”を参照)。

(7)Rorty, *Contingency, Irony, Solidarity*, pp. 4-5. 一七頁。

(8)*Ibid.*, p. 6. 一九頁。

(9)*Ibid.*, p. 26. 五七頁。

(10)*Ibid.*, p. 63. 一三三頁。

(11)John Stuart Mill, *On Liberty*. 1859 (David Bromwich and George Kateb ; with essays by Jean Bethke Elshtain ... [et al.]. New Haven c2003), p. 80.『自由論』塩尻公明・木村健康訳、岩波文庫、一九七一年、二四頁。

(12)*Ibid.*, p. 83. 三〇頁。

(13)*Ibid.*, p. 89. 四三頁。

(14)*Ibid.*, p. 88. 四一頁。

(15)Rorty, *Contingency, Irony, Solidarity*, p. 44. 九八頁。

(16)John Gray, *Liberalisms : essays in political philosophy* . London, 1989, p. 66.『自由主義論』山本貴之訳、ミネルヴァ書房、二〇〇一年、九四頁。

(17)Isaiah Berlin, *Liberty : incorporating Four essays on liberty* . (edited by Henry Hardy ; with an essay on Berlin and his critics by Ian Harris .Oxford 2002.), 1958, p. 216.『自由論』小川晃一・福田歓一・小池ケイ・

生松敬三訳、みすず書房、二〇〇〇年、三八九頁。

（18）*Ibid.*, p. 217. 三九〇頁。

（19）Rorty, *Contingency, Irony, Solidarity*, p. 46. 一〇一頁。

（20）Richard J. Bernstein, *The new constellation : the ethical-political horizons of modernity/postmodernity*, Cambridge, 1991, p. 277.『手すりなき思考——現代思想の倫理・政治的地平』谷徹・谷優訳、一九九七年、産業図書、四三三—四三四頁。

（21）Jean Bethke Elshtain, "Don't Be Cruel : Reflections on Rortyan Liberalism" in *Richard Rorty* (edited by Charles Guignon, David R. Hiley). New York, p. 151.

（22）ミルやバーリン的な自由主義への批判者としては、同様にロールズの自由主義も取り上げて批判したサンデルの方が、バーンスタインやエルシュタインよりも有名である。サンデルの自由主義批判に対して、ローティも『偶然性・アイロニー・連帯』においてミル、バーリン、ロールズ擁護の立場から反論している（その要旨は基本的に本文中の自由主義擁護の議論と同様である）。ローティとロールズの議論を絡めつつサンデルの批判へ反論した書物として、渡辺幹雄『ロールズ正義論とその周辺——コミュニタリアニズム・共和主義・ポストモダニズム』を参照のこと。

（23）J. S. Mill, *On Liberty*, p. 73. 九頁。

第5章　「残酷さと苦痛の減少」と「公と私の区別」

恐怖のリベラリズム

ローティは、自らの自由主義の出発点を、「残酷さこそ私たちがなしうる最悪のことだ」と考えること、そして「残酷さ」と「苦痛」を減少させることとしているが、ローティ自身も言及している通り、この言葉はジュディス・N・シュクラー（Judith N. Shklar）の著作からの引用である。[1] 本章では、シュクラーの議論を読解することによって、ローティがシュクラーの議論をいかに解釈し、いかに自説に採り入れているかということを検討してみたい。シュクラー本人は自らの自由主義を『ありふれた悪徳（*Ordinary Vices*）』という著書や「恐怖のリベラリズム（The Liberalism of Fear）」という論文の中で表明している。そして、その自由主義を論文のタイトルそのままに「恐怖のリベラリズム」と名付けている。

「恐怖のリベラリズム」といっても、自由主義自体が恐怖をもたらす危険なものであるということを述べたいわけではない。[2] シュクラーが「恐怖」という言葉によって恐れるものとは、国家権力や社会による個人の抑圧のことであり、「自由主義」という言葉によって表しているのは、それらの抑圧によって生じる「残酷さからの自由」のことである。ヨーロッパの歴史において自由主義という考え方が生まれたきっかけは、政治的な文脈から見ると近代初期のカトリックとプロテスタントによる宗教戦争における数多の流血にある。他者の介入を許さず、また他者に介入せず、各々の信仰の自由を保障しようとする考え方が自由主義の出発点にあった。シュクラーが分類する自由主義の類型は「恐怖のリベラリズム」以外に「自然権のリベラリズム」と「人格的発展のリベラリズム」の二つがある。「自然権のリベラリズム」の代表者としてシュクラーが挙げているのは、ロックと(シュクラーの考え方からすると「リベラル」ではないホッブズをリベラリズムの父と考える)シュトラウスである。[3]「自然権(natural right)」とは神によって与えられたものであれ、自然の秩序を基にするものであれ、ある種の完全性を求めるものであり、法をより高次の法と調和させようとする。そのような考え方の下では、より高い次元のより良き完全な政治の在り方というものが一つの目的として想定される。一方、「人格的発展のリベラリズム」の代表者としてシュクラーが挙げているのはミルである。自由の保障によってありとあらゆる言論の存在が守られ、それによって個人が様々な人格を形成する自由が生じ、そのような社会においては知識と道徳が時代の変化とともに臨機応変に対応し、変化していくことが可能となる。もちろん、これらの二つの自由主義の類型は、自由主義の思想の発展に大きく寄与してきたが、シュクラーによるとこの両者は共に「希望の党派」に分類される。それに対し、シュクラー自身は自らが抱いている「恐怖のリベラリズム」を「記憶の党派」として分類している。シュクラーは「自由主義に関するこの二人の守護聖人(ロックとミル)のどちらにしても、説得力ある仕方で展開された歴史的記憶を有していないと言わなければならない」と述べている。[4]しかし、シュクラーを引用して自らの自由主義を形成したローティは「リベラル・ユートピア」という言葉を掲げ、明確に「希望の党派」を自称している。では、ローティとシュクラーの間にすれ違いや誤解はあるのだろうか。その点を詳細に検討してみたい。

シュクラーの言及する「記憶」とは、実際の歴史上で公的権力や社会的な抑圧によって引き起こされた「残酷さ」の記憶のことである。ロックにしてもミルにしても、当時のイギリスや内外の政治環境を考慮して、そこからより良い社会を築こうとして考えられた思想である点では、全く「記憶」に依っていないとは断言できない。しかし、シュクラーの述べる「記憶」とはより直接的かつ具体的なものである。シュクラーは次のように述べる。

現在最も直にある記憶は、一九一四年以来の世界の歴史である。ヨーロッパや北アメリカでは、拷問は政府の慣行から徐々に取り除かれてきた。そして、拷問は最終的には至るところで行われなくなるだろうとの希望があった。戦争行為の勃発とともに急速に発達した国民－戦争－国家が諜報活動を必要とし、忠誠資格を要求するようになると、拷問は復活し、以来驚くべき規模で増大してきた。わたしたちは「二度と繰り返しません」と言う。しかし、たったいま、どこかで誰かが拷問されており、刺すような恐怖がふたたび最もありふれた形態の社会統制になってきている。(5)

一九一四年以来、人類は現在に至るまで二つの世界大戦と大小様々な戦争、紛争、虐殺、テロ事件を経験してきたが、そこで犠牲にされてきたのは、いつも貧しくて弱い者たちであった。「希望の党派」に属するのは、特に「自然権のリベラリズム」にその傾向が強いが、いつも「自らや他人のために立ち上がることができ、かつそうした意欲を持つ、政治的に逞しき市民たち」である。しかし、現実的に起こった様々な争いごと自体が、そのような「政治的に逞しき市民」の行動によって起こされてきたということも見逃すことができない。シュクラーが「希望の党派」ではなく「記憶の党派」の方を推奨するのは、何らかの目的に向かってある人々が立ち上がるとき、その犠牲となる人々が少なからず存在してしまうということに目を向け、その目的がたとえ光り輝く希望であったとしても、それを力で実現させようとすることを批判するためである。光り輝く未来だけを見るのではなく、我々が歩んできた血まみれの道を振り返り、その道をいかにすれば回避することができたのかと反省することからまず出発するという点で、シュクラーの「恐怖のリベラリズム」は(良い意味で)極めて後ろ向きの思想である。

それに対してローティの「リベラル・ユートピア」は、明確に「希望」を掲げるものである。その点においては、ローティの考え方とシュクラーの考え方は正反対の方向を向いているように思える。しかし注意したいのは、ローティの「リベラル・ユートピア」の住人とは、自由主義を哲学的に基礎づけたり、包括的なドグマに結びつけたりする発想を持った人々ではなく、そのような普遍主義的哲学やドグマに懐疑的な「リベラル・アイロニスト」であるということである。ローティはまさにそのような点においてシュクラーと共鳴している。ローティが敢えて「ユートピア」という「希望」を掲げるのは、彼の議論の前提としてニーチェ以後の、理想に対して極めてシニカルな思想家達や、その思想から引き出された現実離れした政治思想が、あまりにも近代の制度に対して批判的な結論しか導き出していない、という状況が念頭に置かれており、それらの思想の在り方に対する一種のアンチテーゼとして現実の政治に思想的な足がかりを構築するためである。一方、シュクラーはそのような「神学的」とも言える哲学上の論争には関与せず、純粋に政治思想と法学の観点から議論をしている。そのため、ローティの議論と焦点における違いは出てくるが、基本的な考え方における相違や、ローティの引用におけるミスリーディングはないと考えられる。

『偶然性・アイロニー・連帯』における重要な引用としてはシュクラーの他にもう一つ、先に取り上げたようにバーリンの引用がある。ローティは自らの自由主義を「偶然性の承認における」ものとしているが、そのことがバーリンの「消極的自由」に連なるものと考えている。そして、シュクラーも「恐怖のリベラリズム」と「消極的自由」の比較を行っている。シュクラーはこの両者は「たしかに似ているが、まったく同じというわけではない」と述べている。(6) 似ているのは、「消極的自由」が人格的な自由を可能にするための「自由の条件」から区別され、切り離されているという点にある。相違は、「消極的自由」が何らかの政治的重みを持つためには、多数の集団が分散しているような多元主義の制度的な具現化が不可欠となるが、そのような相対的多元主義においては様々な相容れない価値の中から一つを選ぶ根拠はない、すなわち「消極的自由」を選び出す根拠もないのではないか、という疑問が挙げられる点にある。シュクラーはその違いを以下のように考察している。

「恐怖のリベラリズム」は道徳の多元論に依拠しない。たしかに、この自由主義はすべての政治的に活動する者が獲得しようと努力すべき〈共通善（*summum bonum*）〉を提供しない。だが、「恐怖のリベラリズム」が〈共通悪（*summum malum*）〉から出発しているのは確かである。〈共通悪〉とは、私たちみなが知っており、できれば避けようと望んでいる悪のことである。その悪は、「残酷さ」であり、この「残酷さ」が引き起こす恐怖であり、恐怖そのものについての恐怖である。……ここで、「残酷さ」ということで何が言われているのか。それは、より強い者、集団が自らの（有形無形の）目的を達成するために、より弱いもの、集団に対して意図的に加える物理的な「苦痛」、第二次的には感情的な「苦痛」である。(7)

この箇所において、シュクラーの「希望」ではなく「記憶」に重点を置く考え方が明確に表れている。〈共通善〉から出発し、その実現を目指すのがシュクラーの言う「希望の党派」であるが、現実には〈共通善〉とは何か、ということの答えはギリシャの時代からずっと考えられ続けてきたにもかかわらず、一向に解決される気配はない。かといって、相対主義の多元論のままに放置しておくこともまた争いの種を残すことになりかねない。そのことを回避するために、シュクラーは「残酷さ」と「苦痛」という、戦争の勝者にも敗者にも共通する「悪」を設定することを提案している。

このような考え方に対し、「残酷さ」ということをその自由主義の第一原理にしようとしているのではないか、という疑問を呈することができる。専門的な哲学者として徹底的に「基礎づけ主義」を批判し、それを回避してきたローティは「原理」という言葉を使おうとしないが、シュクラーは必ずしもそれを完全に否定しようとはしない。もちろん、哲学的な原理として体系立てることはしないものの、自由主義は「残酷さと恐怖という悪を自らの政治的な実践と指示命令を支える基礎的な規範にする」ということを要請すると論じている。(8) その点では、「恐怖のリベラリズム」はロックやカントの道徳哲学に「完全に依拠しているわけではないにしても、多少の部分を負っている」。しかしながら、その自由主義の下における人間の自由の権利は、ロックのように所与のものでも、カントのように哲学的な人間の本性を基礎とするものでもなく、「市民が自らの自由を保ち、権力の濫用から自分を守るために手にせざるを得ない許可と権能」である、とシュクラーは考える。そのような権利を守るためには、権力の分散による抑制、議会制民主主義政治、上訴の可能性に開かれた公正な司法制度、さらにはそれらの制度を支える法の支配が不可欠となる。

シュクラー自身が自由主義の原点と見ているのはモンテーニュの『エセー』における記述である。モンテーニュの中に見られる自由主義の芽をシュクラーは次のように見ている。

> モンテーニュはたしかに寛容で人道主義者であったが、けっしてリベラルではない。彼とロックとの距離はしたがって大きい。にもかかわらず、自由主義のもっとも深い基礎と認められてしかるべき場所は、当初から、もっとも早く寛容を擁護した者たちが抱いた確信のうちにある。

すなわち、身の毛もよだつ恐怖のなかから生まれてきた確信、「残酷さ」こそ絶対悪、神や人類への攻撃であるという確信である。こうした伝統からこそ、政治的な意味での「恐怖のリベラリズム」の主張は生じてきたのであり、わたしたちの時代のテロルのただなかにあって、重要性をもちつづけてきているのである。[9]

シュクラーによるモンテーニュの読解、及び「残酷さ」についての考察は、著書の『ありふれた悪徳』に詳しい。その冒頭において、シュクラーは「ありふれた悪徳（ordinary vices）」には「残酷さ」の他に「不正直さ（dishonesty）」「偽善（hypocrisy）」「気取り（snobbery）」「裏切り（betray）」など、様々なものがあり、哲学者たちは美徳を讃えることはあってもこれらの悪徳についてあまり多くを語らず、特に「残酷さ」について話題にされることはほとんどなかったが、モンテーニュはそれらの「ありふれた悪徳」について考察し、「残酷さ」を第一に考えたということで特筆に値すると指摘している。[10] モンテーニュが『エセー』を著わした十六世紀においては、悪徳といえばキリスト教の七つの大罪（seven deadly sins）[11] のことであったが、モンテーニュのように「残酷さ」を第一に考えるということは、神学上の罪の概念の枠外で悪徳を考察するということであり、神学を離れた政治思想の礎でもあった。当時においてそのことに成功したのはモンテーニュとその徒であるモンテスキューであり、そして彼らよりも以前にはマキャベリのみであった、とシュクラーは論じている。モンテーニュが生きた時代のフランス国内はまさに旧教と新教の両派閥が激しく争い合う宗教戦争の時代であり、『エセー』の執筆が始められた頃とされる一五七二年には「サン・バルテミーの大虐殺」により新教徒が三〇〇〇—四〇〇〇人殺されるといった事件も起きている。『エセー』の記述にもその当時の社会にあふれていた「残酷さ」と「苦痛」を悼むように、歴史上の戦いにおける残酷な行為や当時の出来事からその美徳と悪徳を考察している箇所が数多くみられる。マキャベリはたしかに『君主論』において神学的な束縛を逃れた記述をしてはいるが、むしろ君主による「残酷さ」を容認するようなふしがあり、モンテーニュと比較すると「残酷さ」に対する政治的な寛容性が少ない。モンテーニュとモンテスキューにおける法の強制力や国家の存在理由は「必要悪」であるが、マキャベリにおいては「支配の道具」となる。

モンテーニュのように悪徳のなかでも「残酷さ」を第一に置くとするならば、その他の悪徳（懐疑、人間不信、……など）の優先順位は低くなるように思えるが、実はそれら下位の悪徳が「残酷さ」という〈共通悪〉を減少させ得るものになるとシュクラーは考えている。実際にモンテスキューの権力の分立という政治理論は、権力者に対する懐疑と人間不信から成り立っている。そして、シュクラーはモンテーニュの『エセー』における記述を自由主義的な社会制度に仕立て上げたモンテスキューが「恐怖のリベラリズム」の祖だと論じている。それは次のような箇所に明らかである。

執行されることが可能な権利とは、自由主義的な社会に住む個々の市民が暴力を後ろ盾とした脅威から自らを守るために個別的もしくは集団的に行使することができるような法的な力である。これは、「自然権のリベラリズム」ではなく、権力の分立が政治的に不可欠なものとして同意する権利であり、この権利によって恐怖や残酷さによる支配を監視することが可能となる。モンテスキューは、このように権利を自然的なものやその他のものによって打ち立てようとしたのではない。(12)

シュクラーの「恐怖のリベラリズム」は以上のようにモンテーニュによる考察とモンテスキューによる具体化にその源を求めている。

シュクラーの考え方は、従来の政治理論のように何が善いものか、ということを提示し、それをできるだけ足していってより大きなプラスを目指すのではなく、反対に何が最悪のものか、ということを提示し、それをできるだけ引いていって、可能な限りそれを除去し、最低限のもの（「残酷さ」を規制し、抑制するより大きな「残酷さ」としての法制度など）を残して、ゼロの地点を目指すということにその独創性がある。このような考え方は、たしかに「真理」を探求するということを放棄した現代のいわゆるポストモダンの思想とも親和性があると考えられる。このことをS・K・ホワイト（Stephe K. White）は、シュクラーの視座は哲学的懐疑主義により「不正義」ということに着眼点を置いているが、そのことが正義に関するポストモダンの洞察に一般的な枠組みを示唆する、と指摘している。(13) ローティとシュクラーの相違点は、ローティはシュクラーが決して目指そうとしないプラスの地点を「ユートピア」「連帯」「希望」といった言葉によって掲げている点である。

では、ローティの「リベラル・ユートピア」という考え方はシュクラーが批判するような意味での「希望の党派」なのであろうか。

功利主義における「苦痛の減少」との比較

ローティとシュクラーが自らの自由主義の原則として掲げる「残酷さ」と「苦痛」の減少ということは、J・ベンサム（Jeremy Bentham）がその功利性の原理として掲げる「最大多数の最大幸福」という考え方に類似している部分がある。ベンサムは「自然は人類を苦痛と快楽という、二人の主権者の支配の下においてきた[14]」として、自らの注目点を「苦痛」と「快楽（pleasure）」という、人間の自然的な感情に置いていることを明言した。そして、各個人が「快楽」を増大させ、「苦痛」を減少させることによって幸福を促進し、その総計として社会全体の幸福も促進させるという功利主義の思想を打ち立てた。ベンサムの言う「快楽」とは、ただ単に欲望を満たすことによって得られるような単純なものではなく、例えば道徳的行為を行ったり、宗教的に満たされたりすることによって得られる精神的な満足感のように、複雑なものも含まれるということに注意しなくてはならない。

ローティやシュクラーとベンサムが最も近い点は、前者が現代において哲学的に「ラディカル」として位置づけられるのと同様、ベンサムも十八―十九世紀のイギリスにおいては「哲学的急進主義」と呼ばれていた点である。この三人が共通して批判しているのが、「自然権」の概念である。ベンサムは「自然権」に基づいて書かれたフランス人権宣言に対して、その無制限な権利の在り方を痛烈に批判している。ベンサムにとって「権利」とは「悪政に対する安全保障」のようなものであって、法律として管理される必要があるものであり、神や自然といった形而上学的な概念にその基礎を置くべきものではなかった。ローティも哲学的な理論によって、あたかも「権利」が「実在」しているかのような権利の在り方の議論を批判している。シュクラーが「自然権のリベラリズム」を批判するのは前述の通りである。また、「快楽（善）」とは何か、あるいは「苦痛」とは何か、ということを形而上学的な議論によって規定しないという点も共通している。彼ら三人にとって、形而上学と政治とは別の次元で語られるべきものであり、政治的な改善は哲学の仕事ではない。そのような観点から見れば、ローティが「プラグマティスト」を自称するのと同様に、シュクラーもベンサムも「プラグマティスト」としての一面を持っていると言える。

しかし、異なっている点もある。まず、大きく異なっている点は彼ら三人が目指す方向性である。シュクラーは「残酷さ」を徹底して減少させ、必要最低限度にとどめようとするが、その反対に「快楽」を増大させようとする考えは全くない。シュクラーにとっては、「残酷さ」が最小となっている社会における生活から感じられる心の安息こそが一種の「快楽」となると考えられる。マイナス面を減少させるだけでなく、プラス面を増大させようとすることは結局のところ新たな争いごとを生むことをシュクラーは危惧するであろう。ベンサムは「苦痛」を減少させてマイナス面を最小にするだけではなく、「快楽」を増大させることによってプラス面を最大にすることを目指す。そのことによって多少の争いが生じる可能性はあるが、様々な制約（sanction）[15]によってそれが抑制され、調整されるということをベンサムは望んでいた。シュクラーとベンサムを対比して考えると、ベンサムの有名な「最大多数の最大幸福」という言葉には、シュクラーにおいてはより消極的な方向性の「最小少数の最小不幸」という表現があてはまるかもしれない（シュクラー本人はこのような表現をしていないが）。

ローティの考え方がどちらに近いかというと、やはり直接引用しているシュクラーの方が近いと考えられる。ローティは「苦痛」を最小にするという点においてはベンサムに同意するであろうが、「快楽」を増大させるという方向性にはあまり賛成しないであろう。ローティがベンサムを論じている箇所は少ないが、以下のような記述からそのことは推測される。

デューイのようなプラグマティストにとって、何が有用（useful）なのかと何が正しいのかとの間に種の区別は存在しない。というのも、デューイが述べたように、「正（Right）」とは、他人がわれわれに課してくる、多数の現行の具体的要求を表す抽象的名称にすぎない……。道徳的なものと有用なものとを融合させたとき、功利主義者は正しかったのである。ただし、功利性（utility）とはたんに快を得て苦痛を避けるという問題であると考えた点で彼らは間違っていた。デューイは人間の幸福は快の蓄積に還元できないとする点で、アリストテレスに同意

し、ベンサムに反対する。(16)

この箇所において、ローティはデューイの議論を説明しながら自らの考えを述べている。ローティはシュクラーとも異なりマイナス面を減少させることだけにとどまらず、「ユートピア」や「連帯」といったプラス面を目指す。しかし、そのことは「快楽」の増大ということとは幾分異なっている。ローティの考える「リベラル・ユートピア」とは、「快楽」の増大を集約したり、それが実現されることによって「快楽」が得られたりするようなものではない。しかし、「リベラル・ユートピア」においては各々の価値観を誰にも邪魔されずに追求することによって「快楽」を求めることは可能である。ただし、それ以前に「リベラル・ユートピア」が実現される前提として「残酷さ」と「苦痛」が最小化されることが出発点として必要となる。ローティはシュクラーに同意し、マイナス面を限りなくゼロに近づけることを第一に掲げる。その上で、マイナス面を出さないという条件を満たすようであればプラス面を追求することを容認するのである。シュクラーは具体的に法制度の強制力を必要最低限度のものとして挙げているが、ローティはそのようなものを具体的に挙げてはいない。ローティが関心を置いている「残酷さ」とは価値観の違いから生じる争いであり、近現代の歴史において顕著に見られる組織的な大量虐殺や人権侵害であり、そして生涯にわたって最も関心を抱き続けたのが貧富の格差による貧者の悲惨な生活状況である。ローティが「残酷さ」と「苦痛」を減少させるための方策として具体的に考えているのが、「連帯（solidarity）」という考え方である。

ローティの考える「連帯」とは、マルクス主義における階級闘争の意識における「連帯」のように硬直的なものではなく、時に民族や宗教などの価値観の違いも超える緩やかな連帯である。そして、それはシュクラーのように法制度として規制するという方向性を持つものではなく、「連帯」することによって「残酷さ」から人々を守るという方向性を持つものである。

ローティが『偶然性・アイロニー・連帯』において主張したのは、「残酷さこそが私たちのなしうる最悪の事柄である」というシュクラーの考えに同意し、「正しい道徳」が実在するのではなく、「残酷さ」と「苦痛」に対する感受性を磨くことによって向上するような道徳性が存在する、ということである。(17) そして、そのような文化において道徳の感受性を磨くものは、『道徳形而上学原論』よりも『アンクルトムの小屋』のような書物であり、カントの道徳論、キリスト教の博愛、マルクス主義の弱者救済という理念も、真理を映す「哲学」としてではなく、むしろ「物語」の一種としてとらえることによって、「感情教育」や「共感」の拡張に役立つもののリストに加えることができるようになる、とローティは論じている。

現代のポストモダン思想は「真理」や「理性」を徹底的に批判してしまったあまりに、道徳の在り方までも見失ってしまった。しかし、そもそも従来の道徳思想が哲学的実体にその基礎を求めすぎていたことこそ問題だったのである。近代哲学を批判しなければならないからといって、自由主義や民主主義の必要性までなくなったというわけではなく、道徳の必要性もなくなってしまったわけではない、とローティは言う。自由主義や民主主義の在り方と同様に、道徳も哲学から切り離して考えることによって再構築できるという可能性をローティは示しているのである。

J・ケケス（John Kekes）は、ローティとシュクラーを、モンテーニュやヒュームの倫理観と関連させて自由主義を考える思想家と見なすが、（シュクラーも述べているように）モンテーニュは寛容ではあったがリベラルではなく、ヒュームも政治家としてはホイッグ的な自由主義をトーリー的な保守主義の立場から拒否したのであり、「もし彼らをリベラルと見なすならば、一体誰が非リベラルなのか」という疑問を呈する。[18] ケケスによると、モンテーニュやヒュームは自らの倫理観を、まず「善意」によって規定しており、「残酷さ」を〈共通悪〉としたのは、それが「善意」から遠く離れたものとみなされることによってである。そして、「残酷さ」を防ぐための防御策は、結局のところ保守主義の傾向を持つであろうと指摘している。というのも、「残酷さ」を抑制するのがより大きな「残酷さ」としての法制度であるとしたら、実際にその法制度を管理するのは国家であるため、国家が様々な場面において介入することになるからだ。

そのような指摘は、一部妥当であるかもしれない。しかし、ローティ達の真意からはやや外れている。彼らがモンテーニュやヒュームの中に見いだしたものはその記述であって、政治家としての彼らではない。「残酷さ」というマイナス面に焦点を当てて政治思想を考えるということは、従来のようにプラス面だけを考える政治思想へのアンチテーゼとして意義がある。また、彼らが最も恐れる「残酷さ」とは公権力によるものなのである。これを監視するためのシステムとして民主主義や市民的な連帯が重要になるし、そのためにより民主的な制度を構築する必要がある、という結論が導き出される。

しかし、ローティとシュクラーは「残酷さと苦痛の減少」という考え方に自由主義や道徳の在り方を集約し、単純化しすぎているのではないか、ということを最後に指摘しておきたい。現代の世界情勢において次のようなジレンマがある。イラクの独裁者による「残酷さ」と「苦痛」を除去するためにアメリカが軍隊を送り政権を倒すための暴力や、独裁政権が倒れた後にもイラク国内で起きている多大な流血は、最終的により「残酷さ」と「苦痛」を減少させるために必要なものなのか。それとも、そうした新たな「残酷さ」と「苦痛」を回避するために独裁政権を放置しておいた方が良かったのか。また、北朝鮮の独裁政権の圧政の下で飢餓や人権侵害に苦しんでいる人民を助けるために暴力は必要なのか。それともこのまま放置した方が良いのか。さらに言うと、他国の軍隊が自国に侵略してきた時に、「残酷さ」と「苦痛」を避けるためには銃を取らず、直ちに降伏した方が良いのか。ローティとシュクラーの議論のようにミニマムな原則論に留まっていては、このような問題に応えるのは難しいかもしれない。より現実に対応するためには、「残酷さ」の比較や個々の文脈における具体的な妥当性の考察が必要となるだろう。

ポストモダニスト・ブルジョワ・リベラリズム

ローティが「プラトンの呪縛」としての「形而上学」的な「哲学－政治」の関係を脱するために、

「自由」を「必然性」ではなく「偶然性」の承認の下に置き、また「形而上学」的ではない議論のミニマムな根拠として「残酷さと苦痛の減少」を置くということが以上において明らかにされた。そのようにして構想された自由主義を具体化するために必要なのが、徹底した「公と私の区別」である。

近代以後の政治思想において「公（public）」と「私（private）」を区別することは、様々な文脈において重要視されてきた。近代における公と私の区別とは、宗教改革後にカトリックとプロテスタント諸派の人々が激しい政治的対立を起こし、夥しい流血を見た結果、宗教的価値観は個人の内における私的な問題に限定し、公共的な問題にしないことによって対立を回避したことが起源となっている。こうして寛容性と思想・表現の自由が、自由主義の重要な基盤となった。

現代において、いわゆる「ポストモダン」的な思想と「ポスト・マルクス」的な思想は近代的な自由主義と資本主義的な社会に批判的な考察を行っており、近代的な市民社会の制度は再考の時期にさしかかっている。それに対し、ローティは哲学的な「ポストモダン」を受け入れながら、同時に積極的に近代的な社会制度の擁護も行っている。その考え方はローティの独自の公と私の区別から出発しているが、彼の思想においてこの点は最も多くの議論を呼んでいる箇所の一つでもある。本章では、ローティの公と私の区別の考え方を検討する。

ローティの理想とする「リベラル・ユートピア」の住人は、「公」としての政治において「リベラル」な体制を支持し、「私」としての私的な価値観において「アイロニー」としての様々な著作を愛好するという「リベラル・アイロニスト」である。従来であれば、「私」の部分で近代的な人間像を持ち「公」の部分で「リベラル」であるか、逆に「私」の部分で「アイロニスト」であり「公」の部分で「リベラル」に懐疑的であるかという、必然的な一貫性において捉えられた「公」と「私」の関係を、偶然性という契機によって、「公」と「私」の連続性を切断し、「リベラル」であることと同時に「アイロニスト」であること、具体的に言うと「ミル的」であることと同時に「ニーチェ的」であることを可能にしたのが、ローティによる「公と私の区別」という論点の特徴である。そして、「リベラル・アイロニスト」は、他の論文においては「ポストモダニスト・ブルジョワ・リベラリズム（Postmodernist Bourgeois Liberalism）」という表現に言い換えられている。一九八三年に発表された論文「ポストモダニスト・ブルジョワ・リベラリズム」において提案されたこの呼称は、リオタールの『ポストモダンの条件』において論じられた意味における「ポストモダン」という概念、すなわち「大きな物語」の衰退が「小さな物語」の分立と抗争へと至るという思想を、本来「ポストモダン」が批判的に扱っているはずの「ブルジョワ・リベラリズム」のような、近代の啓蒙主義、資本主義と接合させて論じるという、ある意味でアイロニカルな響きを持つものである。

ローティは、「ポストモダニスト・ブルジョワ・リベラリズム」とは「裕福な北大西洋の制度と習慣をカント主義的な基礎づけなしで擁護しようとするヘーゲル主義」のことであるとしている。(19)もちろん、ローティも「ポストモダニスト」と「ブルジョワ・リベラリズム」を接合することは一見すると矛盾に思えることは了解している。しかし、ローティはリオタールのポストモダニズムにける「大きな物語」の衰退という考え方をカント主義的な基礎づけという考え方を崩すものとしてとらえており、そのことによって啓蒙の「大きな物語」の一種としての「ブルジョワ・リベラリズム」は有効性を失ったが、ローカルな「小さな物語」の一種として捉え直せば、限定的なものとしてではあるが有効性を取り戻せると考えているのである。つまり「リベラル・アイロニスト」における考え方と同様に、「ポストモダン」という状況（ローティは「ポストモダニズム」を「ポスト・フィロソフィカル（Post Philosophical）」と言い換えた方がいいと提案しているが）があるからこそ、「ブルジョワ・リベラリズム」を生き残らせることができると考えている。

そのようなローティの考え方は、逆に言うと自由主義と民主主義はヨーロッパとアメリカという北大西洋に挟まれた地域に偶然に発生した特殊な地方文化の一つにすぎず、ローティのように取り立ててそのような地方文化にこだわることは悪い意味での「自文化中心主義（エスノセントリズム）」ではないか、とも考えられるが、ローティは、その自文化中心主義（エスノセントリズム）自体を否定的にとらえていない。このことは論文「自文化中心主義について（On Ethnocentrism）」で述べられている。ローティは自由主義と民主主義はたしかに近代の西洋に特有の文化であるし、また普遍的ではない「固有なもの」とみなすべきだとしているが、その上で自由主義と民主主義からなる社会制度が歴史上において実用的な利益を生み出したことを無視すべきではないと考えている。ローティのプラグマティズムにおいては、アリストテレスの自然科学よりもニュートンの自然科学の方がより上手く自然について説明できるのは、アリストテレスよりもニュートンの方が「真理」に近づいたからではなく、より効率の良い説明のための「道具」を開発できたからだと考えられているが、それと同時に、近代の社会制度が擁護されるのは哲学的に人間の本性に基づいているからではなく、より円滑に社会を運用できる効率の良い「道具」であるからと考えられている。そこから、現代において「リベラル」ではない地域においても、そのようなより良い「道具」が導入されることが望ましいとなる。

そして、この論文においては公と私の区別のモデルとして、「たくさんの排他的なクラブ（英国紳士のクラブのようなもの）に囲まれたバザール（クウェートの商店が建ち並ぶ市場のようなもの）」という例が挙げられている。[20]

私はバザールにおいて商談をしている多くの人々が、お互いの信念を共有するくらいなら死んだ方がましだと思いつつも、「ビジネスライク」に交渉しているところを思い描く。そのようなバザールは明らかにマッキンタイアーやR・ベラーのような自由主義の批判者たちによって用いられている意味での「共同体」ではない。……もし、そこに居合わせたなら、役所や八百屋の店先やバザールにおいて信じ難いほどの「差異」を見せつけるような人が現れても、ただ感情を上手くコントロールする能力さえ持ち合わせていれば良い。そのようなことが起こったならば、できるだけ微笑みを絶やさずに上手にその場を切り抜け、その日の辛い商談が終わった後に自らの「クラブ」へと戻れば良い。そこでは自らの道徳観を満たすような親しい人々との交わりによって心安らぐことができるだろう。[21]

この箇所はローティの公と私に関する考え方がとても鮮明に表現されているところである。私的な仲間内の「クラブ」の中ではいかなる奇抜な趣味、趣向を持っていても排他的な同好の士の内部で共有されるが、「クラブ」から一歩外へ出ると、自分の規準からは許し難く思えるような価値観を持っている人々が多く集まる「バザール」という形での公的空間が存在しており、その場においては互いに私的なものを露呈し合うよりも、それを控えて「ビジネスライク」に付き合うことが「残酷さと苦痛の減少」へとつながるというのがローティの考え方である。

このことから考えられるローティの公と私の区別の特徴とは、①ミル－バーリン的な「消極的自由」を重視する意味での自由主義であること、②「私的」な価値の実現、「私とは何者であるか」ということを表現する場は私的空間に限られ、公共空間において「私」を表現することは好ましくないと考えられていること、の二点が挙げられる。ローティにとっての自由主義、民主主義、多元主義とは枠組みとしての公的空間の中に私的なものが群立するというイメージが強い。また、ローティにとっての「政治」とは、中立な「場」としての「バザール」において無表情で「ビジネスライク」に行われる交渉というような、積極的な価値表現の場ではなく消極的な意味でとらえられている。ローティはその生い立ちから、社会主義的で左翼的な正義感を抱いているが、以上のような理由から現代において主流の、女性、少数民族、同性愛者などマイノリティの政治的立場を向上させるための文化的考察を政治理論の中心に据えるような左翼を批判し（もちろんそのような弱者の政治的立場を向上させる事自体には大いに賛成しているが）、経済的平等を「実利」として実現させるような「ビジネスライク」な左翼を擁護するのである。

以上がローティにおける公と私の区別の概要であるが、このような考え方には多方面から批判がなされた。特に、自らの「アイデンティティ」や他者との「差異」を「公的」な「政治空間」において発現させることによって多元的な政治を実現しようと考える政治学者にとっては、ローティの学説は真っ向から対立すべきものとなる。この点に関しては、第三部で取り上げる。

ローティによる自由主義の再構築

先述した「ポストモダニスト・ブルジョワ・リベラリズム」における、「バザール」と「クラブ」というモデルで説明される自由主義は、ロールズにおける「政治的リベラリズム」の構想と親近性を持っている。ローティは一九八八年の論文「哲学に対する民主主義の優先（The Priority of Democracy to Philosophy）」において、一九八五年のロールズの論文「公正としての正義――形而上学的でなく政治的な（Justice as fairness : Political not Metaphysical）」における主張を、「公の秩序について熟考し、政治制度を確立する場合には、多くの標準的な神学的話題を括弧に入れるべきだと、宗教的寛容の原理と啓蒙主義の社会思想は提案したが、これと全く同じようにその場合には哲学的探求の多くの標準的話題をも括弧に入れる必要がある」ということを述べているものと理解できる、と論じている。
ロールズの「政治的リベラリズム」とは、様々な多種多様で互いに相容れない「包括的」な価値観を持った人々が存在するという「穏当な（理に適った）多元性（reasonable plurality）」の存在を前提とした上で、それらの人々が宗教や哲学といった次元での価値観同士を対立させずに、ただ「重なり合う合意（overlapping consensus）」を形成することによって物事を「政治的」に解決するあり方を意味している。このことは、まさにローティが提案した「バザール」と「クラブ」のモデルとイメージを共有していることが一目で分かるであろう。[22] ロールズは一九七一年に『正義論（*Theory of Justice*）』を発表したが、大方のこの書物に対する批判者と同様に、ローティも「われわれの道徳的直感を人間本性に関するある考えに基づけようとする、啓蒙主義の試みの続き、〈合理性〉の観念に基づけようとする新カント派的な試み」として理解していたが、ロールズが様々な方面からの批判を受けて自説を修正したことにより、カント的というよりもむしろヘーゲル的、デューイ的な要素が浮上し、ローティが大いに歓迎するところとなったのである。[23]
近代的な自由主義思想が前提とする人間像とは、普遍的、画一的なものであった。ローティの哲学が前提とする人間像は、その反対に、偶然的に自分のものとなったそれぞれの「物語」によって多様なあり方をしている人々、というイメージである。現代において自由主義に対する批判の多くは、その画一的な人間像に対してなされている。例えば、後に取り上げる、多元性や差異を重視する民主主義論や、いわゆる「リベラル－コミュニタリアン論争」もそのような論点をめぐってなされた。これに対し、ローティにおいては、多元的な人間像と近代的な自由主義擁護の両立がはかられているのである。

先の「バザール」において交渉をする時点においては、人々は自らの価値を括弧に入れた人間として存在する。これは、まさしくロールズ的な「無知のヴェール」がかかった状態とみなせるかもしれない。だが、ローティ的な観点に立てば、ここで人々は「ミルの仮面」をかぶっているにすぎず、実際には内側に多様性を隠し持っているのである。そして、デイヴィドソン主義者としてのローティからすれば、いかに相容れない価値観を持つ者同士であっても、少なくとも互いを「合理的」な存在と見なし、「会話」を成り立たせることは可能なのである。そして、そのような状況では、単一で包括的な価値観が存在しない以上、「共通悪」としての「苦痛」を避けるというミニマムな原則こそ活きてくるのである。

ローティが再構築した「自由主義」とは、保守派によって体制側のイデオロギーに変質させられた「リベラリズム」を現代において定義し直し、ポストモダン以後の相対主義の時代において「リベラル」という大義を堂々と語りうるものとして再生させたことにある。

(偶然性の承認による)「自由主義」の概念の内実を哲学的に基礎づけることは、不可能であると同時に不要である。なぜならば、普遍的な「自由」の概念は、「自由」の「強制」となり、もはや「自由」ではないからである。この意味において、政治的ラディカリストやアナーキストが、ローティの言う「自由主義」を批判するのは不当である。なぜならば、そのラディカルな言動の自由が保障されるのも、ローティの言う「自由主義」によって言論の自由が保障されているかぎりにおいてなのだから。ローティによれば、「自由主義」とは、概念として実体化すべきものではなく、多様な考え方が存在し、表現される「場」や「枠組み」として捉えるべきものなのである。

注

(1) Richard Rorty, *Contingency, Irony, Solidarity*. Cambridge, 1989. p. xv.『偶然性・アイロニー・連帯』齋藤純一・山岡龍一・大川正彦訳、岩波書店、二〇〇〇年、五頁。

(2) この点について「恐怖のリベラリズム」の訳者である大川正彦は「シュクラーがリベラリズムの類型として採りだしたものの一つである……ということを前面に打ち出そうとするために、いささかミスリーディングであることを承知で」「恐怖」という訳語を使ったと訳文の付記で述べている。fearという言葉は未然のものへの不安や警戒心としての恐怖を表しており、辞書の例文にはfear of rain〈雨が降る心配〉というような用例が挙げられている。日本語の「恐怖」という言葉は眼前のものへの直接的な恐れを表すterrorという単語の方に近いニュアンスがある。

(3) シュクラーは、ホッブズの基本的な目的としての絶対主義体制擁護論から、たとえその後の思想に多少なりとも影響を与えた「社会契約論」の体裁をとっているにしても、ホッブズを「リベラル」であるとは考えていない。

(4) Judith N. Shklar, "The Liberalism of fear." in *Liberalism and the moral life*, (edited by Nancy L. Rosenblum), Cambridge, 1989, p. 27.「恐怖のリベラリズム」大川正彦訳『現代思想』二〇〇一年六月号所収、青土社、一二六頁。

(5) *Ibid.*, p. 27. 一二六頁。

(6) *Ibid.*, p. 28. 一二七頁。

（7）*Ibid.*, p. 29. 一二八頁。

（8）*Ibid.*, p. 30. 一二九頁。

（9）*Ibid.*, p. 23. 一二二頁。

（10）シュクラーは序文のエピグラフに『エセー』の第三十一章「人食い人種について（Of Cannibals）」からの引用として「裏切り、不忠、残酷さ、圧政……それらは我々のありふれた悪徳である」という言葉を掲げているが、モンテーニュによるこの章の主題は新大陸の「野蛮人」をむしろ素朴な自然状態にある理想的な人々であるとして称賛しており、ルソーの自然観やレヴィ＝ストロースの「野生の思考」などと通じるものである。

（11）七つの大罪とは①傲慢（pride）、②嫉妬（envy）、③憤怒（anger）、④怠惰（sloth）、⑤強欲（covetousness）、⑥暴食（gluttony）⑦色欲（lust）とされている。

（12）Judith N. Shklar, *Ordinary vices.* Cambridge, 1984, pp. 237-238.

（13）Stephen K. White, *Political theory and postmodernism.*Cambridge, 1991, p. 123.『政治理論とポスト・モダニズム』有賀誠・向山恭一訳、昭和堂、一九九六年、一五九頁。

（14）Jeremy Bentham, *An introduction to the principles of morals and legislation,* （edited by J.H. Burns and H.L.A. Hart. London, 1970.）, 1780, p. 11.『世界の名著　38』関嘉彦編、中央公論社、一九六七年、八一頁。

（15）ベンサムの考えるsanctionは悪事を規制するだけではなく、良い事を促進する効果がある。

（16）Rorty, *Philosophy and Social,* pp. 73-74. 一五六―一五七頁。

（17）S・クリッチリー（Simon Critchley）はローティの他者への共感を軸とした道徳観をルソーの憐憫による道徳と類似しているのではないか、とやや批判的なトーンで指摘している（Simon Critchley（edited by Chantal Mouffe）, "Deconstruction and Pragmatism - Is Derrida a Private Ironist or a Public Liberal?" in *Deconstruction and pragmatism.* London, 1996, p. 26.『脱構築とプラグマティズム』青木隆嘉訳、法政大学出版局、二〇〇二年、四九頁）。ローティが引用しているシュクラーがモンテーニュに影響を受けていることと、ルソーがモンテーニュに影響を受けていることを考慮するとそのことは妥当である。

し、むしろこのルソーとの類似は肯定的にとらえられ得る。また、宇羽野明子は、モンテーニュにおいて政治的領域の存在根拠は、どんな国家にもあるような空虚な神話的な起源の伝説のように道徳的高貴さにあるのではなく、公的な紐帯としての役割における有用さにあるため、公的に王や法律に服従することは道徳的に正しいからではなく有用であるからとされ、道徳的高貴さは私的領域において追求される、と論じているが（宇羽野明子「モンテーニュ――幻想なき服従」『西洋政治思想史Ｉ』藤原保信・飯島昇藏編、新評論、一九九五年、所収、一八四―一八五頁）、このような点からもローティとモンテーニュの類似を指摘できる。

(18) John Kekes, "Cruelty and Liberalism" in *Richard Rorty* volume 3, edited by Alan Malachowski. London, 2002. p. 74.

(19) Richard Rorty, *Objectivity, relativism, and truth* Philosophical Papers volume 1, Cambridge. 1991, p. 198.

(20) この例えはクリフォード・ギアーツの文言から引用されている。

(21) *Ibid.*, p. 209.

(22) ローティがロールズの「公正としての正義――形而上学的ではなく政治的な」や「政治的リベラリズム」を最大限に評価しているのに対し、ロールズがローティに何らかの評価を与えているという箇所は見当たらない。八〇年代のポストモダニズムの潮流の中で、ローティは、哲学と政治の関係を再構築し、「ポストモダニスト・ブルジョワ・リベラリズム」という考え方に至ったが、同時代に偶然にも同じような考え方に至ったロールズの思想を目の当たりにし、九〇年代以降のローティが政治思想へと関心をシフトさせるにあたって、これに大きく勇気づけられたことであろう。だが、ローティとロールズの自由主義の比較を行うにあたっては、重要な違いが存在することも見逃すことができない。それは、ローティがミルの自由主義を偶然性、可謬性によるものとしてみなし、カント的な自由主義と対比させているのに対し、ロールズは、ミルの自由主義を、カント的な自由主義にある意味で近い立場

（「包括的リベラリズム」）に位置づけている点である。

(23) なお、ロールズの「転向」とローティの思想との関連は、渡辺幹雄による『リチャード・ローティ――ポストモダンの魔術師』や『ロールズ正義論とその周辺――コミュニタリアニズム・共和主義・ポストモダニズム』といった先駆的な研究があるので、そちらを参考にされたい。

第Ⅲ部　ローティのプラグマティズム

第6章　プラグマティズムとネオ・プラグマティズム

ローティの思想は多面的なものであるが、彼の思想を一言で称する場合「ネオ・プラグマティズム（Neo Pragmatism）」と呼ばれることが多い。ローティはそもそも、哲学者としてのキャリアを分析哲学の議論からスタートさせているが、後に政治思想と哲学のつながりを論じるようになり、近代的な自由主義と民主主義を擁護する政治思想家としての顔も持ち併せていたことは、本書のこれまでの内容を見ればわかるであろう。

このように幅広い議論を行ったローティではあるが、彼の思想を統合する軸となるものが「プラグマティズム」と呼ばれる思想である。多くの思想家は、他者から「――主義者」と呼ばれ、レッテルを貼られることを好まないが、ローティは自ら「プラグマティスト」であることを公言し、他者からそのように呼ばれることを厭わない。というのも「プラグマティズム」とは元来、ある一つの特定の主義主張を押し通すことではなく、むしろ「――主義者」であることを辞めることなのである。そのため、「プラグマティズム」という思想は核心が掴みづらく、結局のところそれは一体何を言わんとしているのかを理解するのが、その平易な言葉使いにも関わらず難しい思想でもある。さらに、ローティのように「ネオ」という言葉が付くとなおさらであろう。

ローティは「プラグマティスト」を自称しているが、ローティ自身による確固としたオリジナルの「プラグマティズム」思想があるわけではない。ローティの「ネオ・プラグマティズム」とは、アメリカにおいて脈々と受け継がれてきた「プラグマティズム」という思想を、現代風にアレンジしたものである。

本章は、ローティ自身のプラグマティズムを理解するために、伝統的なプラグマティズムとローティの思想を比較し、またローティが伝統的プラグマティズムの思想家達に与えている評価を検討することによって、ローティのプラグマティズムの成り立ちと論点を理解することを、最初の目的としている。その上で、筆者がローティの著作を読みながら感じる、ある疑問を検討したい。その疑問とは次のようなものである。

ローティはこのように述べている。「私が誰よりも敬服し、自分をその弟子だと思いたい哲学者は、ジョン・デューイである。[1]」デューイとは、アメリカにおけるプラグマティズムの草創期に、プラグマティズムを一つの思想体系として完成させた哲学者である。デューイは一八五九年から一九五二年までの九十歳を超える長寿を全うし、その長い生涯の間にコンスタントに論文を書き続けた。ローティは一九三一年に生まれたが、ローティの父親がデューイと浅からぬ親交を持っていたこともあり、ローティが少年の頃に一度だけ直接会ったことがあるという。また、デューイを中心とする政治的、哲学的サークルに属する家庭に育ったローティは、幼少の頃からそのサークルの価値観の「英才教育」を受けていたことからしても、デューイからの影響にローティが言及するのも当然と言える（第1章を参照のこと）。しかし、実際にローティの著作において展開されている「プラグマティズム」と、デューイの著作におけるそれとは、ローティが言うほどまでに近いものなのか、というのが、筆者の感じる疑問である。たしかに、より大きな視点で、世界中のあらゆる思想と比較してみれば、両者はかなり近い思想であることは間違いない。実際にローティがデューイから受け継いでいるものも多い。しかし、ローティがデューイの「正統な後継者」とまで言えるのか、という点に関してはやはり疑問が残るのである。

以上のような疑問を出発点にして、まずはローティの「ネオ・プラグマティズム」の成り立ちから検討していきたい。

プラグマティストとしてのローティ

ローティのプラグマティズムにはなぜ「ネオ」が付くのか。それは、二十世紀初頭における正統的なプラグマティズムの伝統をローティがそのまま引き継いでいるわけではないからである。一般的に、伝統的なプラグマティズムの思想家として代表的なのは、C・S・パース（Charles Sanders Peirce）、ウィリアム・ジェイムズ（William James）、そしてデューイの三名であり[2]、「プラグマティズム（Pragmatism）」という言葉を作り出したのはその中でもパースである。パースはもともと実験科学者であったが、哲学への関心からカントの『純粋理性批判』を熟読し、その結果カントの議論に反対して、定言命法としての「モラーリッシュな法則」よりも、仮言命法としての「プラグマティッシュな法則」の方に着眼点をおいた。そして、パースは実験科学的見地から次のような結論に至る。

我々の概念の対象が及ぼすと我々に考えられる諸々の効果を、しかも実際と関わりがあると考えられるかぎりでのそうした効果をとくと考えてみよ。その結果得られる、それらの効果についての我々の概念がすなわちその対象についての我々の概念のすべてである[3]。

パースはこのような哲学的立場を「プラグマティズムの格率(Pragmatic maxim)」と名付けた。パースは続けてこの格率の適用例を挙げている。ある物質が「硬い」とはいかなることか。それは、その物質が他の物質で引っ掻いても傷がつきにくく、テーブルの上から落としても壊れにくいというようなことであって、その「硬さ」とはテストに付されてはじめて判明するものである。あるいは、ある物質の「重さ」とはいかなるものか。それは、上向きの力を加えなければ、その物質が落下するということである。パースによると、「重力という言葉で我々が意味するものそれ自体は、その力が生み出す効果のうちに完全に含まれている[4]」ということになる。

パースのプラグマティズムの特徴としてもう一つ、論理学的可謬主義が挙げられる[5]。アリストテレスからJ・S・ミルを経てパースへと論理学の形式が変化するにつれて、抽象的な論理から科学者が実験や観察の現場で体験する状況により近くなるが、確実性は減少する。自然科学といえども実際には「真理」を発見しているわけではなく、誤った推測に基づいた議論を行っているかもしれないという可能性を常に孕んでいるということであり、これを可謬主義と呼ぶのである。

パースのプラグマティズムにおける「プラグマティズムの格率」は、検証可能な知識のみを採用するという点において、後の論理実証主義の議論を先取りしており、また可謬主義はクワイン以後の分析哲学の流れを先取りしているとされ、一般にアメリカの哲学界においては伝統的プラグマティストの三名の中では最も高く評価されてきた。パースのプラグマティズムは、ジェイムズ、デューイ以外にも後述する分析哲学のうちのプラグマティストにも少なからぬ影響を与えている。一方、ローティは対照的に、伝統的プラグマティストのうちでも論理実証主義の隆盛以後に「忘れられた」ジェイムズとデューイを高く評価し、パースに関してはほとんど良い評価を下さない。「プラグマティズムへのパースの貢献は、彼がそれに名称を与えることでジェイムズを刺激したということに過ぎない[6]」というほど非常に手厳しい。ローティは、パースがその先進的な論理学的観点や記号論をいち早く発見したことは確かに評価できるが、「パース自身は、一体何のために記号の一般理論が必要だったのかということまでは見抜けなかったため、過大評価され、神格化されている」と述べている。ローティはまた、パースによる可謬主義は評価するものの、パースの真理観は「最終的に収束されるもの」であり、「会話」のように終わりのない探求という真理観を持つローティからすると、「プラトン‐カント的な伝統」から逃れられていないのである。

では、なぜローティはパース以上にジェイムズとデューイを評価するのだろうか。ローティの分析哲学期の結実である『哲学と自然の鏡』において論じられたことは、「プラトン‐カント的な伝統」、つまり哲学を「鏡」としての「知識」によって基礎づけることを批判し、解釈学のような中立的な「尺度」を放棄した哲学、「詩的」で「啓発的」な哲学へと変換することであった。そのような文脈の上で、ローティはニーチェ、ハイデガー、デリダといったヨーロッパ大陸の現代の哲学者のうちのいわゆる「ポストモダン」的な哲学を推奨する。ローティがジェイムズとデューイを評価するのは、ジェイムズとデューイの哲学の中に、ヘーゲルやガダマー、および「ポストモダン」の思想と共通するところがあるとローティが考えるからである。

現代の「大陸的」哲学について言うなら、ジェイムズとニーチェとは十九世紀の思想に対して同じような批判を行っているのである。それどころか、ジェイムズの言い方のほうがむしろ優れているとさえ思われるのだ。というのも、ジェイムズの言い方は、ハイデガーによって批判されたニーチェの中の「形而上学的」要素から免れており、したがってデリダによって批判されたハイデガーの中の「形而上学的」要素からも免れていることになるからである。私の考えでは、ジェイムズとデューイとは分析哲学が歩んできた道のゴールで待っているだけでなく、たとえばフーコーやドゥルーズが最近歩んでいる道のゴールでも待っているのである。(7)

ローティは、ジェイムズとデューイが大陸の「ポストモダン」思想に比べると過小評価されており、ジェイムズ＝ニーチェ、(他の箇所で論じられているが) デューイ＝ハイデガーという図式を作り、むしろジェイムズとデューイの方がニーチェやハイデガーよりも高く評価されるべきであると考えている。では、それは一体いかなる根拠によってなのだろうか。

ローティのプラグマティズムの源泉

ジェイムズは宗教的な信仰を持つことを積極的に肯定し、民主的政体を擁護する点でニーチェとは正反対である。ローティがこの両者において着目するのは、伝統的な哲学に対する態度である。ジェイムズが思想家として活躍したのは、ニーチェよりやや後の十九世紀末―二十世紀初頭にかけてであるが、ローティはこの二人を「文学が究極的実在の発見者としての哲学の後を継ぐと仄めかす代わりに、実在への対応としての真理という観念を捨て去った」「新しい哲学的立場を定式化してそこから観念論を見下す代わりに、文化を測量するためのアルキメデス的支点の探求を意識的に放棄した」という点で共通しており、「自分が真理を持っているとは信じない最初の世代だった」と見ている。(8)

ジェイムズとニーチェがローティの言うような点で共通しているのは、十九世紀後半の自然科学の飛躍的な発展により、哲学や宗教が提供する「真理」に対する説明の信憑性が大きく揺らいだという、危機的な時代背景によるところも大きい。ニーチェは、「神は死んだ」と述べた。ジェイムズは、この同時代的な危機感をニーチェと共有している。しかし、ジェイムズはこの危機を「信じる意志」を持つことによって乗り越える術を編み出した。ジェイムズにとっては、神が実在することが「真理」なのかどうかということは大した問題とはならない。ジェイムズにとっての真理とは

「それを信じる方が我々にとってより良いもの[9]」のことである。この点は、当然のことながらニーチェの宗教に対する態度とは正反対、もしくはニーチェがシニカルに表明していることと逆の意味で一致しているように見えるが、ローティはこの両者の意見の目指す方向性というよりも伝統的な哲学の「真理」観に対する態度の共通性からジェイムズ＝ニーチェ論を論じているのである。[10]

ローティがジェイムズとニーチェの共通性を論じた以上に力を注いだのが、デューイ＝ハイデガー論である。これに関しては「伝統を超えること——ハイデガーとデューイ（Overcoming the Tradition : Heidegger and Dewy)」という論文がまとめられているほどである。[11] ローティは『哲学と自然の鏡』において、デューイとハイデガーをウィトゲンシュタインと並んで二十世紀の最も重要な哲学者であるとして称賛している。

ローティは、西洋哲学の伝統において従来の議論に対抗する新たな「体系」を築くのではなく、伝統的に問われてきた問題自体を解消することで、伝統的な哲学者と一線を画したとしてハイデガーを評価している。それは例えば、「哲学はこれまでこれこれの仕方で存在してきたが、これからの哲学はこうあるべきだ」と言う代わりに、「哲学がこれまでこれこれの仕方で存在してきたとすると、哲学はいま一体どんなものでありうるのか」と問うことである。[12] ローティによると、デューイとハイデガーは存在論の歴史の解体の必要性について多くの点で一致しているが、さらに他にも①古代哲学における「観想」と「行為」の区別、②主として認識論的懐疑に関するデカルト的問題、③哲学と科学との区別、④哲学と科学の両者と「美的なもの」との区別という四点において見解が一致しているという。ハイデガーがニーチェから西洋哲学の伝統に対する批判的な態度を受け継いだように、デューイはジェイムズから可謬主義的な真理観を受け継いでいる。また、デューイは論理学を主要なテーマの一つにしているが、同時代の論理実証主義とは同調せず、自然主義や「美的なもの」「宗教的なもの」、そして詩と哲学のつながりを考察した。

このように、ローティはデューイとハイデガーの類似に着眼しているが、もちろん類似点よりも多くの相違点が存在していることも忘れていない。ハイデガーは科学や技術に対する近代人の抱く信頼を批判するが、デューイは哲学とは隔たったものとして捉え、それらを社会に役立てることに対して肯定的である。ハイデガーにとって「存在」への問いは、ギリシャ以来使用され続けてきた伝統的な哲学の語彙（あるいは、この伝統を共有しない者には「ジャーゴン」でしかない語彙）と切り離せないものである。それに対しデューイは、ヘーゲル的な歴史主義から影響を受けているものの、「存在」や「思考」について論じるのにそれらの語彙を使用するよりも、極力、個々の具体的な問題や文脈に即した日常語、実用語のみを用いようとした。このことは、ハイデガーから見れば、単なる近代的なヒューマニズムの表明であるように映るだろう。しかし、ローティによれば、デューイは伝統的な区別を不鮮明にさせることによって、「全く異常な活動としての哲学から離れて日常世界へと目を向ける」ことによって伝統の乗り越えを実現し、哲学的な泥沼にはまることはなかった。他方、ハイデガーについては、「我々をプラトン的思考の呪縛に置き続けたとも言える。彼がニーチェについて語ったことを彼本人に対しても語ることができる、つまり結局は、プラトニズムを新しいジャーゴンに翻訳しただけに終わった」とも論じている[13]。

いずれにせよ、ローティは伝統的なプラグマティズムに対して、パースについては部分的な評価に留まり、ジェイムズとデューイにより積極的な評価を与えている。特にローティの力点は、ジェイムズとデューイが現代の「ポストモダン」思想やその源流となったニーチェやハイデガーと同等の問題意識を持っていたことを強調し、再評価することにあった。

ローティの「ネオ・プラグマティズム」は、「言語論的転回」以後の言語哲学からも同様に多くのものを受け継いでいる。二十世紀初頭のアメリカにおいて、プラグマティズムは一つの思想的潮流を形成していたが、一九三〇年代半ば頃からナチスの迫害を逃れるためにウィーンからカルナップら論理実証主義の学者がアメリカに亡命するようになると、アメリカの哲学界の主流もデューイのような曖昧さのある哲学から、実証主義という厳密さを追求する哲学へと変わっていった。論理実証主義はウィーンに起源があるものの、イギリス（特にウィトゲンシュタインが後半生に在籍したケンブリッジやオックスフォード）とアメリカという英語圏の経験主義の伝統が強い国で繁栄した。

さらに論理実証主義は、より高度な記号や計算式で分析を行う分析哲学へと発展するが、この分析哲学の内部から自らの厳密性や科学性に疑問を突きつけたのがクワインの哲学である。クワインは「経験主義のふたつのドグマ」という論文で、経験論の延長線にある当時の言語哲学に対して批判を加えた。クワイン自身もカルナップに師事した分析哲学者の一人であったが、この論文以後クワインは論理実証主義的な言語哲学とは別の、もう一つの分析哲学の流れを作り出すこととなる。クワインの「二つのドグマ」による「全体論」は、その可謬主義的な考え方がパース、ジェイムズ、デューイのプラグマティズムの真理観と共通している。しかし、クワイン自身はその考え方を伝統的なプラグマティズムから受け継いだものではなく、カルナップに対する批判的考察のなかから編み出されたものとしており、伝統的プラグマティズムとの連続性は認めなかったが、自らの考え方が「プラグマティズム」の一種として呼ばれることは拒否しなかった。

クワインの思想は、デイヴィドソンの「根底的解釈論」や、パトナムの「内在的実在論」へと批判的考察を受けながらも引き継がれていった。ローティは、自らの思想を「極端」と評するパトナムに対しては限定的な評価に留まっているが、クワインとデイヴィドソンの分析哲学におけるプラグマティズムからは多くを受け継ぎ、『哲学と自然の鏡』でその成果を活用した。ローティによると、「言語論的転回」以後の論理実証主義は、近代のデカルト的な認識論的哲学の前提を突き崩すことに成功したが、結局のところ「認識」という哲学の王座に「言語」という概念をすげ替えただけに終わり、この論理実証主義にクワインが決定的な批判を加え、さらにデイヴィドソンが解釈学的な味付けを加えたというわけである。そしてここに至って、哲学は「言語論的転回」を経て「解釈学的転回」を遂げたと見なすことができるのである（第3章を参照のこと）。

では、ローティ自身は「プラグマティズム」をいかに定義しているのだろうか。ローティはプラグマティズムを、①「真理」「知識」「言語」「道徳」といった観念ならびに哲学的理論化の同様の諸対象に反本質主義を適用すること、②「何であるべきか」についての真理と「何であるか」についての真理の間にはいかなる認識論的相違もないとする見解、「事実」と「価値」との間にはいかなる形而上学的相違もなく、道徳と科学の間にはいかなる方法論的相違もないという見解、③「会話」への拘束以外には探求に課せられている拘束は一切存在しないという見解、という三つの見解を持つものとしている。(14)

①は「真理の対応説」についての批判であり、『哲学と自然の鏡』の主要なテーマの一つであるが、真理は収束されるものとするパースやパトナムの真理観ではなく、ジェイムズ、デューイ、クワインの真理観に近いものである。②はプラトン以来の伝統的な形而上学的真理観への批判であり、この立場がプラグマティズムと「ポストモダン」思想とを結びつけるとローティは考えている。(15)③は「一致」を目指すプラトン的な「対話（dialogue）」ではなく、異質な他者と出会い、一致しないままでも両者の間での継続的な「共生」を目指すオークショット的な意味での「会話（conversation）」(16)を重視した考え方であり、ローティ自身もこの考え方が最も重要であるとしている。この「会話」という考え方は、『哲学と自然の鏡』から『偶然性・アイロニー・連帯』やその他の諸論文にも継続して使用されており、ローティの思想の核心の一つである。

以上で、ローティのプラグマティズムの源流と成り立ちを探ったが、次にジェイムズおよびデューイとローティの思想との比較をより詳細に行い、冒頭で述べた筆者の持つ疑問点を検討していく。

ローティはどこまで「デューイ主義者」なのか

前述したように、ローティ本人はデューイを思想家として極めて高く評価しており、最も尊敬する思想家として名を挙げているが、多くのデューイ研究者は、ローティは自身が言うほどデューイの思想を正統に継承しているのか、という疑問を抱いている[17]。

果たしてローティは、そもそも本当にデューイ主義者であるのか。ローティが理解するところのデューイのプラグマティズムとは、一言で言うと「ダーウィン化されたヘーゲル」である。ヘーゲルの弁証法は、矛盾し合う二つの概念が一つのより高次な概念へと統合され、より良いものへと進化するという考え方を含んでいるが、最終的な理想的到達点に達するという「目的論」的な性質を持っている。デューイは、ダーウィンの『種の起源』の衝撃は、哲学的にも無視しえないと考え、もともと自らが最も影響を受けていたヘーゲルの弁証法にダーウィン的視点から改訂を加えた。アリストテレス以来、哲学の基本的カテゴリーをなしていた「エイドス」「種」「固定した形態」「究極原因」といった概念を、ダーウィンの進化論は、「種」の流動性、進化の偶然性を示唆することで、根底から覆したからである。それはまた、哲学における「人間」と他の生命体との区別という基礎を覆すものでもあった。このダーウィン的視点に立って、デューイはヘーゲルの弁証法から「目的論」を抜き取り、終わりなき探求としてのプラグマティズムを構想する。すなわち、もし生物の進化に目的があり究極の到達点があるのならば、生物の種は多様に分化する方向にではなく一つに収束する方向に進化していくはずであるが、現実にそうではないのはなぜか。それは、ある特定の環境において「有用な」性質を持った種の生物がその環境に「適応」し生存したということであり、その場の環境が何らかの異変によって大きく変動すればその生物は死滅し、別の種の生物が「適応」するからである。そのため、哲学にも次のようなことが言えるとデューイは考えた。現在において最良とされている考え方は、現代の環境に「適応」したものであり、それは究極的な「真理」ではなく、時代が変わり社会的状況が変われば、最良とされる考え方も変わり得る。デューイのプラグマティズムは流動的な思考を持つため、「脱構築」的に二元論を解体し、また他のプラグマティストと同様、可謬主義的な真理観を持つ。デューイによるヘーゲルのダーウィン化は、ヘーゲルの思想をよりラディカルにしたものだとローティは考えており、ローティ自身もまたその部分を継承している。

ローティがもう一つデューイから受け継いでいるものとして、道徳思想が挙げられる。デューイとローティの道徳思想において共通しているのは、カント的なアプリオリな道徳哲学に批判的であることである。デューイの倫理学は自然主義に基づき、道徳や倫理から感情や情緒を排除すべきではないと主張した。ローティはデューイのこのような点に着目し、デューイとヒュームと（ヒューム的な道徳論を論じている）アネット・ベイヤー（Anette Bair）とを併置する。ローティによると、デューイ、ヒューム、ベイヤーの三者はカント的な「道徳性（morality）」と「思慮＝怜悧（prudence）」

を区別する考えを拒否しており、道徳性とはむしろ「感情」や「情緒」によって支えられていると考える。ローティ自身も、『偶然性・アイロニー・連帯』において、プラトン－カント的な「道徳性」と「思慮＝怜悧」の区別を、自己の良心の偶然性という観点から批判しており、ドキュメンタリー、映画、小説などの個々の様々な「物語」を通して我々の道徳的感受性は敏感になり、残酷性や苦痛を感じている「他者」の苦しみを減少させようと「連帯」することで社会の道徳性は維持されるとし、自身の倫理学をヒューム的道徳思想の系譜に連ねている。

ローティがデューイから哲学的な面で受け継いでいることは細かく言えば他にも多く見つかるが、大まかに言えば、①デューイのプラグマティズムのうちの「ダーウィン化されたヘーゲル」という意味における歴史主義と可謬主義的真理観、形而上学的二元論の脱構築、②反カント的で「感情」や「情緒」に重点を置き、「成長」そのものを善とする道徳思想、の二点である。しかし、ローティによるデューイ理解から外れたところで、多くのデューイ研究者はデューイ思想の理解における相違を論じている。

ローティ本人もデューイの思想のすべてを受け入れているわけではない。ローティが批判的にとらえているのは、デューイの『経験と自然（*Experience and nature*）』における「自然主義的形而上学」である。デューイの思想は、全体としては「構築的」な哲学ではなく、「治癒的」な哲学であるが、この『経験と自然』におけるデューイは「構築的」で体系的な形而上学を築こうとしている、というのである。つまり、ヘーゲル的というよりもむしろカント的立場に立っており、「自分の治そうとしている病にかかってしまった[18]」とまで評している。[19]『経験と自然』について、デューイ自身は、晩年に「『自然と文化』というタイトルに変更して出すべきであった」と表明しており、この視点に立てば、本書を「それ自体、形而上学的体系であるよりも、むしろなぜ誰も形而上学など必要としないのかを説明するもの」「経験的形而上学としてではなく、形而上学と呼ばれる文化現象についての歴史‐社会学的な研究」ともみなしうるが、ローティは、そうなると「デューイの意図したこととは裏腹なことになるだろう」としている。[20]ローティのこのような見解に対して、R・D・ボイスヴァート（Ramond D. Boisvert）は『経験と自然』におけるデューイの形而上学はきわめて手の込んだ網状の生成力のある諸観念を提供しているために、ポストモダンの環境への移行において重要なものとなるとしており、ローティが批判している点を全く逆の視点から評価している。[21]

ローティのデューイ理解をめぐっては、デューイ論理学の要となる「保証された言明可能性（warranted assertibility）」も大きな争点となっている。デューイは、論理学とは「探求の理論」であると考えていた。それによると、探求とは、①疑念の発生という不確かな状況という「探求の先行条件」、②問題を立て探求が始まるという「問題の設定」、③与えられた問題状況から観察によって解決策を仮説として立てるという「仮説形成」、④その仮説をより明確な観念へと変化させるという「推論」、⑤仮説が実験され、その結果が秩序ある全体を形成し、統一が完結したとき証明されるという「仮説のテスト」という五つの過程を経て真理へと至る。そして、そうした真理は、「信念」や「知識」といった閉じたものではなく、「探求」が言明を保証し、その言明は可謬的であるため、そこには、新たな「探求」への可能性が開かれた「保証された言明可能性」と呼ばれるものがある。ローティは、デューイのこの主張を「真理の整合説」的な議論としてとらえ、デイヴィドソンを援用しながら、「デューイ＝真理の対応説」とみなす議論を批判している。[22] しかし、パトナムは、ローティと違い、「デューイが示そうとしたのは、アリストテレス的精神に則って、形而上学者とソフィストの双方の行き過ぎた主張に歯止めをかけることで、常識的な世界を擁護しつつも、アリストテレスの立場とされる形而上学的本質主義をとる必要はないということである」とした。[23] また、魚津郁夫はデューイの「探求」によって得られた「保証された言明可能性」としての真理は、鍵が鍵穴に収まってその機能を果たすように、その解決策が適切な解決をもたらすという意味で「対応－合致（answer）」しており、デューイが自ら「私が主張するような理論こそ、真理対応説と呼ばれる資格のある唯一の理論である」と述べており、デューイ自身は自らの真理観を「整合説」というよりも、プラグマティズムのフィルターを通過した「対応説」であると考えていたことを指摘している。[24]

以上が、哲学上のローティと他のデューイ研究者との見解の違いであるが、政治思想上の見解の違いはさらに大きい。

ローティの政治思想における中心的論点として、「公」と「私」の区別が挙げられるが、ローティは「公」を政治的な領域、「私」を個人の趣味の領域として分離することによって、一見すると矛盾して相容れないような考え方の両立をはかっている。例えば、私的にはニーチェのようなニヒリスティックな哲学を受け入れても、それを政治理論の基礎とせず、個人的な生き方の問題に限定して留めておけば、同時に近代的な自由主義と民主主義を妥当な社会制度として受け入れることができる、と。すなわち「ミルの仮面をかぶったニーチェ」というような存在をローティは思い描くのである。あるいは、私的にはキリスト教カトリックを信仰しつつ、公的に「進化論」の研究をする生物学者であることが可能になる。逆に、私的な領域のものとされる哲学や宗教によって公的な制度を規定すれば、社会において多様な価値観を持つ人々の衝突と排除を生み出す要因となる。だからこそ、「公」と「私」は徹底的に区別されなければならない。

それに対して、デューイは「公」と「私」の区別、あるいはその両者の関係をどのようにとらえているのだろうか。デューイはアメリカ的民主主義に絶大な信頼を寄せており、また政治的「リベラル派」として民主党左派、あるいは左翼の第三党の支援運動を行い、スターリン的ではなくトロツキー的な社会主義に親近感を持っていたという点において、現実の政治的な立場においてはローティと共通している。という以上に、ローティがその点においてデューイから多大な影響を受けていることは明らかである。しかし、R・B・ウェストブルック（Robert B. Westbrook）の『ジョン・デューイとアメリカの民主主義（*John Dewy and American Democracy*）』によれば、デューイの政治思想は、ローティのように現代的に再構築された自由主義というよりも、むしろラディカルな「参加民主主義」的なものである。

デューイは、ある行動に直接的に関わった人々の間においてのみその行動の影響が及ぼされるものを「私的」と定義し、その行動に関わった人々を超えてその影響が及ぼされるものを「公的」と定義している。[25] そしてデューイにおいては、例えば、王と首相が何か会話をしたとして、その内容が一見すると私的な話題であったとしても、その会話によって何らかの影響が拡大する（首相が話した話題に王が怒り首相を更迭するなど）と、即座にその「私的」な会話は「公的」なものとなるのである。つまり、ローティによる「公」と「私」の固定的な区別に対し、デューイのそれは、状況に応じて変化する流動的なものであり、この「公」と「私」の区別においてはデューイの方がより「プラグマティック」であると言えるだろう。

また、デューイは民主主義という点において「公衆（public）」による積極的な政治参加ということを強調している。その「公衆」とは、次のように述べられるものである。

語源的に「私的な」という言葉が「公務の（official）」という言葉の反対語であると定義され、私人とは公的な地位を奪われた人々であるとされるのには少なからぬ意味があるのである。公衆とは、トランスアクションの間接的な諸結果によって、それについての組織的な配慮が必要だとみなされる程度にまで影響を受ける人々の総体から成り立っている。公職者とは、このような影響を蒙る諸利益を見つけ出し、それらの注意を払う人々のことである。間接的な影響を蒙る人たちは、問題になっているトランスアクションの直接の参加者ではないから、公衆を代表し、彼らの利益を保ち、保護するために、特定の人々が選び出されていることが必要なのである。この職務に必要な建造物、財産、基金その他の物的資源が公共財産＝国家（res publica, common-wealth）である。[26]

このような政治理論においてデューイは「国家」－「公職者」－「公衆」－「私的」という段階的な「公」と「私」のグラデーションを描いており、ローティのように、「公」と「私」がはっきりと二分されているわけではないことがわかる。

以上の点から冒頭に挙げた疑問点を鑑みると、ローティはたしかにデューイから多くのものを受け継いでいるが、それはローティの解釈するデューイ思想からであり、デューイ解釈において他の多くのデューイ研究者と必ずしも見解は一致していない。ローティは、デューイ思想の血を引いてはいるが、少なくとも「嫡子」ではない、と言えるであろう。現代の思想の様々な潮流に見られる発想をデューイが先取りしていたことを強調するために、そのデューイ解釈はやや「過剰」なものとなっているのかもしれない。少なくとも、他の「正統派」的なデューイ研究者から見ると、その独自の解釈は、時に異端的なものと見える。しかし、一度は忘れられかけていたデューイの思想のリヴァイバルに果たしたローティの貢献は、決して色褪せることがないのも確かであろう。

ジェイムズの宗教論とローティのプラグマティズム

ローティとデューイの関係に加えて、この章の最後に論じたいことはローティとジェイムズとの比較である。それは、ローティのプラグマティズムにおける「公」と「私」の区別は、デューイ的というよりも、ジェイムズの宗教思想におけるそれに近いのではないかと思われるからである。

先に述べたように、ジェイムズは、自然科学、科学技術の急速な発展が宗教を圧倒的に凌駕していくような時代にあって、あえて宗教的信仰の重要性を説いた哲学者である。ジェイムズは「宗教」を特定の宗教や宗派に限定せず、世界中の様々な神や個人的な神秘体験までも含める形で定義した。すなわち「宗教とは、個々の人間が孤独の状態にあって、いかなるものであれ神的な存在と考えるものと自分が関係していることを悟る場合だけに生ずる感情、行為、経験である」[27]。つまり「宗教」を「宗教的経験」として捉え直しているわけだが、ジェイムズがここで「経験」という言葉を使うのは、ジェイムズの思想における主要な論題の一つである「純粋経験」という概念と無関係ではない。ジェイムズは、従来の心身二元論的、主観‐客観の二元論的経験論を排し、内的な経験も外的な経験もその瞬間において同時に経験されているという意味において、これを単一の「純粋経験」としてとらえている。二元論的な経験論においては、もしある人が持った内的な経験が外的な経験としても存在することが証明されなければ、その経験は一種の「錯覚」として扱われるが、「純粋経験」の考え方からするとその人が持った経験は何であれ常に「真」となるのである。ジェイムズは『宗教的経験の諸相（*Varieties of religious experience*）』において、実際に歴史上に遺された様々な人々の神秘体験の考察を行っているが、これらの経験はいずれも、その本人にとっての「真」とされ、これがジェイムズのプラグマティックな宗教論が展開される出発点となっている。そして、宗教とは何を語るものであるか、それを信じるとはいかなることかということについて、次のように論じている。

第一に宗教は、より永遠的なものごと、重複的なものごと、いわば宇宙に最後の一石を投じるものごとが、最善であると語り、終局的な言葉を語る。「宗教は完成である」というシャルル・スクレタンの一句こそ、宗教の明言する第一の事柄をいみじくも言に表しているように思われる。だが、この明言は科学的にはとても検証され得ないのである。第二に宗教が明言するのは、もし我々がこの第一の宗教の明言を真であると信じるならば、我々の状態がたちどころに善くなるということである。[28]

ジェイムズは、宗教による知識を「宗教的仮説」と呼び、これを「限定された真理」を与えるものとみなした。それは、プラグマティズムの可謬主義的真理観と同じものである。さらに言えば、宗教を信じた場合に得られる精神的な安定や幸福感は、科学主義、合理主義の立場から宗教を信仰しない場合よりも大きいことは明らかなのである。「我々の意志をそそのかすのに足るくらい生きている仮説ならば、我々は自分の責任でそれを信じる権利があ」り、「誰も他人の生き方を拒んではならないし、また口汚く罵り合うべきでもない。それどころかわれわれは、相手の心の自由を互いに細かく気を配って謙虚に認め合わなければならない。そうすることによってはじめて知性の共和国が実現され、内面的寛容の精神が勝ち得られる[29]」のである。

ローティが宗教について論じるときには、ほぼ例外なく、こうしたジェイムズの宗教論が援用されている。

ローティが宗教というトピックにおいて最も関心を持つのは、宗教と科学との対立という問題である。例えば平日は進化論生物学者として論証的な知識を追求しつつ、週末には教会に通い敬虔なカトリック信者であるようなあり方は、プラグマティズムの観点からは全く問題とならない。あるいはこういうあり方を問題としない思想こそ、プラグマティズムと呼ばれるのにふさわしいものである。だが、このようなあり方を宗教と科学の双方から厳密に捉えれば、カトリックの教会の立場においてはその信仰は紛いものであることになるし、科学者の仲間からは知的に無責任であると見なされるであろう。しかし、宗教と科学は、それぞれ異なった領域において役に立つ「道具」なのである。むしろその住み分けを乗り越えて、かつてのキリスト教がしたように宗教がガリレオやダーウィンに喧嘩を売るようになったり、科学が「神を信じる権利は誰にもない」と言ったりするから対立が生じるのである。だからこそ、ローティは、住み分け、すなわち「公」と「私」の区別を重視するのである。
ローティは宗教を、例えばカトリックの教会組織における教義や神学としてよりも、その宗教が提供する「物語」としてとらえている。それは、「宗教」以前の個々人の生きる上での「信条」においても同様である。ある個人が自らの存在を説明できるのが、この場合の「物語」である。そして、「私」の領域で信じられている「物語」は、他人からみてどんなに不条理でもその人の中で信じられ続けることを守らなければならない、というのは、ミル的な功利主義的な倫理でもあるが、それはジェイムズの言う「信じる意志」と重なるものでもある。

このように、ローティが与えるデューイへの最大限の賛辞の陰に隠れてしまいがちであるが、ローティの発想は、むしろジェイムズの発想と共通するところの方が多い。言及箇所はデューイの方が圧倒的に多いため、ローティ＝デューイ主義者という印象が強く残るが、デューイとの間にはむしろ大きな違いも存在する。文体としても、ローティはデューイよりも、むしろジェイムズに近いように思われる。ローティの文章の柔らかな語り口は、デューイのように堅苦しい、いかにも哲学論文というよりも、ジェイムズの柔らかな文体に近い（講義録から書き起こされたものが多いということもあろうが）。

ローティの「ネオ・プラグマティズム」は、たしかに伝統的なプラグマティズムにそのまま直結するものではない。だが、このプラグマティズムを「ポストモダン」[30]の現代によみがえらせ、ジェイムズ、デューイといった哲学者たちに改めて光を当てたという点において、ローティの「ネオ・

プラグマティズム」は大きな意義を持つのである。

注

(1) Richard Rorty, *Philosophy and social hope.* London, 1999. p. xvi.『リベラル・ユートピアという希望』須藤訓任・渡辺啓真訳、岩波書店、二〇〇二年、一二頁。

(2) この三名に、G・H・ミード (George Herbert Mead) などが加えられることもある。ここで言う「伝統的プラグマティズム」とは Classical Pragmatism の訳であるが、ローティの「ネオ・プラグマティズム」の他に、伝統的プラグマティスをより直接的に引き継ぎ、ローティと違って積極的にパースに高い評価を与える立場として「ネオ・クラシカル・プラグマティズム (Neo Classical Pragmatism)」と呼ばれるものもある。

(3) Charles S. Peirce, *Chance, love and logic : philosophical essays.* (by the late Charles S. Peirce ; edited with an introduction by Morris R. Cohen ; with a supplementary essay on the pragmatism of Peirce by John Dewey. London,1923), 1872, p. 45.『偶然・愛・論理』浅輪幸夫訳、三一書房、一九八二年、八三—八四頁。

(4) *Ibid.*, p. 48. 八六頁。

(5) 例を挙げて説明すると、アリストテレスの場合、A=白い豆が入った袋がある、B=その袋から豆を取り出すと、C=白い豆が出てくる→A=この袋の豆はすべて白い、B=これらの豆はすべてこの袋の豆である、C=これらの豆はすべて白い、という形になる。ミルの場合、B=これらの豆はすべてこの袋の豆である、C=これらの豆はすべて白いという現状認識から、A=この袋の豆はすべて白いと思われる、という形になる。パースの場合、C=これらの豆はすべて白いうえに近くに白い豆ばかりが入った袋がある、A=その袋の豆を調べてみるとすべて白い、B=これらの豆はすべてこの袋からこぼれたものではないか、という実験によって仮説を証明するような形になる。

(6) Richard Rorty, *Consequence of Pragmatism : essays 1972-1980*. Minneapolis, 1982. p. 161.『哲学の脱構築──プラグマティズムの帰結』室井尚・加藤哲弘・庁茂・吉岡洋・浜日出夫訳、御茶の水書房、一九八五年、三六〇頁。

(7) *Ibid.*, p. xviii. 一七頁。

(8) *Ibid.*, p. 150. 六一頁。

(9) William James, *Pragmatism* (Fredson Bowers, textual editor, Ignas K. Skrupskelis, associate editor ; introd. by H. S. Thayer. Cambridge, 1975), 1907, p. 42.『プラグマティズム』桝田啓三郎訳、岩波文庫、一九五七年、六二頁。

(10) ジェイムズ＝ニーチェ論について、ローティはフランスの哲学者ルネ・ベルトロが一九一二年に書いた『ロマン主義的功利主義──プラグマティズム運動の研究』という書物において論じられているジェイムズとニーチェの共通性に関する議論も参考にしている (Rorty, *Philosophy and social hope*, pp. 267-268. 三一〇頁)。

(11) 一九七四年に発表されたこの論文に関しては「私は今ではこの試論の結論部分におけるハイデガーに対する観方はあまりにも共感を欠いたものだと思っている」と述べており (Rorty, *Consequence of Pragmatism*, p. ix. 三頁)、ハイデガー評価の変化が窺える。ローティのハイデガー評価は、初期の頃は『存在と時間』を高く評価し、いわゆる「後期ハイデガー」については批判的であったが、『偶然性・アイロニー・連帯』以後は「後期ハイデガー」をも高く評価するようになった。ただし、もちろん政治思想と切り離す限りではあるが。

(12) *Ibid.*, p. 40. 一四〇─一四一頁。

(13) *Ibid.*, pp. 53-54. 一六三─一六四頁。

(14) *Ibid.*, p. 162. 三六二─三六八頁。

（15）哲学史の教科書的理解によれば「事実」と「価値」を区別したのはヒュームであるとされている。ヒューム自身は確かにそのような記述をしているが、その区別がヒュームの哲学体系の中で大きな比重をしめているわけではない。ただし、ローティの哲学と道徳論はヒュームのものと類似しつつ（第9章を参照）、ローティによるプラグマティズムの定義において、この区別が否定されているのであれば、ローティとヒュームのさらなる比較検討が必要となるかもしれない。

（16）conversation はラテン語の con〈共に〉、vertere〈向き合う、変える〉という言葉を語源にしており、「共生」というイメージを持つのに対し、dialogue はギリシャ語の dialogos「dea-（横切って）＋ -logue（話す）」という言葉を語源にしており、「対決」し合いながら話すようなイメージを持っている。

（17）例えば、米国ではR・J・バーンスタイン、D・L・ヒルデブランド、D・コンウェイ、D・L・ホール、K・ウェインなどで、日本においては魚津郁夫、柳沼良太の他に特筆すべきものとして早川操の論考がある。早川は、「探求なきプラグマティズム再考——R・ローティは真のデューイアンか?」（『日本デューイ学会紀要』第三三号、一九九二年所収）という論文において、デューイは「探求」のモデルを自然科学に置き、認識論を「自然主義化」したのに対し、ローティはその考えを批判し、認識論を放棄しており、また、ローティの教育論はデューイのような自己形成を重んずる進歩主義教育ではなく、共同体の一成員としての「リタレートな市民」になるために必要な現代の西洋社会における常識を教養として教え込むことを重視する保守的な面があり、デューイと大きく異なっていると指摘している。

（18）Rorty, *Consequence of Pragmatism*, p. 88. 一二三頁。

（19）デューイの弟子であり、ローティの父親の親友でローティも幼い頃にその膝に抱かれたこともあるという、ローティにとって重要な存在であるフックは、ローティの『哲学と自然の鏡』の中に見られるようなデューイ観を批判している。ローティはフックが亡くなる数ヶ月前に、フックからローティのデューイ理解は「不合理」で「ニーチェ化されたデューイ像」だと批判されたことを明かしている。

(Richard Rorty, *Objectivity, relativism, and truth* Philosophical Papers volume 1. Cambridge, 1991. p. 17.)

(20) Rorty, *Consequence of Pragmatism*, pp. 72-73. 一九九頁。

(21) Ramond D. Boisvert, *Dewey's Metaphysics*. New York, 1988, p. 9. を参照。ボイスヴァートは他方で、ローティによるデューイの再評価によって八〇年代、九〇年代における「デューイ・リヴァイバル」のきっかけが作られたことを高く評価している。(Ramond D. Boisvert, *John Dewey ; Rethinking of Our Time*. Albany, New York. 1998, p. 4.) またボイスヴァートは、デューイが自身の思想を「物語」のようなものとして描き出している点に注目している。デューイは、もし「カオス」の中から「コスモス」を見出したいのであれば「意味の寓話」を「作り出す」ように振る舞わなければならないとしているが、そのような視点から見ればローティとデューイは近いといえる。

(22) Rorty, *Philosophy and social hope* , p. 32. 九二頁。

(23) ヒルデブランドは、ローティはデューイの思想を「良いデューイ」と「悪いデューイ」に分けて「創造的な誤読」をしており、ローティの議論の目的に適ったデューイ像を作り上げてしまっているが、パトナムはデューイが哲学において試みようとしたことをローティよりも上手く受容していると評している。(David L. Hildebrand, *Beyond realism and antirealism : John Dewey and the neopragmatists*. Nashville, 2003, pp. 153-154.)

(24) 魚津郁夫『プラグマティズムの思想』筑摩書房、二〇〇六年、二五九―二六〇頁。

(25) John Dewey, *The Public and it's problem*. in The later works, 1925-1953, edited by Jo Ann Boydston, Carbondale, (1981-1990) 1927, p. 244.『現代政治の基礎――公衆とその諸問題』阿部斉訳、みすず書房、一九六九年、一六頁。

(26) *Ibid.*, pp. 245-246. 一九―二〇頁。

(27) William James, *The varieties of religious experience* (introduction by John E. Smith. Cambridge, 1985), 1902, p. 34.『宗教的経験の諸相　上・下』桝田啓三郎訳、日本教文社、一九六一年、四四頁。

（28）William James, *The will to believe and other essays in* popular（edited by Frederick H. Burkhardt, Fredson Bowers, Ignas K. Skrupskelis ; introd. by Edward H. Madden. Cambridge, 1979), 1897, pp. 29-30.『信ずる意志』福鎌達夫訳、日本教文社、一九六一年、三六頁。

（29）*Ibid.*, p. 32. 四一―四二頁。

（30）ポストモダンの環境において、正しいこと＝真理という図式は崩れたことによって価値観が相対化し、何が正しいことなのかが誰にもわからなくなってしまったが、プラグマティズムの倫理観から正しいこと＝真理ではないということを当然のこととして受け入れれば、逆に自分が正しいと思うことが真理だと論証できなくとも、それを信じ続けても良いことになり、ここから倫理を肯定的に論じることができる可能性が生じるのである。

第7章　プラグマティズムと脱構築

ローティの「ネオ・プラグマティズム」は、西洋の哲学の議論を引き継ぎ、経験主義の系譜の一つである分析哲学やプラグマティズムを現代的、ポストモダン的に再生させたが、ヨーロッパ大陸のドイツやフランスにおける現代思想の系譜において西洋哲学を批判的に引き継いだデリダの「脱構築(deconstruction)」の思想とローティの思想を比較することは大変興味深いものがある。そのような比較はまさに『脱構築とプラグマティズム(*Deconstruction and Pragmatism*)』というタイトルの書物のなかで企てられているが、ローティのプラグマティズムの現代的な意義を多角的に理解するために、そこで行われた議論を検討することは重要であろう。

「脱構築」の思想

「脱構築」と「プラグマティズム」の比較をする前に、まずデリダによる「脱構築」の思想を俯瞰しておく必要がある。一般的に「脱構築」の開祖のようにまつりあげられているデリダであるが、独創的な思想家に対し、そのエピゴーネンたちが「――主義」と安易にレッテルを貼ってしまうことが往々にしてある。デリダの受容のあり方もその嫌いがあるが、「脱構築」の思想といっても、そもそもデリダ自身はこれを「体系的」に論じているわけではない。デリダにとっては「脱構築」という用語は、自らの思想における他の様々な用語と同列なものであって、「脱構築主義者」としてレッテルを貼られること自体、とくに否定はしないものの、好んでもいなかった。

デリダの思想は大まかに、過去の哲学者や文学者の著作を独自の方法で読解し脱構築するという初期、抽象的な表現や詩的な言葉と独特な記述方法によって特異な著作を生み出した中期、政治的な発言が増した後期、と三つに区分される。ここではまず、初期の思想から「脱構築」とは何か、ということを見ていきたい。

デリダが用いた「脱構築」という言葉は、ハイデガーが「形而上学」の伝統を批判する際に用いた「解体（Abbau, Destruktion）」という用語を否定的なニュアンスがより少ない形でフランス語に翻訳し、言い換えたものだった。ここからわかるように、「脱構築」は「形而上学」を破壊するだけのニヒリズムではなく、批判的考察から新たな道を探るという、「肯定」としての思想なのである。西洋形而上学の批判者としてはニーチェとハイデガーが挙げられるが、デリダからするとニーチェもハイデガーも批判を徹底していない。ニーチェは「権力への意志」という概念に取り憑かれた、ハイデガーが言うところの「最後の形而上学者」にして「逆立ちしたプラトン主義者」であったし、そのようにしてニーチェを批判したハイデガーも、デリダから見れば同じような理由でなお「最後の形而上学者」であった。

デリダは西洋の形而上学を次のように分析する。プラトンによって始められた伝統的な哲学の目的とは、究極的な真理としての「イデア」を探求するというものであり、それを頂点として階層的秩序を築き上げ、その階層的秩序が様々な階層的二項対立を生み出す。それは例えば、自己／他者、男／女、同一性／差異、精神／物質、自然／技術、といったようなものである。そして、その二項対立の一方の項を優位なもの、もう一方を劣位なものとして価値の序列を行い、優位な方の項から劣位な方の項の要素を徹底的に取り除き、内部から外部へ追い出して、純粋な概念を現前させようとする。そのことをデリダは「現前の形而上学」と呼ぶ。

しかし、そのような形而上学的二項対立とその純粋現前を主張するプラトンの著作の中に、その純粋な二項対立の困難さがすでに表れているとデリダは論じる。プラトンは書かれた言葉（エクリチュール）は言語表現として最下層のものであるとみなしていた。プラトンにとって最高位の言語表現は話された言葉（パロール）であり、デリダによると、このパロール優位主義はキリスト教神学と西洋形而上学の伝統に受け継がれていく。プラトンによれば、記憶というものは自己の内部に保存されたものを純粋に現前するものでなくてはならないが、エクリチュールとして一度外部に出たものは想起をさせるだけで、真実の記憶とは異なったものとなってしまう。まして、それが他人に読まれると必ず誤解を生んでしまう。ソクラテスが書物を残さなかったのもそのためであるとされ、プラトン自身も書簡で「この手紙は何度も読み返し焼き捨ててもらいましょう」と書いている。こうして、階層的二項対立に則ってパロールからエクリチュールが徹底的に排除される。形而上学を形成する「ロゴス」は全てパロールによって表されるのが本質的なあり方であり、内的な魂はパロールによって純粋なロゴスとして現前する。そして、そのようなロゴスの純粋な現前を究極的な目的とする形而上学を、デリダは「存在－神－目的論」と呼んだ。それはギリシャ哲学だけでなく、キリスト教の神の「声」、カントの良心の「声」、さらにはハイデガーの存在の「声」にまでつながっている。

しかし、デリダはパロールの純粋なあり方という前提自体に疑問を呈する。内部に記憶されている記憶は生の記憶そのものではなく、すでに記号などの何らかの代補物によって媒介されている。つまり、本来ならば外部に排除されているはずのエクリチュールが、常に、すでに内部に入り込んでいるのである。

ソクラテス「この書かれた言葉と兄弟の関係にあるが、しかし父親の正嫡の子であるもう一つの種類の言葉について、それがどのようにして生まれるか、またこの書かれた言葉と比べて、生まれつきどれだけ優れ、どれだけ力強いものであるかを見ることにしようか。」

パイドロス「と、おっしゃると、それはどんな言葉のことでしょうか？　またどのようにして生まれる言葉なのでしょうか？」

ソクラテス「それを学ぶ人の魂の中に知識とともに書き込まれる言葉、自分を守るだけの力を持ち、他方、語るべき人には語り、黙すべき人々には口をつぐむすべを知っているような言葉だ。(1)」

ここで、ソクラテスはパイドロスにエクリチュールに対するパロールの優位性を説こうとしているが、そのパロールを魂に「書き込まれる」言葉と表現しているのである。またルソーは、エクリチュールは人間を自然状態から堕落させてしまう技術であると批判する一方で、「神の手によって人間の魂に書き込まれた自然法」を称賛する。

このように、伝統的哲学が称賛するパロールもまたエクリチュールの構造を内包しているのである。デリダはこの構造を「原エクリチュール」と呼ぶが、これ自体が両義性を持つ概念なのである。ソクラテスは若者たちと議論をし、教えを説いたが、アテネ市民によって若者たちを惑わす魔術師（パルマケイアー）であると断罪され、毒盃（パルマコン）を飲んで刑死した。デリダは、この「パルマコン」という語の両義性、すなわち「毒」を意味すると同時に「薬」を意味するという「決定不可能性」を指摘する。そしてこの「パルマコン（薬、毒薬）」的、原エクリチュール的両義性が形而上学的二項対立に常にすでに先行することを暴き出すことで、「現前の形而上学」を脱構築したわけである。

英語圏の分析哲学を専門とする学者の中で、ローティは例外的に「大陸哲学」に極めて高い関心を持っている。ローティのお気に入りの思想家はニーチェ、ハイデガー、フロイト、フーコーなどであるが、中でも最も高く評価し、何本もの論文の主題として取り上げているのがデリダである。

ローティとデリダは、英語圏と大陸圏のそれぞれの思想史において、同じような立ち位置にいる。両者は一歳しか年齢が違わないが、思想家として名を挙げたのはデリダの方が早く、最初に出版した本は一九六二年刊行のフッサール『幾何学の起源』の仏訳で、ここに自ら長大な「イントロダクション」を附している。ローティが最初に出版したのは一九六七年刊行のアンソロジー『言語論的転回』であるが、自らの見解によるイントロダクションを付けて出版したという点で類似している。しかし、デリダの初期の主著となる三冊『グラマトロジーについて』『エクリチュールと差異』『声と現象』の刊行は一九六七年であり、ローティの『哲学と自然の鏡』はそれから十年以上遅れて一九七九年の末に出版された。デリダの思想は一九七〇年代に、フランス以上にアメリカの人文学研究の学界において、主にP・ド・マン（Paul de Man）やR・ガシェ（Rodolphe Gasche）といった人々の紹介によって「脱構築」の思想として広まった。ローティがデリダの思想に興味を持ち、また積極的に取り入れるようになったのもこの時期である。そのため、基本的にローティのデリダ理解、およびデリダ論はアメリカの人文学における「脱構築」の理解というフィルターを通したものになっている。

両者は年齢や活躍した時期が近いだけではなく、哲学の内容を比較しても近いものであると言える。デリダの哲学的出発点はフッサールの現象学の批判的考察であり、同様にフッサールを批判的に発展させたハイデガーの思想を取り込みながら自らの思想を形成していった。フッサールの哲学はローティが「体系的哲学」に分類しているように、確固とした「基礎づけ主義」による「超越論的」なものであったのだが、ハイデガーによって解体されることになる。この哲学史的過程は、フレーゲ、ラッセルによって「体系的哲学」として始められた言語哲学が後期ウィトゲンシュタイン、クワイン、セラーズなどによって解体され、さらにその方向性がデイヴィドソンやローティによって進められたという過程と類似している。ヨーロッパの「大陸哲学」と英語圏の「分析哲学」は、大西洋を挟んで分裂しつつも、その内部では同じような歴史を辿っていたのである。このような哲学史的観点をローティは次のように見ている。

> デューイ、ハイデガー、ハーバーマス、ハッキング、ラトゥール、デイヴィドソン、ウィトゲンシュタイン、そしてデリダといった私が言及した二十世紀の哲学者たちは、二十一世紀末の哲学史家にとって単一のムーヴメントにおける無意識的な参加者のように見えるのではないかと私は推測している。(2)

ローティが、西洋の哲学史における中立的で絶対的な「尺度」と成り得る「鏡」を探求することを批判し、そのような「鏡」を放棄した後に、「自文化中心主義（エスノセントリズム）」による歴史主義的な「解釈学的転回」が哲学において生じたことを指摘したように、デリダもローティにおける「鏡」と相似する「現前の形而上学」を批判するのである。特に、両者ともに純粋な概念の希求という西洋の哲学を規定してきた伝統を批判している点が注目できる。

ローティとデリダにおける哲学的な近さをまとめると、①西洋の形而上学的伝統を批判している、②ニーチェのように西洋の形而上学的二元論を「転倒」させただけではなく、二元論的構図そのものから脱している、③未来に対してシニカルではなく「希望」を抱いた「肯定」の思想である、というような点が挙げられる。

しかし、ローティはデリダの思想を全面的に評価して受け入れているわけではない。ローティはデリダの思想は、カント的な「ノーマル」な哲学に対するヘーゲル的な「アブノーマル」な哲学の関係にある点においては意義があるが、デリダの思想を「準‐超越論的」なものとみなす傾向、これを何らかの政治的な思想と結びつける傾向には批判的である。

ローティにとってのデリダは、「哲学」というよりも、ハイデガーがそうであったように「詩」や「文学」に近い「ファンタジー」の一種として読まれるものである。そのため、ローティが一番気に入っているデリダのテクストは『絵葉書――ソクラテスからフロイトへ、そしてその彼方へ』における「送る言葉」のように、従来の論証的な「哲学」の文体から逸脱し、その明確な意味が誰にも把握され得ないようなテクストなのである。しかし、このように「脱構築」を、「プラグマティズム」と近づけて読みつつ、政治思想からは遠ざけるローティのデリダ理解には批判も多く、次にその点について検討する。

ローティとデリダの対話

「プラグマティズム」と「脱構築」との対話は、シャンタル・ムフ（Chantal Mouffe）が主催し、一九九三年五月二九日にパリで開かれた「国際哲学カレッジ」における「脱構築とプラグマティズム」というシンポジウムにて実際に実現した。このシンポジウムには、ローティとムフの他にサイモン・クリッチリー（Simon Critchley）、エルネスト・ラクラウ（Ernesto Laclau）、そしてデリダ本人が参加し、そこで発表された各論考はシンポジウムと同タイトルの書物に編まれることとなった。そして、そこで最も問題とされたのが「公と私の区別」であった。

その議論の考察を行う前に、まずローティがいかにしてデリダの思想と「脱構築」をとらえているかを知る必要がある。ローティはデリダをヘーゲルから始まる大陸の「アイロニスト」の思想家の系譜に連なると考えている。そして、ハイデガーがニーチェの最も聡明な読者であると同時に批判者でもあったのと同様、デリダはハイデガーの最も聡明な読者であると同時に批判者であるとしている。しかし、ハイデガーが結局ニーチェの失敗（「逆立ちしたプラトン主義者であった」）を乗り越えられなかったのと違い、デリダはプラトン主義の呪縛から逃れることができた、とローティは指摘している。

しかし、注意しておかなければならないのは、ローティのデリダ理解、あるいは「脱構築」に対する理解は、何よりもアメリカの哲学、もしくは文学研究におけるデリダと「脱構築」の受容を基本として、これを批判的に考察している、ということである。例えば、ガシェはデリダの初期の著作における超越論的な箇所を評価しているが、ローティはそのような箇所は無視しても良いと考えている。ローティは『偶然性・アイロニー・連帯』を著した時点において、デリダの思想を『グラマトロジーについて』などのような哲学的テーマを問題にした著作を「初期」、『弔鐘』『絵画における真理』『絵葉書――ソクラテスからフロイトへ、そしてその彼方へ』などのような独創的な記述方法をとった著作を「後期」と分類し、後期のデリダを評価すべきであると論じている。しかし、実際にはデリダは二〇〇四年まで存命しており、一九八九年の時点で初期と後期に区分してしまうのは早計であった。『偶然性・アイロニー・連帯』が出版されたのと同じ一九八九年には、ニューヨークのカードーゾ・ロースクールにおいてドゥルシラ・コーネル（Drucilla Cornell）主催のコロキウム「脱構築と正義の可能性（Deconstruction and the Possibility of Justice）」が開かれたが、そこで行われたデリダの講演は一九九四年に『法の力』という書物になり、また同年『友愛の政治』という著作も出版されたことからわかるように、それ以後のデリダは「法」「倫理」「政治」といったローティが「公」に分類するようなテーマを論じることが多くなった。

そこでローティにとって問題となるのがデリダと「政治」という問題である。ローティにとってデリダとは、前述したように「アイロニスト」の思想家として「私的」な「ファンタジー」を提供してくれることにおいて最大限に評価すべきなのであって、「脱構築」を基礎にして「政治」を語ることは従来の「哲学」と「政治」の関係に逆戻りすることとなり、せっかく実現された理想的な形での「公と私の区別」を越境してしまうことになってしまうので、ローティにとっては批判すべきことなのである。

では、デリダは『法の力』において、いかにして「脱構築」と「政治」の在り方を論じているのだろうか。デリダは多くの場合、「脱構築」と「政治」との関係は誤解されてきたと考えている。

世に「脱構築」と呼ばれているものは、一部の人々が広めて得をするような混乱した見方からすれば、正義への倫理的＝政治的＝法的問いを前にして、また正義にかなうものとかなわないものとの対立を前にして、ニヒリズム同然の棄権をすることに相当するということになるが、そんなことはまったくない。(3)

もちろん、デリダのこの記述はローティの議論を意識したものではないと思われるが、まさにローティのような「脱構築」が政治的領域に関わることに反対する意見に異を唱え、「脱構築」とはむしろ政治的領域に関わると表明している。そもそも、デリダは政治的にはニーチェやハイデガー、フーコーと異なり、近代の政治的理想に対してニヒリスティックなところはなく、「解放を掲げる古典的理想ほど、すたれずにいるものは他にないと私には思われる」(4)とまで述べている。この点はローティも、大いに評価するところであり、「フーコーとデリダの大きな違いは、デリダは感覚が鋭く未来を信じ(hopeful)、ロマンティックなほど理想主義的な著作家であるのに対し、フーコーは社会に関する希望や人間的感情は抱かないようにしているかに思われがちであるところにある」(5)と述べているが、デリダもまたローティのこの意見を概ね受け入れている。(6) しかし、「脱構築」と「政治」の関わり方に対する両者の見解はやはり異なる。

デリダはまず「法」について次のように考える。パスカルは、「正義にかなうものに従うことは正当であり、最も強いものに従うのは必然である」と述べ、理想としては正義と力（正義が執行され得る力としての法／権利）が同時にあるのが望ましいが、実際にはそうではないこともあり得るために、現実は「強い者」を「正義にかなう者」であるかのようにしたと結論したが、パスカルのこの述懐にはモンテーニュの影響が見られる、とデリダは指摘する。モンテーニュによれば、掟（法／権利）自体は正義なのではなく、それが受け入れられているという、そのこと自体に由来する「神秘的権威」によってその正当性は確保されているに過ぎない。デリダは、このパスカルとモンテーニュの言う「神秘的」という言葉に注目し、これをウィトゲンシュタイン的な用法で解釈することを提案する。掟の権威となるものを辿っていくと、必ずこの「神秘的」な限界に突き当たる。なぜかというと、掟、法／権利を創出するその瞬間には、その根拠となるものはどこにも存在せず、それを創設するという「行為遂行的（performative）」な暴力（この暴力自体は正義であるとも不正義であるとも言えない）によって保証されるしかない。このような前提から、デリダは次のように論じる。

私の描いた以上のような構造において、法／権利は本質的に脱構築可能である。法／権利が基礎づけられているから、つまり解釈し変更することの可能な様々なテクスト層を元にして基礎づけられているからという理由で……。さもなければ、法／権利への最後の基礎が定義によって基礎づけされていないという理由で。法／権利が脱構築可能であるということは、不幸なことではない。そもそも政治が歴史的進歩をもたらすことのできるチャンスはそこにあるとみることさえできる。……（法／権利の）脱構築可能なこの構造こそが脱構築の可能性の保証者にもなっている。正義それ自体はというと、もしそのようなものが現実に存在するならば、法／権利の外または法／権利の彼方にあり、そのために脱構築し得ない。脱構築そのものについても、もしそのようなものが現実に存在するならば、これと同じく脱構築し得ない。脱構築は正義である。(7)

このように、デリダ自身は「脱構築は正義である」とはっきり言っている。では、デリダは「正義」をいかにとらえているのだろうか。デリダは、モンテーニュと同様に「法／権利」と「正義」とを同一視しないが、「正義」は「脱構築」と同様に、「不可能なものの経験」としてのみ可能なのだとしている。「不可能なものの経験」とは、「アポリアの経験」であり、デリダによると「正義」とは一種の「アポリア」である。「法／権利」は一般性と暴力を伴うが、「正義」は、一般性とは逆に個々の特異的状況に応答する。ここにまさにアポリアが生じる。例えば、裁判官がある判決を下すとき、個々の事例はそれぞれ特異であるのに法は常に一般的であるという「アポリア」が経験されることとなる。つまり判決という「決定」は、常にこの「決定不可能なものの経験」における「決定」なのである。そこでは、「正義」が完全な実現を見ることはなく、常に有限な形でしか実現しない。デリダは「正義」がこのような構造を持っているからこそ、「正義」には未来があると考える。

つまり「法／権利」も、「正義」としての「脱構築」によって、変革、改革、基礎づけの変更の可能性が切り開かれるのである。

このような考え方は、哲学的にはプラトン主義の批判、政治的には民主主義の擁護というローティの基本姿勢と同様であるといえる。しかし、ローティは政治的領域において「脱構築」の手法を用いることに対して、「公と私の区別」という観点から反対する。この点についての議論が行われたのが、先述した『脱構築とプラグマティズム』であるが、その場に参加した論者のなかでこの「公と私の区別」という論点に最も多く言及したのがクリッチリーである。クリッチリーは「脱構築がプラグマティズムと結びつく」ということを認めつつ、「脱構築はプラグマティズムに完全に近いものなのか」ということを問題にする。[8] そして、ローティが理解する「脱構築」は意味を限定しすぎており、本来の「脱構築」は「基礎づけ」や倫理、政治に関わるものであると指摘している。[9]

クリッチリーの最も重要な指摘は、ローティがデリダの『法の力』における議論を見落としてしまっているという点にある。また、ローティの見立てるデリダの初期と後期という区分についても、早まったものであり、その両者の違いは、ローティの言うような哲学的理論から私的な文学表現への変化というよりも「理論的思索の叙述という形式から（書くことが思索の遂行である）遂行的叙述への変化」[10] と理解する方が妥当であり、デリダの諸著作における中心的なテーマはむしろ終始一貫している、とクリッチリーは見ている。デリダは「正義」を論じる際、「決定不可能なものの経験において決定を下す瞬間に他者に対する無限の責任を認める」というレヴィナスの正義論に言及しているが、クリッチリーによれば、レヴィナスの倫理学を第一哲学とする立場は、ローティの「基礎づけ主義批判」には決して相容れないが、「他者の苦しみへの関心」という点では、ローティの道徳論と共通している。そして、ローティの規準からすると、デリダもレヴィナスも哲学と政治・倫理の区別、公と私の区別を越境していることになるが、両者はむしろ「リベラル」という範疇に入れるべきだとした上で、クリッチリーは、デリダが目指す「政治」について次のように述べている。

どういう政治形態がこの正義の「肉体離脱」を最もよく維持できるかという問いに対して、デリダならそれは民主主義だと応えるだろうと思われる。ただしその民主主義は……正義の未来への超越ないし企図としての超越によって導かれる民主主義――デリダが来るべき民主主義(une démocratie à venir)と呼ぶものである。このことがデリダをユートピア的で批判的な政治、つまりプラグマティズムをラディカル・デモクラシーと結びつけようとするデューイ的な伝統――その系譜にローティも属していると主張している非常に政治的な伝統――と実質的には異ならない政治に参加させるように思われる。……ローティとデリダが似たような公的、政治的抱負を共有しているならば、なぜローティはデリダを強力な政治的味方とみなすことができないのだろうか。(11)

ローティはクリッチリーの議論に応答して、デリダの思想を初期と後期に区分することに関しては早計であったことを認め、また「『デリダの著作には倫理的、政治的、公的な意味はない』とは言わない」と強調している。ただし、それはデリダの著作に積極的に政治的意味を認めるということではない。そのことを、クリッチリーへの応答の中ではないが、ラクラウへの応答の中で表明している。

一つのアナロジーを考えてみよう。ある種の数学は技術者にとっては明らかに非常に有用だが、有用でない数学はいくらでもある。数学は技術の範囲をあっさり超えて、それだけで楽しいものになってしまうのだ。哲学も(社会工学と呼ばれる)政治を超えて、これはまたそれだけで楽しいものになってしまう。……「可能性と不可能性の条件」という概念は、カントールの対角化が土木技師には無用であるのと同じように、政治的熟慮にとっては無用なものではないかと思われる。(12)

ローティは、「政治」とは、「正義」について「脱構築」的な思索をめぐらす以前に、ストライキを組織したり、議会に議員を送り込んだり、新聞に論説を載せたりするという極めて具体的な形で、しかもなるべくわかり易くよく知られた言葉で語られるべきものであると考えている。ローティが潔癖なまでに「公と私の区別」、「脱構築」と「政治」の区別に拘るのはなぜか。ローティの思想において、何よりも哲学と政治思想の区別、公と私の区別こそ、「ミルの仮面をかぶったニーチェ」、すなわちアイロニーの哲学と近代的な民主主義制度の擁護という一見矛盾するものの両立をはかる上で要となっているからである。同時にそこには、労働問題や貧困問題の運動を推進し、実際に闘ってきた「オールド・レフト」の末裔としての危機感、すなわち多くのポストモダン的「脱構築論者」が机上の空論ばかりで何ら実際の政治活動をしないどころか、政治的シニシズムを蔓延させ、その間に左翼の政治的な存在感が現に大きく後退してしまったという危機感もある。脱構築論者、あるいはフーコー主義的「文化左翼」が、「オールド・レフト」の人々が問題にしてこなかった様々な社会的「抑圧」の存在を暴き出した点は、ローティも大いに評価している。しかし、「抑圧」を哲学的に告発するだけでは十分ではない。現状の社会制度の大枠を保持したまま、実際に効果的な手法で改良していくには、つまり個々の小さな哲学的差異を乗り越えて、より大きな「連帯」を実現していくには、これまでの左翼運動の経験を大いに活かすべきであり、そこでも「公と私の区別」が不可欠になるとローティは考えるのである。

ローティの政治思想とラディカル・デモクラシーとの対比

ここで取り上げた『脱構築とプラグマティズム』のシンポジウムはムフが主催したものであるが、ムフはラディカル・デモクラシーの立場からローティの政治思想を考察している。ムフはクリッチリーと同様に、デリダとローティの共通点として哲学的な合理主義と普遍主義に反対している点と、啓蒙の政治的側面としての民主主義のプロジェクトを両者が支持しつつも、その基礎概念の内実を哲学的に実体化しているわけではないという点を挙げている。そして、合理的な道徳理論に対し、ローティが感情や共感による道徳形成を重視している点を評価している。だが、他方でローティは、「公」と「私」をはっきりと区別することによって個人の価値実現を私的領域にのみ限定している。これは矛盾ではないか、とムフは指摘する。また、ローティは、公的領域における「連帯」――ムフの用語では「合意」――ばかりを強調し、「われわれ」と「彼ら」という「対立」――カール・シュミットの言う「政治的なるもの」――を無視してしまっている。この点において、ムフは、ロールズと共にローティの「政治的リベラリズム」を批判する。つまり、民主主義について重大な誤解を示している、と。[13]

ムフは、自著の『政治的なるものの再興（*The return of the political*）』において、近代の政治的プロジェクトは、自由主義と民主主義という本来は別々の二つの伝統が偶然結合して生まれたものであり、さらに「政治的な近代」と、資本主義の発達に伴う「社会的近代」とは区別されるべきとしている。これに対し、ローティは、こうした区別を曖昧にしたまま、漠然と「自由主義」あるいは「裕福な北大西洋の民主主義の制度と習慣」を論じてしまっている。そこで、ムフは、ローティの提唱する「ポストモダニスト・ブルジョワ・リベラリズム」に対して「根源的かつ多元的な民主主義（radical and plural democracy）」のプロジェクトを提示する。[14]これがいわゆる「ラディカル・デモクラシー（radical democracy）」と呼ばれるものである。

ムフは、シュミットの「友／敵関係」からなる「政治的なるもの」という概念に基づいた自由主義批判を取り入れ、公的領域における「合意」ばかりを重視する自由主義の主張に対し、政治とは、対立とか分離を内包するもので、むしろ決定的な和解が実現するような場は存在しないことを我々は受け入れなければならないとする。しかし、ムフによれば、そうした対立を通じてこそ根源的な意味での多元主義が実現するのである。これが「闘技的民主主義（agonistic democracy）」と呼ばれるものである。

「闘技的民主主義」の論者としては、ムフの他にウィリアム・コノリー（William E. Connolly）がいるが、民主主義とは抗争を顕在化させるものであるという「民主主義の逆説」を強調している点で、ムフとコノリーは共通している。コノリーは、自由主義は、正常かつ合理的な個人というものを前提とした個人主義によって成り立っているが、そこでは、本来は様々な「差異」を有しているはずの自己が、何らかの同一性に基づいて規格化、正常化、集団化を強いられている、とコノリーは指摘する。それに対し、その「正常／異常」という二項対立や同一性の形而上学を「脱構築」し、「差異」を顕在化させることが、コノリーにとっての「政治」である。自由主義における「他者への消極的な無関心としての寛容」ではなく、「差異」の顕在化からなる「闘技的民主主義」においては、「差異」についての相互理解と相互尊重が重要となる。だが、一方で、現実の政治における「差異」の主張も、すぐに「同一性」の主張に転倒する（多様なあり方をしている同性愛者が「同性愛者」という分類によって同一化する）危険がある。つまり、デリダの「正義」と同じく、「差異」という概念は、常に「同一性」という対概念を同時に包含した「脱構築」的な概念としてあり、このことをコノリーもムフも理解している。

「ラディカル・デモクラシー」あるいは「闘技的民主主義」は、ハンナ・アレント（Hanna Arendt）の政治思想とも比較しうるものである。アレントもまた、「公と私の区別」を起点に政治思想を構想している。しかし、クリッチリーが指摘する通り、アレントの区別は、ローティにおける「公と私の区別」とは全く異なる。[15]アレントにおける「公と私の区別」は、ギリシャのポリスをモデルとしており、私的領域とは「家庭的な事柄の領域」、公的領域とは「市民として政治に参加する領域」のことを指す。アレントによると、ポリスの市民は、家庭では奴隷を使役し日々の生命維持のための「労働」をさせていたが、つまりこの時代においては、経済的な事柄は家計の領域に限定され、公的領域からは排除されていた。そして奴隷や家族による「労働」によって自由を得た市民は、ポリスにおいて平等な個人として他の市民と肩を並べ、議論を戦い合わせ、また競技や戦闘において卓越を競った。アレントは、私的（private）な領域を、「真に人間的な生活に不可欠なものが奪われている（deprived）状態」[16]とし、「多数性」と「死から逃れられない宿命（mortality）」という条件下にある人間が「真に人間的な生活」を送ることができるのは、他者の前に「現れ」を示し、人間の「活動」を示すことのできる公的領域であるとした。

つまり、現代には「政治経済学」なる学問まであるが、アレントは、動物としての生命維持に関わる「経済」と、そのような生死の必然性を免れた自由の領域である「政治」を峻別し、純粋に「政治的なるもの」を抽出しようとしているのである。アレントがこのような区別に拘るのは、「大衆社会」とそれが生み出す「全体主義」を批判する文脈においてである。アレントは、「経済的利害」を中心に諸個人が均一化されることを批判するのだが、この時、近代資本主義社会において「家」がもはや「経済」の基本的単位ではなくなり、ポリス的な「政治と経済の区別」、つまり「公と私の区別」が実質的に解体している以上、公的な衝突を避け、私的領域の保護だけを重視するような、ミル、バーリン、そしてローティ型の近代の自由主義では、全体主義を食い止められないのである。アレントによれば、全体主義から逃れることのできる真の意味での政治的自由とは、公的領域において積極的に「活動」を行うことのできる自由でなければならない。公的領域において自由に自己の卓越性を他者と競い合い、相互の差異を明らかにすることで「多数性」は維持されるが、この「多数性」の消滅こそ、全体主義の起源である、とアレントは考えるのである。

ムフ、コノリー、アレントの三者とも、「公と私」についての考察を重要視しているものの、その立場は自由主義の一般的な立場とは大きく異なっている。私的領域の保護と公的領域における「合意」を重視する自由主義とは反対に、彼らはいずれも、むしろ公的領域における絶え間ない「対立」を重視し、この「対立」こそが「差異」を顕在化させ、「多数性」と真の政治的な自由を生み出すと考えている点で共通すると言えよう。

では、ローティの思想との対比においてはいかなることが言えるだろうか。ローティとムフ、コノリー、アレントの三人とは、「哲学」から脱した哲学こそが民主主義と政治的自由を両立させ、活発化させると考えている点で共通している。また、現実の政治的な立場において左翼の論陣に加わるという点でも同じである。[17] しかし、これまでの考察においてすでに明らかなように、相違点は大きい。それは、「公と私の区別」をめぐって顕著である。「ラディカル・デモクラシー」と「闘技的民主主義」においては、個人の価値観を公的領域において積極的に誇示することが重視され、私的領域に対し公的領域が優越する。そして、ムフ、コノリー、アレントに共通することは、民主主義の模範を古代ギリシャのポリスにおける市民の直接参加による民主主義に見ており、近代の自由主義と結びついた形での民主主義には批判的なところである。

一方、ローティの「公と私の区別」は第5章で確認したように、「バザール」と「クラブ」のモデルで説明されるが、「ラディカル・デモクラシー」と「闘技的民主主義」が批判するところの近代的な自由主義における「公と私の区別」に近いものである。公的領域においては積極的な自己実現は好ましくないものとされ、自己の誇示によって生じる抗争や対立、残酷さや苦痛を伴う抗争や対立は排除されるべきものとなる。ローティにとって、こうした「自由」は、公的領域よりも私的領域において実現されるべきものである。

このような違いにより、そこから構想される理想的な政治のイメージも異なってくる。では、このような両者の大きな違いをいかに受け止めればよいか。どちらが正しいかを断言するよりも、その違いを、それこそプラグマティックに使い分ける知恵が求められているのではないか。

デリダの「脱構築」の思想は、政治や倫理の未来の可能性を切り開くが、それが、具体的にいかなる形で実現されるのかは規定していない。ムフ、コノリー、アレントによる現状の自由主義的政治制度の批判は、全く妥当なものであるが、他方で、そのような既存制度が「対立」によって破壊され、消滅することまで肯定し得るだろうか。

M・カノヴァン（Margaret Canovan）はアレントの「公共性」の考え方について次のように指摘する。

人間は個人としての存在を意義あるものとするために活動し、仲間の中で名声を博すことが可能な、なんらかの公的空間を必要としているという彼女の見解は疑いもなく興味深い見解である。しかし、どれくらい大きな規模の公的空間が必要であるか問うことはできる。ポリスは素晴らしいモデルだが、それが一般に政治と言われることが行われる国家であると同時に市民が互いに顔を合わせ、知り合うことのできる共同体であるという点で現代の状況とは比較困難なモデルである。……活動のための公的空間は実際には私たちの共同体のいたるところに政治的、非政治的な組織や集まりの形で見いだすことができるのではなかろうか。政治的直接行動のグループ同様、教会、大衆酒場、ボーリング・クラブ、婦人団体を人々は活動し、何かを始め、仲間のなかで際立ち、名を馳せる場だと考えているのではないだろうか、と。(18)

このように考えれば、アレントの公的領域、あるいは闘技的民主主義において「闘技」が行われる場としての公的領域は、実はローティのモデルにおけるところの「クラブ」に相当するものと考えることもできる。ローティの「クラブ」は、ローティの用語では「私的領域」に分類されてはいるものの、そこには同好の士とはいえ複数の人間が集まるために、完全に公共性が排除されているわけではない。むしろそのサイズにおいて古代ギリシャのポリスは、今日の「クラブ」に相当し、さらにポリスの外に「バーバリアン」としてのペルシャ帝国や他の様々な民族が存在していたように、ポリスの外を含めた空間全体を、ローティの言う「バザール」、すなわち「公的領域」とみなすことも不可能ではない(19)。

だとすれば、やはりローティ的な「公と私の区別」は、とりわけ今日において一定の意義を有すると思われる。歴史上において、また現代世界において争いは、多くの残酷さと苦痛を生み出した。殊更に哲学的な理由や根拠なしに、このような歴史的事実、世界の現実をもって、ローティは「リベラル・ユートピア」の政治のミニマムな根拠とするのである。

そうである以上、ローティの考える「政治」にとって必要なのは、さらなる「政治」をめぐる哲学的な考察よりも、「政治」を具体的に変えていく実践となる。次章では、ローティと左翼運動の関わりを見ていきたい。

注

（1）プラトン『パイドロス』（276 A）。

（2）Richard Rorty, *Truth and progress* Philosophical papers volume 3. Cambridge. 1998. p. 337.

（3）Jacques Derrida, *Force de loi : le "fondement mystique de l'autorité"*, Palis, 1994, pp. 43-44.『法の力』堅田研一訳、法政大学出版局、一九九九年、四六頁。

（4）*Ibid.*, p. 62. 七四頁。

（5）Richard Rorty（edited by Chantal Mouffe）, *Deconstruction and pragmatism*. London, 1996, p. 13.『脱構築とプラグマティズム』青木隆嘉訳、法政大学出版局、二〇〇二年、二四頁。

（6）デリダがローティの意見に賛同して「自分が幸運を信じている」と述べた箇所（Derrida, "Remarks on Deconstruction and Pragmatism", in *Deconstruction and pragmatism*, p. 77. 一四七頁）はデリダが仏語で話したものをクリッチリーが英訳したものだが、ローティが言ったのは正確には「幸運（happiness）」ではなく「未来を信じている（hopeful）」であった。邦訳者によると、おそらく「来るべき民主主義」はローティ的なユートピアではなく、「メシア的なもの」として瞬間に現れるものだという意味を込めて、デリダが言い直したのではないか、としている。

（7）Derrida, *Force de loi*, pp. 34-35. 三四頁。

（8）Simon Critchley, "Deconstruction and Pragmatism - Is Derrida a Private Ironist or a Public Liberal?" in *Deconstruction and pragmatism*, p. 19. 三六頁。

（9）もちろん、クリッチリーもガシェのように「脱構築」が準-超越論的哲学であると考えているわけではなく、基本的にはローティのガシェに対する批判を支持している。

（10）*Ibid.*, p. 31. 六〇頁。

（11）*Ibid.*, p. 36. 七〇頁。

（12）Rorty, *Deconstruction and pragmatism*, p. 71. 一三六頁。

（13）Chantal Mouffe, "Deconstruction, Pragmatism, and the Politics of Democracy", in *Deconstruction and pragmatism*, pp. 8-9. 一六―一七頁。

（14）Chantal Mouffe, *The return of the political.* London, 1993, pp. 9-10.『政治的なるものの再興』千葉真・田中智彦・土井美徳・山田竜作訳、日本経済評論社、一九九八年、二一頁。

（15）Critchley, "Is Derrida a Private Ironist or a Public Liberal?", in *Deconstruction and Pragmatism*, p. 21. 三九頁。

（16）Hannah Arendt, *Human Condition.* Chicago, (1998) 1958, p. 58.『人間の条件』志水速雄訳、ちくま学芸文庫、一九九四年、八七頁。

（17）アレントがいわゆる左翼なのか、という点について断言することは難しいが、ローティと同様に「反スターリン」であり、アレントが二十世紀前半—中頃においてアメリカで「反スターリン」の論陣を張ったいわゆる「ニューヨーク知識人」のサークル、すなわちローティの両親やデューイが属していた（オールド・レフトとしての）左翼的なサークルのメンバーと交流を持っていた（例えばメアリー・マッカーシーなど）ことは確かである。

（18）Margaret Canovan, *The political thought of Hannah Arendt.* London, 1974, pp. 76-77.『ハンナ・アレントの政治思想』寺島俊穂訳、未来社、一九八一年、一三一頁。

（19）「バザール」と「クラブ」のサイズは固定的に考えず、例えばローティが例に挙げているような街の市場程度の規模の「バザール」から、地球という規模の「バザール」また数人の規模の本当にマニアックな価値観を持つ人々からなる「クラブ」から、数百万人、数千万人というような同一の習慣を持つ一つの民族というような規模の「クラブ」までといったように、「クラブ」も「バザール」も、そのサイズは多様に、また多層的に考えうる。

第Ⅳ部　現実への参加

第8章　ローティの左翼論とその源流

分析哲学の専門家としてキャリアをスタートさせ、プラグマティズムや大陸の現代思想について論じるなど、基本的に哲学の研究者として論述を行なって来たローティが、自由主義と民主主義の重要性を謳った『偶然性・アイロニー・連帯』を出版した後の一九九八年に、さらにより現実の政治に関与するような「左翼論」を扱った『アメリカ未完のプロジェクト——二〇世紀アメリカにおける左翼思想』を発表したことは、多くの人の困惑を招いたことであろう。しかし、本書の第1章を見ればわかるように、ローティは幼少の頃に両親と知人たちによって左翼の社会的正義への意識を英才教育的に植え付けられ、その頃に抱いた問題意識を生涯に渡って持ち続けたのであり、逆に言うとシカゴ大学に入学して以来、哲学の問題に没頭し続けて来たローティが、ようやく「哲学」と「政治思想」、「実際の政治運動」の間に有効な架け橋をかけられるような思想的熟成を得ることができたのは、六十歳代半ばを過ぎたこの時期であったということなのである。また、この本は、ローティの「オールド・レフト」の末裔としての、現代における政治的左翼のありように対する苛立ちの表明でもあり、一九九六—九七年にスタンフォード大学で行われた若い学生向けの講演を基に編纂された本であるが、現代のアメリカの大学において左翼的な言説を行う研究者や、それに影響された学生たちを厳しく批判している。

いずれにせよ、ローティの左翼論は、かなり独特のものとなっているが、いかなる議論を展開しているのだろうか。

ローティによるアメリカ左翼の分類

ローティの左翼論としての重要著作である『アメリカ未完のプロジェクト――二〇世紀アメリカにおける左翼思想』の邦題はローティ本人の意向によって、ハーバーマスの『近代未完のプロジェクト』を想起させるものになっているが、原題はJ・ボールドウィン（James Baldwin）の『次は火だ（*The Fire Next Time*）』の一節からとられた『我々の国を完成させる（*Achieving Our Country*）』というものであり、ここにはローティの考える「左翼」の立場が明確に表されている。

「右」と「左」という概念は相対的なものであり、いかなる立場をもって政治的な「右翼（right）」と「左翼（left）」を区別するのかは、地域や時代によって異なってくる。(1) 一般的には、国家や伝統を尊重し、資本主義経済に肯定的な立場を「右翼」、権力に批判的で改革を望み、経済的な平等を求め資本主義経済に批判的な立場を「左翼」と分類する場合が多いが、ソ連末期にゴルバチョフ派が「左派」、守旧派が「右派」と分類されるようなこともあり、一概には断定できない。いずれにせよ、ここでは現代アメリカの文脈の中でローティが「右翼」と「左翼」をどのように分類しているのかを理解するのがまず重要である。

私たちの国家が政治的に活発な「右翼」と「左翼」を持つかぎり、その議論は継続するだろう。……「右翼」はどんなものにも変更する必要があるとは決して考えない……つまり国家は基本的に良い状態にあり、過去の方がもっとずっと良かったかもしれないと「右翼」は考えるのである。「左翼」は私たちの国家がまだ完成されていないと主張している。……「左翼」が傍観者になり、回顧的になるかぎり、それは左翼をやめることである。[2]

ローティは、「右翼」と「左翼」の区別を、国家権力や自国の歴史に対する誇りとアイデンティティに対して肯定的であるか批判的であるかという尺度によって決定するのではなく、自らの国がすでに完成された（achieved）ものであり、むしろ昔の方が良く、現在では古き良きものが失われつつあるので、それを守り復活させせなければならないと考えている人々を「右翼」、自らの国は未だ改良の余地があり、完成させる（achieving）ために様々な改革運動を行う必要があると考えている人々を「左翼」として分類する。一般的な「右翼」と「左翼」の区別と比較すると、「右翼」が過去を志向しているのに対し、「左翼」が未来を志向しているという点に関しては共通している。しかし、ローティの考え方において独特なところは、「右翼」と同様に「左翼」もまた自らの国の参加者として自国に愛着を持ち、その歴史に誇りを持った上で、自らの国をより良く改良していくという立場、すなわち「愛国的左翼」を表明している点にある。

ローティが左翼論に取りかかるようになったきっかけは、現代のアメリカにおける政治的な「左翼」の衰退を前にしての危機感にある。ローティの歴史分析によると、アメリカの「左翼」は、十九世紀―一九六〇年代頃に主に労働問題に主に取り組んできた「改良主義左翼（Reformist Left）」、一九六〇年代に主に公民権運動と反戦運動に取り組んだ学生運動としての「新左翼（New Left）」、一九七〇年代以降に実際の政治活動から離れ、大学内で批判的な文化理論研究に専念するようになった「文化左翼（Cultural Left）」の三種類に分類される。

アメリカの「改良主義左翼」は、マルクス主義が本格的に広まる前の十九世紀から存在し、共産党的な革命論とは異なる現実的な手法により少しずつ労働問題を解決し、労働者の地位を改善させていった。ローティによれば、「改良主義左翼」が最も大きな成功を収めたのは、一九三〇年代―第二次世界大戦中における「ニュー・ディール（New Deal）」の時代、そして一九六〇年代のケネディとジョンソンという「ニュー・ディール」を引き継ぐ二人の民主党の大統領の時代においてであった。「ニュー・ディール」を行ったF・D・ルーズベルトやケネディ、ジョンソンは一般的には「左翼」とはみなされていない。彼らはアメリカ合衆国の大統領であり、決して社会主義者でも共産主義者でもなく、ましてや反権力でもないので、通常はいわゆる「リベラル（liberal）」という立場に分類されるだろう。しかし、ローティは彼らのような「リベラル」な大統領も「改良主義左翼」のリストに加えているのである。

アメリカの政治地図においてこの「リベラル」という言葉の定義は複雑であるが、一般的には「リベラル」と分類される民主党左派の人々は政治的には自由主義であり、価値観の多様性の実現を求めるが、経済的には自由経済に規制を加える政策を支持する。経済政策の面から見れば、「小さな政府」を志向する共和党の人々の方が自由を重んじ、規制を撤廃する政策を支持する。しかし、より「ラディカル」な立場の人々から見れば、民主党も共和党も資本主義経済の枠内での議論に留まっているため同類として見なされる。ローティが自らをそこに位置づけ、現実的な政治に対する発言の基盤としているのは、このいわゆる「リベラル」という立場である。

ローティが分類する「新左翼」とは、学生運動を主とするアメリカのベビーブーム世代の若者達による、より「ラディカル」な運動である。彼らはマルクス主義的なイデオロギーとユートピア的な理想を掲げたが、結局のところ革命を起すことはできず、やがて「政治の季節」は終わりを迎える。ローティによれば、「新左翼」は公民権運動を成功させ、強烈な反戦運動によってベトナム戦争を終わらせるきっかけを作ったという功績を残したが、反面においてアメリカの奴隷制、先住民虐殺、戦争介入などといった事実ばかりを強調し、その政治的歴史と資本主義的な経済体制を全面的に批判するばかりで、結局、アメリカ合衆国といったものは、初めから存在すべきでなかった、と結論づけるほかないような極端な反権力的思考だけを遺した。

アメリカ以外の先進国、特にフランスや日本でもマルクス主義に影響を受けた学生運動がさかんに行われたが、どこの国にも共産主義革命は起こらなかった。共産圏においても民主化を求める民衆運動が行われたが、一九六九年前後をピークに、その後はどちらの陣営における運動も沈静化へと向かった。そのような時代背景の中で、左翼の人々は急速にマルクス主義への希望を失っていく。日本の学生運動が最初はある程度は一般の市民にも共感を得ていたのが、内ゲバとセクト争いを繰り返し、やがて「浅間山荘事件」へと帰結する中で、急速に一般市民から乖離し、孤立していったのも同じ流れである。

一九七二年の大統領選で、労働組合がR・ニクソンを支持すると、左翼知識人の多くは、労働組合や「改良主義左翼」に見切りをつけた。しかし、もはやマルクス主義を信奉することもできない。そこで、マルクスの代わりにフロイトやF・ジェイムソン（Fredric Jameson）、フーコー、デリダなどの哲学を社会理論に応用しようとする新手の左翼、ローティが言うところの「文化左翼」が登場する。ローティによれば、「文化左翼」は、体制そのものを根底的に転覆させなければならないという理念だけは持ち続けているものの、実際のところは現実に体制を変革しようという情熱も、そのための行動力も持ち合わせておらず、シニカルに体制批判を行うのみである。彼らは、女性や黒人、少数民族、同性愛者などのマイノリティが受けている社会的抑圧を暴き、近代社会や資本主義が生み出す利己心やサディズムを批判する。だが、学問領域からしても「文化左翼」は、その名の通り、大学の文学部を主な研究拠点とし、決して社会科学系が主流ではないのである。

「文化左翼」の主要なテーマは、「差異の政治」「アイデンティティの政治」「承認をめぐる政治」と呼ばれるもので、マイノリティが受ける抑圧をポストモダン的観点から理論化する。もちろん哲学的な面に限れば、ローティと共通するところも多い。彼らが作った大学のカリキュラムによって、大学教育を受けたアメリカ人達のマイノリティに対する姿勢は明らかに改善された、とローティも評価している。ローティによれば、二十世紀半ばまでは「労働組合の運営する労務者就労斡旋所や学部の談話室で左翼の男性は、カントリークラブの右翼の男性と同じように、おどけた軽蔑の口調で女性について語り、同じような情け容赦ない軽蔑の口調で同性愛について語っていた[3]」というような状況だったが、現在では、アメリカにおける同性愛者への偏見は依然根強いがそれでもかなり改善され、女性への偏見はかなり取り除かれたという[4]。

しかし、「文化左翼」によって社会的なサディズムが減少した一方で、貧富の格差の問題は置き去りにされてしまった。白人にくらべると黒人や少数民族は貧しい人々が多く、それらの人々の抑圧の状況を改善することができれば、いくらかの貧富の格差は是正されるかもしれないが、女性や同性愛者の中には貧しい人もいれば金持ちもいるし、当然白人も多く含まれる。貧富の格差の分布は、「文化左翼」が指摘する社会的なサディズムの分布とは必ずしも一致しない。「文化左翼」が文化的・社会的抑圧ばかりを問題にする一方で、失業者やホームレス、ハウストレーラー駐車指定区域生活者が受けているような経済的抑圧の現実的な解決は、以前よりも軽視されてしまう風潮になった。事実、一九七〇年代—八〇年代以降のアメリカにおける貧富の格差は、それ以前よりも拡大したのである。

近年における経済的格差の拡大は、経済のグローバル化に関係している。国際的な自由貿易の推進とそれによる経済のグローバル化によって、大企業はより安い労働力を求めて東南アジアや中南米、東欧などに工場を移転させ、その代わりにアメリカ国内の多くの工場が閉鎖され、アメリカの労働者の雇用機会や収入は減少し、平均的な労働者家庭で年間三万ドルの手取り収入を得るのがやっと、という状況になってしまった。その一方で、経済のグローバル化の恩恵を享受するのは、富裕層に限られている。このような経済コスモポリタニズムを次のようにローティは描写する。

精力的な若い起業家の一団が大洋横断ジェット機のファーストクラスを満たしている一方で、その後部客室は、気持ちのよい場所で開かれている学際的研究会議に急ぐ、私のように腹の出た教授でふさがれている。だが、この新たに得られた文化世界主義を享受しているものは、最も豊かな二五パーセントのアメリカ人に限定されている。この新しい経済コスモポリタニズムからは、残りの七五パーセントのアメリカ人が自分たちの生活水準はどんどん下がっていくだろうと思うような未来が予感される。(5)

J・カーター大統領(Jimmy Carter)とクリントン大統領による民主党政権における中道政策への転換により、政権中枢においても誰も富の再配分を問題にしなくなった。当然、共和党の大統領が、これを問題にするわけはなく、二大政党のどちらを選んでも大差がなくなってしまった。郊外に住む富裕層の子供達はスラム街の子供達の一〇倍も多くの割合で大学を卒業する。いまやアメリカの社会に建国時にみられたような流動性は失われ、新たな世襲的社会カーストに区分されつつある。このような状況の中で、希望を見いだせない貧しい有権者達が極右の政治家に煽動され、一九三二年にヒトラーがドイツの大衆に支持されて政権をとったようなことが、アメリカでも起こるかもしれないとローティは危惧するのである。

左翼の連帯

「文化左翼」は、近代市民社会や資本主義が抑圧を生み出すと論じ、さらにはアメリカ合衆国が歴史的に犯してきた罪を糾弾する。そして、国民国家はもはや時代遅れであるとする。そのため、現状の国家の存在を前提とした上でこの国家を少しずつ改良していくという立場をとらず、国家の根本的な体制の転覆や国家の消滅を、もっぱら観念的に夢想するのみで、結局、現状をそのまま放置する結果に終わっている。しかしローティによれば、様々な限界も抱えてはいるが、国民国家こそ、依然として社会的弱者救済を最もなし得る存在なのである。

国民国家は依然として社会保障手当について決定を下しているので、社会正義についても決定を下している存在である。……「文化左翼」がこれから受け入れていかなければならない本質的な変容の一つは、彼らの半ば意識的な反アメリカ主義を脱却することであり……アメリカ人を鼓舞するようなイメージを考え出していかなければならない。ただ、そうすることによってのみ、「文化左翼」は大学の外にいる人々と、特に労働組合と連合を組むようになることができる。……左翼はもしそのような連合を組めないなら、アメリカ合衆国の法律に何の影響も及ぼさないだろう。具体的な改良のリスト、絶えず増刷、討論される……知的職業人もその知的職業人のトイレを掃除する人々も鮮明に記憶しているリストの存在が、左翼政治をよみがえらせるかもしれない。(6)

つまりローティは、左翼は自分たちが住む社会をより良くしたいという情熱と希望を持つという意味において「愛国的（patriotic）」でなければならないと主張するのである。結局のところ、社会を良くするために最も効果的かつ具体的な方法は議会において法律を立法、改正することであり、そのために左翼は哲学的な相違など忘れて「連帯」し、議会における多数派を占めるための現実的な行動を起こすということが重要なのである。

ローティの論じる左翼論は、主にアメリカの読者に向けられたものであり、また内容もアメリカの左翼についてのものであるが、状況は異なるものの、日本の政治状況にもかなり当てはまるように思える。

一九六〇年代には、マルクス主義的な学生運動が日本においても盛んに行われたが、七〇年代には沈静化した。八〇年代以降にはフランスの現代思想が流行し、もともとマルクス主義者であったか、その流れを汲む論者によって「ポストモダン」的な言説が数多く語られたが、ほとんどが抽象的な哲学的、文化的議論にとどまり、ここから建設的な政治思想や社会思想が生み出されることはなかった。ローティが「アメリカに左翼はいないと思われている」と言うのと同じように、「日本に左翼はいないと思われている」という現状である。そして、左翼の知識人が「神学論争」に没頭している間、「愛国心」や「公共」の復権を訴えるような、右翼の論説が台頭してきたことにもこのような時代背景があろう。さらに「蟹工船ブーム」や「ロスジェネ論壇」の活況の背後にも、ローティの言うような「文化左翼」に対する反発が見られるようにも思う。

では、このような状況をいかに変えることができるだろうか。ローティは、アメリカには「改良主義左翼」がいたことと、その伝統が今日にも細々と、しかし脈々と受け継がれており、その復活と他の左翼との連帯こそ、アメリカ左翼の復活の鍵であると論じている。では、日本はどうか。日本にも確かに大正時代から昭和初期にかけてはある程度「改良主義」的な運動が存在した。だが、アメリカやイギリスの社会主義運動と比べれば、その歴史は浅く、太平洋戦争時には大政翼賛会体制によって議会から締め出され、軍国主義の弾圧によってほぼ壊滅してしまった。戦後、左翼政党が復活したときにはすでにマルクス主義の色彩が強くなっており、二十世紀後半の日本政治史において、「左翼」の政党や労働組合といえば、国家権力に批判的な「マルクス主義的思想を持つ人々」を指すこととなった。そうして「マルクス主義」の凋落とともに「左翼」全体も凋落した。

ローティの議論を前提とするならば、日本における「左翼の復権」において重要なのは、「マルクス主義」と「左翼」を区別すること、少なくとも、両者を完全には同一視しないことであろう。しかも、自由貿易と経済のグローバル化が進み、さらに世界経済が危機を迎えるなかで、非正規雇用や失業が増大し、今後さらに増加が予想されるような日本社会の現状において、「左翼の復権」は、喫緊の課題ではないだろうか。

改良主義左翼としての「オールド・レフト」

ローティが理想とする伝統的な「改良主義左翼」とはいかなるものかを理解するために、アメリカの左翼運動の歴史を少し詳しく辿ってみたいが、ここでは特に一般的に「オールド・レフト」と呼ばれている左翼の変遷と、左翼の主流が「ニュー・レフト」と呼ばれている左翼にいかにして変化していったか、「ニュー・レフト」がいかにして挫折したかに焦点を当てた検討を行う。

アメリカの政治史において、独立戦争より後には南北戦争という大きな内乱はあったものの、イデオロギー的な闘争や階級闘争は見られない。そのため、アメリカには左翼は存在しないのではないか、という見方もできる。それに対し、M・ハリントン（Michael Harrington）はアメリカにはヨーロッパ以上に確固とした「社会民主主義」が存在していたが、それは表立った動きとしては見えにくい「隠れた大衆運動」であったと分析している。(7) アメリカの左翼の一つの特徴は、一八八六年に結成されたアメリカ労働総同盟（AFL）の活動方針によく表れている。AFLの初代会長となったサミュエル・ゴンパーズ（Samuel Gompers）は、AFL以前に過激な労働運動を行い大衆の支持を得ることができなかった団体の失敗を教訓にして、①ユートピア的、革命的政治思想や団体とは関わらない、②労働者の政党を作らない、③ブレッド・アンド・バター方式（生活に関係した問題だけを取り上げる）に集中し、資本主義経済体制には適応するという基本方針をとったが、これは「ビジネス・ユニオン方式」と呼ばれた。もともとアメリカでは非常に早期から男子普通選挙権が与えられていたために、かえって早くから労働者が議会政治の重要なアクターとして二大政党制に取り込まれたので、労働者の政党としての「第三党」が議会で多数を占めたり、大統領を輩出したりすることは望みにくかった。また、ハリントンの指摘によると、そもそもアメリカという国家は建国以来急進的なまでにユートピア主義的であり、マルクス主義が流入する以前から独自の労働運動が行われていたため、マルクス主義が労働組合に与えた影響は限定的なものであった。(8)つまり、アメリカにおいてマルクス主義が広まらなかった原因の一つとして、マルクス主義以前に自前のユートピアニズムを持っていたために、そもそもマルクス主義はあまり必要とされなかったと言える。

反社会主義と政党政治への不干渉を標榜したゴンパーズのＡＦＬの路線とは別に、主に鉄道会社に対してストライキを指揮し、投獄された経験もあるユージン・デブス（Eugene Debs）は、社会党の大統領候補として一九〇〇年以後五度の選挙戦を戦った。社会党は、一九一二年の選挙戦では民主党のＷ・ウィルソン（Woodrow Wilson）や共和党を離れて革新党から出馬したセオドア・ルーズベルト（Theodore Roosevelt）、共和党のＷ・Ｈ・タフト（William Howard Taft）を相手に九〇万票以上、投票総数の六パーセントという票を獲得し、地方政界に多数の市長と市議会議員を輩出した。これは、デブスが大衆的な英雄であり、個人的な人気が高かったことによるものであり、Ａ

FLの支持を得たものではなかった。社会党の躍進も一九一九年にロシア革命の影響で共産主義者が脱党したことによる党の分裂によって大幅に衰退した。一九二四年の大統領選では、社会党は独自の候補を立てず、他に二大政党以外で独自に立候補したウィスコンシンの革新主義政治家ロバート・ラフォレットを支援したが、共和党のクーリッジの大勝を許してしまった。一九二八年以後は、一九四八年まで再び独自候補としてノーマン・トマスを立てている。

一九三二年のF・D・ルーズベルト大統領の誕生以後、長期の民主党リベラル派政権の主導による労働組合の組織化が進み、逆に民主党系ではない左翼の政治勢力は縮小する結果となった。そして一九三五年には、労働組合の組織化を保護する「ワグナー法」が成立し、一九三八年には鉄鋼、電気、自動車、石油など新しい産業を中心に組織化された、より戦闘的な産業別労働組合会議（CIO）が、AFLの対立組織として結成された。CIOの指導者であったJ・L・ルイス（John L. Lewis）はゴンパーズの路線に対抗して、共産主義勢力と手を組んで組合をオルグし、強力な政治的組織を築き上げた。しかし、双方の組合の対立の不毛さとマッカーシズムによる共産主義者の追放から組合員が減少し、一九五五年には両組合は合併してAFL＝CIOが誕生した。

一九三〇年代の穏健な社会民主主義者と過激な共産主義者は、対立によって大きく分裂する。二十世紀初頭の左翼勢力はニューヨークを主な拠点としていたが、この街には十九世紀末に東欧やロシアから移民してきたユダヤ系の人々が労働者として多く居住しており、熱心な支持者として左翼勢力を支えていた。『パルティザン・レヴュー』誌を創刊したウィリアム・フィリップス（William

Phillips）とフィリップ・ラーヴ（Philip Rahv）は二人ともユダヤ系であり、ローティ家と交流の深かったフックやトリリング夫妻、彼らより一世代下のアーヴィング・ハウといった「ニューヨーク知識人」[9]のサークルのメンバーの大半もユダヤ系であった。

一九一九年に社会党が分裂し、一九二〇年代のアメリカ経済の繁栄期には左翼勢力も衰退したが、大恐慌が訪れると再びその運動は活性化した。しかし、三〇年代にモスクワのコミンテルンの方針を巡って、共産主義者もモスクワ支持派と反スターリンのトロツキー支持派とに分裂し、トロツキー派は社会党に近い立場に立つようになる。上記の「ニューヨーク知識人」の多くは三〇年代の間に後者の立場へと転向しており、ローティの両親も同様であった。そのような転向が起こったのは、彼らがみなスターリンの全体主義的な体制の欺瞞を見抜いていたからである。一方で一九三六年の大統領選では、共産党だけではなくＡＦＬとＣＩＯ傘下の労働者、ラフォレットの流れを汲むウィスコンシンの革新党、リンカーン以後共和党に投票し続けてきた黒人など低所得層が、一斉にルーズベルト支持にまわり、その結果、社会党の党勢の衰退は決定的なものとなった。そのため、左翼の穏健派から過激派までが一様に民主党内の勢力として取り込まれるという「隠れた大衆運動」[10]としての構図ができ上がった。

共産党とローティの両親が所属する「ニューヨーク知識人」との争いは一九五〇年代まで続く。まず、一九五〇年にソ連に核開発技術を流出させたとしてローゼンバーグ夫妻が逮捕され死刑に処されるという「ローゼンバーグ事件」が起きたが、共産党が国際的に連帯し死刑判決に反対したのに対し、ローゼンバーグ夫妻と同じユダヤ系であり、もともとはマルクス主義者でもあった「ニューヨーク知識人」の多くはこの事件について沈黙した。中国の共産化と冷戦体制の開始という時代背景があったからである。当時はまさにマッカーシーによる「赤狩り」の時代であり、もともと戦闘的な反スターリン派であった「ニューヨーク知識人」の面々は、「ローゼンバーグ夫妻と同じユダヤ系、マルクス主義者」というレッテルから逃れるためにアメリカに対する「忠誠」と「愛国心」を示す必要があったのである。ローティの言う「反共左翼」という一見矛盾しているかのような立場は、この「赤狩り」の時代を通してより鮮明になった。反スターリン＝反共の立場を明確にし、時代に適応したことによって生き残った「ニューヨーク知識人」に対し、共産党の支持者は「赤狩り」の犠牲となり、五〇年代以後アメリカの共産党は壊滅状態となる。

一方、「ニューヨーク知識人」の内部でも、アメリカの冷戦政策を積極的に支持し政府に追従した「肯定者（affirmer）」という立場と、反スターリンでありつつ反体制的な立場も維持する「反対者（dissenter）」という二つの派に分かれた。「肯定者」としてはフックが代表的であり、反共産党組織「文化的自由アメリカ委員会（ACCF）」を結成した。彼らは『コメンタリー（*Commentary*）』という雑誌において主に議論を展開したが、この『コメンタリー』誌は中道右派から次第に保守化していき、六〇年代の「新左翼」に対抗して「新保守主義（Neo Conservative）」として強力な反共的論陣を張るようになり、「肯定者」達はやがてニクソンやレーガンの共和党政権の理論的支柱にすらなっていった。その後、ACCFは非公式にCIAから資金を受け取っていたことが発覚し、そのことは後に「新左翼」によって批判を受けることにもなる。ローティの父ジェイムズもフックと共にACCFに参加しており、ローティ自身はそのことを次のように述べている。

「冷戦」を煽動することは、私の家族やその友人たちのしていた他の立派な活動とつながっている、と当時の私には思われた。そして、今もそうである。いまだに私はヒトラーとの戦いとスターリンとの戦いに大きな相違があるとは思えない。「改良主義左翼」がもっと強力であったら、第二次世界大戦後のアメリカが二股をかけることができただろうという考えは理に適っている、と私は今でも思っている。その考えに従って、アメリカは世界中で少数独裁政治を社会民主制に変える国際運動の指導者になることもできただろうし、また気の狂った専制君主の支配する邪悪な帝国の拡大を阻止する核武装した超大国になることもできただろう。(11)

ただし、彼ら「反共左翼」は、当然ながらマッカーシズムとは一線を画していることも忘れてはならない。もともとマルクス主義者であった彼らは、スターリンが革命政権を私物化し、ヒトラーと変わらぬ独裁体制を築いたことから反スターリンの立場になったのであって、マッカーシーやニクソンのような偏狭な反共主義と比べ、より内在的で本質的な批判を行うことができた。「肯定者」には他にアーヴィン・クリストル（Irving Kristol)、ネイサン・グレイザー（Nathan Glazer)、ノーマン・ポドレッツ（Norman Podhoretz）などがおり、『イデオロギーの終焉（*The End of Ideology : On the Exhaustion of Political Ideas in the Fifties)*』で知られるダニエル・ベル（Daniel Bell）も中道の立場を保持しつつも、どちらかというとこのグループであったとされている。

このように、さらなる「転向」を遂げる左翼が存在した一方で、それに反対し体制に順応しないグループが「反対者」のグループであった。アーヴィン・ハウは、まさに「異議」という意味を持つ『ディセント（*Dissent*）』という雑誌を一九五四年に創刊し、ルイス・コーザー（Lewis Coser）、ハリントン、メイヤー・シャピロ（Meyer Schapiro）、ノーマン・メイラー（Norman Mailer）、エーリッヒ・フロム（Erich Fromm）などと共に民主的な社会主義を目指す論陣を張った。「肯定者」のグループと「反対者」のグループは互いに激しい論争を行ったが、その違いは体制との距離の違いであり、両者ともに反スターリン、反ソ連であることには違いはなく、そのため「赤狩り」の対象とされるものではなかった。

「ニュー・レフト」の隆盛と挫折

一九六〇年の大統領選で民主党のケネディが当選し、ケネディ暗殺後にジョンソンがその路線を継承した一九六八年までの間は、民主党リベラル派が再び政権に返り咲いたことによって、一九三〇—四〇年代の「ニュー・ディール」期のような「改良主義左翼」的な政策が実質的な内容を伴って行われた時期であった。しかし、元々マルクス主義者であった左翼の人々は、冷戦と「赤狩り」

の時代を経験したことによって、かつてのような盛んな運動を行う勢いを失っていた。この時代は、そのような「改良主義左翼」の人々の負の部分が表出した時代でもある。F・D・ルーズベルト大統領は選挙で黒人の支持を集めていたにも関わらず「反リンチ法案」に署名することはしなかったし、トルーマン大統領の「反共」の精神を受け継いだジョンソン大統領はベトナムに深く介入した。こうした問題、とりわけ「公民権運動」と「ベトナム反戦運動」に焦点を当てて活動を行ったのが、「民主社会を求める学生同盟（SDS）」という学生団体を中心とした「新左翼」の若者達であった。

もともと白人主導の労働組合と黒人の労働者達の間の溝は深かった。白人の労働者にも人種差別の意識があり、また黒人の労働者に職を与えるということが白人労働者の職の安定を脅かすという危機感もあった。そのため、ランドルフが主導した「プルマン寝台車給仕友愛会」がようやくAFLに加盟できたのは一九三六年のことであり、その後も黒人の労働者はAFLやCIOに歓迎されることは少なかった。黒人の公民権獲得が遅れたのは、ブッカー・T・ワシントン（Booker T. Washington）が提唱した「適応主義」によって権利獲得よりも経済的な向上を優先させる路線と、W・E・B・デュボイス（William E. B. Du Bois）の「ブラック・ナショナリズム」のように黒人であることを誇示し権利の向上を強く要求する路線の対立など、黒人運動家の内でも分裂が絶えなかったことも理由となっている。

SDSは、「学生非暴力調整委員会（SNCC）」と協調してキング牧師が主導する公民権運動に積極的に参加した。SDSのメンバーは必ずしも共産主義者であったわけではなかったが、十代後半―二十代の学生で構成されており、「ニューヨーク知識人」達の世代を「オールド・レフト」と呼んで彼らと一線を画そうとした。彼らは、「オールド・レフト」を「赤狩り」に屈服し、体制に寝返った世代と見なし、その穏健な自由主義を批判して、自分たちはより「ラディカル」になろうとした。SDSは「産業民主化連盟（LID）」という、リベラル系の団体の学生部として設立されたが、トム・ヘイドン（Tom Hayden）をはじめとしたSDSの創設者たちは、一九六二年六月にデトロイト近郊のポート・ヒューロンで行われた全米自動車労働組合の集会において反・反共の声明を発表し、LIDとの相違を鮮明にした。このポート・ヒューロンの集会にはLIDのオブザーバーとしてハリントンが参加し、SDSの学生達を前に意見を述べたが、それが受け入れられることはなかった。「オールド・レフト」であるフックやハウは、共にロシア革命の理想がスターリンによって「裏切られた」ことによってマルクス主義の再検討を迫られたという思想的な試練をくぐり抜けていただけに、未だそのような思想的挫折を味わっていないラディカルなだけの学生達の純粋さに危険性を察知していた。戦闘的な反共主義者となっていたフックは学生達を最初から批判したが、ハウやハリントンは、初めは学生達の「新左翼」と連帯することを考えていた。そこで、SDSの代表者であるヘイドンやトッド・ギトリン（Todd Gitlin）とハウの対話を、ハウの教え子で『ディセント』誌の執筆者でもあり、ギトリンの師でもあったマイケル・ウォルツァー（Michael Walzer）が取りもったが、父と息子のような近親憎悪的な感情のもつれから決裂した、とギトリンは回想している。

SDSからすると、ハウの異議（ディセント）は権力に対してではなくSDSに向けられたものだった。いかに偉そうな口をきいても、ハウ等オールド・レフトは歴史の針路を変えることができなかったことを合理化しようとしている。彼らはアンチヒーローであり、それに反してわれわれは歴史をわれわれが思っている方向に、今世紀のうちに進めようとしているのだ。また、彼らの知識人らしさがSDSの目には活動をおろそかにする態度に見えた。彼らは政治を考える。われわれは政治をやる。(12)

SDSは全盛期には数万人のメンバーを抱え、当時のアメリカの左翼で最も力を持つ団体となった。ジョンソン大統領は公民権法に署名したものの、白人に独占されたミシシッピ民主党に代わって黒人の権利を守るために新たに党大会に参加しようとした「ミシシッピ自由民主党」を党大会から締め出し、また「トンキン湾事件」によってベトナム戦争が泥沼化するきっかけを作ったため、「新左翼」はさらにジョンソンが代表するような「リベラル」に対する不信感を強くした。

公民権運動の次に学生達が目標としたのが、ベトナムの戦争から米軍を撤退させることであった。バークレー校の学園紛争は世界中の大学に飛び火し、また「反戦」は一般民衆や一部のリベラルの支持も集め、社会現象となった。しかし、このベトナム反戦運動は、若者たちによる政治運動としてあまりに「ファッショナブル」になりすぎたために、最終的には失速することとなる。

一九六五年頃からサンフランシスコのベイエリアの学生、若者たちの間にＬＳＤとマリファナが流行し始める。ＬＳＤとマリファナはロックやアートを愛好する若者たちの間に爆発的に広まり、多くの学生たちが「ドロップ・アウト」してヒッピーになった。一九六七年頃にはサンフランシスコのヘイト＝アシュベリーという地区を中心にヒッピーが集まり、サイケデリック・カルチャーが、ロックのレコードやそのカルチャーをセンセーショナルに報じた雑誌などによってサンフランシスコだけではなく、全米、全世界の若者に広がっていった。ラディカルを標榜する学生たちはこのような最新のカウンター・カルチャーを反戦運動に積極的に取り入れ、「メイク・ラブ、ノット・ウォー」といったようなスローガンを用いた。このことは、運動を広めることには役立ったものの、政治運動がいつの間にか文化運動にすり替わってしまったことも意味していた。ギトリンの回想によると、ある時バークレー校の集会で誰かが古い労働歌を歌い始めたがその歌を知っている者は少なく、歌声が広まることはなかったのに、他の誰かがビートルズの「イエロー・サブマリン」を歌い出すとたちまち会場は大合唱になったという。(13) 白人の労働者と学生達が黒人とともに「ウィー・シャル・オーバーカム」を合唱しながら行進した公民権運動の時代は、もはや過去のものとなっていた。

六〇年代末には安価で粗悪なＬＳＤとマリファナが広まっただけでなく、ドラッグの流行が覚せい剤、ヘロインといった身体的に危険で精神的な暴力性を伴うようなものに変わっていき、若者たちを蝕んだ。(14) 社会性を失った若者の運動を嫌った一般の人々が一九六六年のカルフォルニア州知事選で共和党のレーガンを、一九六八年の大統領選で「法と秩序の回復」を訴えたニクソンを選んだ一方で、若者たちは現実的な政治活動から遊離しつつあった。一九六九年頃には「新左翼」の運動は、政治と文化の両面で手詰まりとなる。泥沼化したベトナム戦争に対し業を煮やした「ウェザーマン」と呼ばれる過激派は爆弾テロを繰り返し、またキング牧師暗殺後に過激化した黒人たちの「ブラック・パンサー」と呼ばれる一派も暴力的な抗議行動を繰り返したため、一般の穏健な人々からの支持を失っていった。また、ウッドストックのフェスティバル成功の後に、サンフランシスコ近郊のオルタモントで開かれたローリング・ストーンズの無料コンサートには三〇万人の人々が集まったが、そのほとんどはドラッグ中毒でボロボロになっていたという。そして、このコンサートの臨時保安要員であったギャング集団「ヘルズ・エンジェルス」が、若い黒人ファンを射殺してしまったという事件が起こった。これらの出来事についてギトリンはこのように述べている。

当時の運動のレトリックでは、「われわれ」が生であり、「やつら」が死の文化だった。「やつら」は、その死の欲望をすべて合理的な政治的動機を超えて逆巻き、もはや手の付けようもない怪物〈Amerika〉(意図的に〈k〉で綴っている)だった。運動の中核はユートピア主義者であるとともに、言わばマニ教信者でもあった。われわれの潔癖性の意識は、オール・オア・ナッシング的なものの考え方をもとめ、潔癖がわれわれの原動力となっていた。カウンター・カルチャーのオルタモントにあたるものが学生運動のタウンハウスであった。……それまで革命ムードをかき立てていたのは、輝ける世代の意志によって新たな人類史が展開されようとしているのだという目も眩むばかりに明るい幻想だったが、今となっては雨と降り注ぐ死に対抗して動員しようにも、もはやそれに絶え得る生は残っていなかったのである。(15)

このようにして、結局「新左翼」たちも「オールド・レフト」と同様に挫折を味わうことになったのであった。

ローティの〈九・一一〉以後

アメリカの左翼運動の歴史を辿ると、常に「リベラル」と呼ばれる穏健な社会民主主義的、トロツキスト的な左翼と、よりラディカルな左翼との勢力争いがあったことがわかる。穏健な左翼は「ニューディール」期に民主党の勢力として取り込まれたために、一見すると消滅してしまったかのようにも見えるが、民主党内に取り込まれることによって外部で運動を行っていた時期よりも逆に地道ながらも着実に成果を手に入れることができた、とも言える。一方、ラディカルな左翼は華々しい運動を行ったが、一部の過激派の行き過ぎた行動により一般の人々の支持を失って実質的に社会を動かす力を確保できなかった。もちろん、マッカーシズムによる弾圧の影響も極めて大きかった。このマッカーシズムも含めて、現代アメリカの「左翼」をみる上で、冷戦が存在したこと、しかもアメリカが「反共」側の指導的国家であったことは忘れてはならない。「反共左翼」の存在は、アメリカ左翼の歴史の際立った特徴である。そしてこの「反共左翼」の一部が、後に保守に転じ、「新保守主義」の理論的な支柱として、レーガンやブッシュ親子の政権を支えることになる。ローティ自身も、保守政権を支持することはないものの、先に見たように冷戦の歴史的意義を肯定的に評価している。

ローティは、〈九・一一〉以後のアメリカの対応についても、「テロリストの基地がカンダハル近郊にあるということが多かれ少なかれ真実ならば、アメリカがとった軍事的行動は正当化される」「どんな大統領でもブッシュがしたこととほとんど同じことをするだろうし、もし私自身が大統領だったとしても同じだろうと思う」と述べ[16]、アフガニスタンでのアメリカの軍事行動を肯定している。しかし、ローティ自身は決して「ネオコン」ではない。このような言明は、むしろアメリカのアフガニスタンでの軍事行動を擁護する連名の声明をインターネット上で発表し[17]、論議をまき起したウォルツァーの態度と近いものがある。実際、ローティは、「マイケル・ウォルツァーは私と世代が近く、ブランダイス大学でハウの教え子であったため、現代政治に対する彼の姿勢と私の姿勢はほとんど同一だと考えている[18]」と述べている。ただし、ローティもウォルツァーも、対イラク戦争に関しては批判している。二〇〇三年五月三一日にハーバーマスとデリダは、連名でドイツの『フランクフルター・アルゲマイネ』という新聞にアメリカのイラク侵攻とそれに追随したヨーロッパ諸国を批判する声明を発表したが、ローティもその声明に基本的な点では賛同している[19]。アメリカ国内において、「アフガニスタン」と「イラク」における戦争の意味合いは峻別されており、アメリカ議会では二〇〇三年三月のイラクへの侵攻に対しては、上院で賛成七七、反対二三、下院で賛成二九六、反対一二六と意見が別れているが[20]、二〇〇一年一〇月のアフガニスタン侵攻に対しては、アメリカ議会では上院で全会一致、下院では民主党のバーバラ・リー（Barbara Lee）議員の反対票と一〇人の棄権者を除き、四二〇対一で承認された。日本やヨーロッパにおいては「アフガニスタン」と「イラク」は、ほとんど同じ意味を持っているが、アメリカ国内においては徹底した平和主義者以外のほとんどが「アフガニスタン」に関しては賛成していたというのが実態である。

ローティは、アフガニスタンでの軍事行動を肯定する一方で、ブッシュ政権に対して様々な雑誌記事やインタビューなどで辛辣に批判しており、〈九・一一〉のニュースを聞いてすぐに「なんてことだ、ブッシュはヒトラーが〈ドイツ国会議事堂放火事件〉を利用したのと同じことをするのではないか」と思ったそうである[21]。ローティが恐れるのは、〈九・一一〉の模倣をしたテロリストが、アメリカやヨーロッパのどこかの街でスーツケースに入るような小型の核爆弾を使うようなテロを行うことで、さらにそのようなテロリストは一般市民と見分けがつかないために、政府による警察権や表現の自由への締め付けが強化されることである。現状の世界においては、唯一の超大国であるアメリカが世界の治安を維持する役割を負うことが必要だが、将来的には国連や「地球連邦」のような存在がその役割を担うことが望ましいとローティは考えており、「我々が国際的な警察機構を持っていない限り、世界はアメリカに地球の警察官の役割を担うことを望むだろう。そのような国際的機構を作ることが望ましい到達点であり、もし他の国々が協力してそのような機構を創設することができれば、そのときアメリカは徐々に用心棒としての役割を少なくしていくだろう」と述べている。(22)

ウォルツァーも『ディセント』誌の執筆者として「オールド・レフト」に近い立場を取り続けてきたが、彼らのこのような態度は、一九三〇年代の反スターリニズムを掲げたトロッキー寄りの左翼の人々にルーツがあり、ヒトラーやスターリンの全体主義と積極的に戦ってきた人々の伝統を受け継いでいるからである。「左翼」を自称してきたウォルツァーやローティが突然「アフガニスタン」の戦争を肯定したことでヨーロッパや日本の知識人たちは困惑したが、本章において論じたローティの「左翼論」や、アメリカの左翼運動史を鑑みれば、ウォルツァーやローティがこのような態度を採ることが自然な流れであったということがわかる。「戦争」には無条件で反対する「ニュー・レフト」的な価値観を通過した現代の左翼の人々からすると、それは「左翼」とは呼べないような立場に思えるかもしれない。だが、歴史的な変遷からローティのように柔軟な意見を持つ「左翼」も存在するということは、少なくとも理解しなければならない。そうした理解は、今後の日本における「左翼の復権」のあり方を考える上でも大いに示唆に富むのではないか。

二〇〇八年の大統領選挙によって民主党のオバマ大統領が誕生した。現段階では、発足したばかりのオバマ政権に対する評価を下すことは難しいが、彼が演説において用いた「希望」や「連帯」には、アメリカの「リベラル」の立場を志向し、その伝統を受け継ごうとする姿勢が窺える。アメリカの左翼にたいする考察は、今後のアメリカの方向性を占う意味でも重要となろう。

注

(1)「左翼」と「右翼」の語源は、フランス革命後の議会で、議長席から見て向かって左側に急進的な「ジャコバン派」、右側に穏健派の「ジロンド派」が座っていたことに由来するとされる。

(2)Richard Rorty, *Achieving our country : leftist thought in twentieth-century America.* Cambridge. 1998. p. 14.『アメリカ未完のプロジェクト——二〇世紀アメリカにおける左翼思想』小澤照彦訳、晃洋書房、二〇〇〇年、一四—一五頁。

(3)*Ibid.*, p. 75. 八〇頁。

(4)「文化左翼」は、アメリカ人にとっての「他者」を研究し始めたが、それが「カルチュラルスタディーズ(cultural studies)」と呼ばれる研究につながった。S・コリニ(Stefan Collini)はアメリカにおける「カルチュラルスタディーズ」とは「犠牲者研究(victim studies)」を意味していると論じたが、ローティもそれは核心をついていると述べている。

(5)*Ibid.*, pp. 85-86. 九一—九二頁。

(6)*Ibid.*, p. 99. 一〇五—一〇七頁。

(7)Michael Harrington, *Socialism.* New York, 1972. p. 252.『社会主義の展望——高度工業化社会の時代に』飯田健一・谷枡樹訳、東京創元社、一九七七年、二二七頁。

(8)*Ibid.*, p. 133. 五八頁。

(9)「ニューヨーク知識人」に関しては、堀邦維『ニューヨーク知識人——ユダヤ的知性とアメリカ文化』彩流社、二〇〇〇年を参照。

(10)黒人も白人と同様に有権者として登録することは可能であった。しかし、黒人にのみ読み書きテストが課されており、またＫＫＫ団などの脅迫によって有権者登録をする人数は限られていた。黒人が本格的に有権者登録をするようになるのは、公民権運動の後に読み書きテストが廃止されるようになるのを待たなければならない。

（11）Richard Rorty, *Achieving our country*, pp62-63. 六八頁。

（12）Todd Gitlin, *The Sixties; Years of Hopee, Days of Rage*, New York, 1987, (Bantam revised trade edition, 1993), pp. 173-174.『60年代アメリカ——希望と怒りの日々』疋田三良・向井俊二訳、彩流社、一九九三年、二四五頁。

（13）*Ibid.*, p. 209. 二九七頁。

（14）ビートルズのメンバーの一人、ジョージ・ハリソンは、ヘイト＝アシュベリーを訪問した時、数千人のドラッグ中毒の若者に囲まれて身動きがとれなくなったという体験をした。その時のことを次のように述べている。「実際に行ってみるとドラッグ漬けになったニキビ面のドロップ・アウトたちがゾロゾロいるばかりでそのおぞましさを見たら僕はいっぺんに嫌になった。浮浪者や落ちこぼれが溢れていた。その多くはまだ年端も行かないやつなのにみんなＬＳＤをやっている。アメリカ中からこのＬＳＤのメッカに集まってきているわけさ。……あれではっきりとドラッグカルチャーの現実がどういうものかわかった。僕が思っていたようなもの、精神を覚醒させ、芸術性を促す、そういうものではなかった。ヘイト＝アシュベリーの人は本当におかしくなっていたよ。あれを見て僕は気づいたんだ、これは間違ってるって。」（『The Beatles アンソロジー』ザ・ビートルズ・クラブ監修訳、島田陽子／野沢玲子／マッケンジー・スミス訳、斎藤早苗監修、リットーミュージック、二〇〇〇年、二五九頁）

（15）Gitlin, *The Sixties*, pp. 407-408. 五七三頁。

（16）Richard Rorty (edited by Eduardo Mendieta), *Take care of freedom and truth will take care of itself : interviews with Richard Rorty*. California, 2006. p. 115.

(17) http://www.americanvalues.org/html/what_we_re_fighting_for.html

(18) Richard Rorty, Derek Nystrom, Kent Puckett, *Against bosses, against oligarchies : a conversation with Richard Rorty*, Charlottesville, Va, 2002, p. 9.

(19)『ディセント』誌二〇〇三年秋号「屈服か、連帯か？（Humiliation or Solidality）」参照。

(20) アメリカ議会の決議結果は（http://clerk.house.gov/evs/2002/roll455.xml、http://www.senate.gov/legislative/LIS/roll_call_lists/roll_call_vote_cfm.cfm?congress=107&session=2&vote=00237）などを参照。民主党内では賛否が別れており、共和党内でも数人の反対者がいる。ヒラリー・クリントンは賛成票を投じており、そのことが二〇〇八年大統領選挙民主党予備選挙の争点の一つとなったが、アフガニスタンに対する態度が問題とされることはなかった。

(21)『プログレッシヴ』誌二〇〇七年六月号のインタビュー記事「リチャード・ローティの最後の言葉（Last Words from Richard Rorty）」より。ダニー・ポステルという人物によって行われたインタビューはローティが亡くなる二週間前のもので、インタビュアーが後日いくつかの補足の質問を送ったところ、ローティ夫人からローティの体調がかなり悪くなったとの返事があったそうである。

(22) Rorty, *Take care of freedom and truth will take care of itself*, p. 115.

第9章　ローティによる道徳思想の再生

現代において、何らかの形で道徳を語ること、特に哲学的な文脈から道徳を語ることは極めて困難になっている。グローバル化は様々な文化や価値観を出会わせるが、それらの中には互いに相容れないものも多く、例えば先進国への途上国からの移民に対する政策が生み出す軋轢のように、人々の間に不協和音を奏でる要因となっている。また、哲学的な「ポストモダン」化は絶対的なものへの不信感を生み、価値の相対化を招き、社会全体、あるいは人類全体に共通するような普遍的な正しさは存在せず、それぞれの個人にとっての私的な正しさのみが存在するとも思えるような状況になっている。

しかしだからといって、いかなる道徳もなしに社会は存立し得るだろうか。あるいは、いかなる道徳なら現代においても存立し得るのだろうか。ローティの道徳論は、まさにそのような状況に応答しようとするものである。本章では、まずローティ自身が様々な著書や論文で述べている道徳論を統合的に整理し、続いて多くの論者が問題にしている、ローティの道徳論とヒュームに代表されるスコットランドの道徳哲学との類似点と相違点を考察し、最後にプラグマティックな道徳論としてのローティの思想の現代的な意義を探ることを目的としている。

ローティの道徳論

分析哲学の研究者としてキャリアをスタートさせたローティは、一九七〇—八〇年代の諸論文、特に一九八九年の著作『偶然性・アイロニー・連帯』を境に、主な関心の領域を政治思想へとシフトさせていった。ローティの議論において道徳が本格的に論じられるようになったのも、この時期である。『偶然性・アイロニー・連帯』における主要な議論は、「公」としての自由主義、民主主義と、「私」としての哲学——ローティが言うところの「アイロニカルな哲学」——とを区別することによって、私的には近代的価値観に疑問を抱くような思想を持っていても、公的に近代的な市民社会の制度を受け入れ参加できるような「リベラル・アイロニスト」という現代的な人間像を提示するものであった。そして、その考え方は道徳論にも当てはめられる。

ローティによると、「リベラル・アイロニスト」は、唯一の真理が実在するというプラトン＝カント的な哲学とは異なり、個人の「良心」は、普遍的な必然性を持つものではなく、生まれ育った文化的環境によって育まれた偶然的なものと見なしている[1]。しかし、もしローティの言うように良心が偶然的なものにすぎないとすれば、社会において道徳は形成されないのではないだろうか。だが、ローティによれば、社会における道徳は、他者の残酷さや苦痛に対する共感（sympathy）によって人々が連帯し、その残酷さや苦痛をできるだけ減らそうとすることによって形成されるのである[2]。

このような考え方はたしかにカントの道徳哲学とは相容れない。カントによれば、理性的な人間ならば誰もが持つものが「道徳性」であり、個々人の非合理的で感情や情緒に基づくのが「思慮＝怜悧」であるが、ローティはこの区別自体を批判するのである。この区別を前提とすれば、自分から見て到底「理性的」とは言い難いような奇抜な慣習を持っている他者であれば、「人間」ではなくなってしまうからだ。実際、かっての近代の西洋人は、「未開」の人々を「人間」扱いしなかったり、彼らを「啓蒙」するとして西洋の文化を無理矢理押し付けたりしてきたのではなかったか。だからこそ、ローティは、道徳を「理性」という観点から考えることをやめるべきだとする。そして、セラーズの議論を援用し、「われわれ－意図（we-intensions）」という考え方、すなわち「われわれ」という意識がどの範囲に及ぶのかを問題にする。(3)

カント的な普遍主義によれば、家族や親しい友人と同等に地球の裏側の遠い異国の住人に対しても（それが「人間」として識別されるかぎりで）親しく接しなければならない、という道徳論になる。それに対し、「感情」や「われわれ」という意識によって道徳が形成されれば、当然、遠い異国の見知らぬ人々が苦しむ残酷さよりも、身近な家族や友人のささいな苦痛の方が気になるだろうし、同じ街に住むホームレスの餓えよりも、自分の家のペットの餓えの方が気にかかるということがありうるだろう。

ローティによると、そのような道徳が拡がりを持つには、「われわれ」という意識を拡げる以外にない。そしてそれは、「感情教育（sentimental education）」によって、より遠くの人々の残酷さや苦痛に対する「共感」を持つことを通じて可能になるのである。(4)

基礎づけ主義者たちはこういう人たち（道徳的に悪と思われる人たち）を真理、つまり道徳的知識を剥奪された人たちとして見る。しかし、より具体的に、安全と共感を剥奪された人たちと見るほうが良いだろう。……ここで言う共感とは、アテナイの人々がアイスキュロスの作品『ペルシャの人々』を見た後により多く示すようになった反応、またはアメリカの白人たちが『アンクルトムの小屋』を読んだ後に以前よりももっと示すようになった反応、またはボスニアでの集団殺害をテレビ番組で見た後に私たちがもつようになる感情のことである。[5]

つまり、そうした「感情教育」は、残酷さと苦痛を表現する「物語」によって成し遂げられる、というのである。[6]

（他の人間存在を「彼ら」というよりもむしろ「われわれの一員」とみなすようになるという この過程は）理論によってではなく、エスノグラフィ、ジャーナリストによるレポート、漫画、ドキュメンタリー・ドラマ、そして特に小説といったジャンルによって担われる任務なのだ。……以上のことが原因となって、道徳上の変化と進歩を伝達する手段における主役の座が、説教や論文から小説、映画、テレビ番組へと徐々にではあれ確実に移ってきている。[7]

このように、ローティは「感情教育」のための「物語」の力を強調する。そして、ローティは、カントの『道徳形而上学原論』や『共産党宣言』、あるいは『聖書』のような絶対的な正しさが書かれているとして読まれてきた書物をも、『アンクルトムの小屋』と同様に、「物語」として読むことを提案する(8)。

ローティによると、道徳において「正義（justice）」と「愛着（loyalty）」との間には常にジレンマが存在し、人々はその間で常に揺れ動く。私たちがもし警察に追われるようなことがあれば、家族に匿ってもらうように頼むだろう。もし、両親や子供が罪に問われたとしても、やはり助けようとして偽のアリバイを証言するかもしれない。しかし、その偽証によって無実の他人が誤認逮捕されることがあれば、私たちは「正義」と「愛着」の間で引き裂かれるだろう(9)。あるいは、たくさんの子供を持つ両親が核戦争の直後に地下室に備蓄してある食料（それは一―二日分の量である）を隣人と分かち合うことができるのか、あるいは銃を持って追い返すのか、といったことも同様のジレンマである。

こうしたジレンマを前にカント主義者は、「理性」と「感情」を区別し、だからこそ「理性」だけが普遍的な道徳を打ち立てることができる、と考えるのである。しかしローティは、こうしたジレンマは常に生じ得ることを前提とした上で、より広範囲に広がる「正義」を、より広範囲に広がった「愛着」として考えるのである。そしてローティによれば、カント的な道徳哲学から離れた現代の哲学者たち、ヒューム的道徳論者のベイヤー、ヘーゲル的道徳論者のテイラー、アリストテレス的道徳論者のマッキンタイアーのいずれも、基本的には同じ方向を向いている。

なかでもローティが最も反カント的な道徳哲学者として位置づけているのがデューイであり、「カント vs デューイ」という論文までである。

この論文でローティは、近年の英語圏における哲学、とくに分析哲学的な倫理学の学説は、専門家以外に伝達不可能なほどに複雑になりすぎていると指摘する。[10] そのような学説は、博士号の取得には役立つが、日常生活において実際に道徳的決断に迫られるような場面で役に立つようなものではない。デューイの道徳論の意義はここにこそある、とローティはみている。[11]

カントの道徳論においては、「なぜ私は道徳的でなければならないのか」という問いが、「いかなる道徳性を私は持つべきなのか」という問いに常に先立って問われる。それに対し、デューイの道徳論においては、単に「私はできる限りの悪の行為や、死ぬことよりも最悪な行為を考え続けることができるのか」とだけ問われることになる。確かにカント的な観点から見ると、これでは歴史的偶然性によって形成された様々な共同体や価値観に左右される相対的な道徳にすぎないということになるが、[12] 道徳性を「より大きな愛着としての正義（justice as larger loyalty）」としてみる、デューイとローティの道徳論からすれば、それも当然なのである。ここには、道徳秩序を、流動的で常に変化するものとみる、デューイにおけるダーウィン的な発想も確認できるだろう。

ローティとヒューム的な道徳思想

冒頭に述べたように、ローティの道徳思想とヒュームのそれとの類似を指摘する意見は少なくない。C・J・ヴォパリル（Christopher J. Voparil）とM・ウィリアムズ（Michael Williams）はともに、ローティは『偶然性・アイロニー・連帯』以後、ヒューム的転回を遂げていると主張する。[13] ローティがヒュームを「プラグマティスト」あるいは「可謬主義者」とみなし、そこにローティ自身が思想的な類似性を感じている、というのである。[14] この議論は本当に妥当するのだろうか。実際、ローティ自身も、ヒュームとの類似性を様々な箇所で表明している。

アネット・ベイヤーは現代の主導的フェミニスト哲学者の一人であるが、自分の手本としてデイヴィッド・ヒュームを取り上げる。ヒュームがすすんで情緒を、いやそれどころか感傷を、道徳意識の中心とみなしているという理由で、ベイヤーはヒュームを「女性のための道徳哲学者」として称賛する。[15]

ラボッシと私は、人権基礎づけ主義は時代遅れだと考えているが、それが正しいとすれば、……ヒュームの方がカントよりはよい助言を与えてくれる。……なぜなら、ヒュームは「法を見分ける理性よりは、矯正された（あるときはルールを修正された）共感のほうが道徳的能力にとって大切だ」と信じていたからである。[16]

もし、私たちがヒュームの助言に従えば、ポストモダンの苦悩から逃れるのに無条件の義務（というカント的考え方）について語ることをやめるだろう。[17]

以上の引用では、(二つ目と三つ目の引用のなかでは省略してあるが)いずれもベイヤーによるヒューム論が引き合いに出されている。つまり、ローティのヒューム理解は、ベイヤーの『道徳の先入観(*Moral Prejudice*)』や『感情の進歩――ヒューム人性論の省察(*A Progress of Sentiments : Reflections of Hume's Treatise*)』などの著作やその他の諸論文に拠っているわけである。

確かにいくつかの重要な点でローティとヒュームが類似した考え方を持っている。それはとりわけ「共感」をめぐってである。前述したように、ローティは他者の残酷さと苦痛への共感が道徳性の要だと考えているが、ヒュームもまた「共感」を道徳の支えの一つとして重視したことはあまりに有名である。

次に問題になるのは、その「共感」の中身であるが、ヒュームは、われわれは人間本性の原理の一つとして「同類感情(fellow-feeling)」を持っており、他者が安楽や幸福を感じているのを見る時は自分もその気分に共感して快楽を感じ、あるいは他者の涙や叫びや呻きを見ると自分もその苦痛に共感して憂鬱や憤慨を感じると論じている。[18] ヒュームがこうした議論を展開するのは、合理主義的な道徳哲学、道徳実在論を批判するためである。ヒュームは、「知覚」を「観念」と「印象」に区別するが、「道徳」は「観念」ではなく「印象」に由来する、という。ヒュームによれば、例えばユークリッドの幾何学の「理論」は「観念」によって理解されるが、その円や図形の「美しさ」は「印象」によって理解される。そして、もし「道徳」が「観念」によって理解されるとするならば、道徳的観念は人間以外の世界にもそのままの形で通用しなければならない。だが例えば、若木が親木よりも高くなり親木を滅ぼしてしまう場合、これは、母を殺害したローマ皇帝ネロと同じ関係にあり、果たして両者に同等の道徳的悪が存在するのか、とヒュームは問う[19]。それゆえに「道徳」は「理性」から区別された「趣味（taste）」によって問われるような、「感情的・美的な問題」だ、とヒュームはみなすのである。

ローティの場合、必ずしも「理性」と「感情」をこれほど厳密に区別しないので、ヒュームのように「感情」だけが「道徳」であるとまでは述べていないが、カント的な道徳哲学を批判し、「感情」を重視したのは確かである。以上のような議論を見れば、ヒュームもまた反カント的な道徳観を持っていたのは明らかである（ヒュームの方がカントよりも年上なのだが）。

彼らと同じように、ニーチェもカント的な道徳哲学を激しく批判したが、ローティは、プラグマティストとして、ニーチェの言い分を部分的に認めつつも、「道徳」は一種の社会的構築物であり、「道徳」の根底に哲学的な合理性がないからといっても、それは、「道徳は存在しない」ということとは別問題である、と論じている[20]。

ヒュームと同じように「共感」の問題として「道徳」を論じるローティだが、次のような議論は、先のヒュームとは異なった観点に立っている。

苦痛が問題の全てだとするなら、ユダヤ人をナチスから護ることに劣らず、ウサギをキツネから保護することも重要なことになろう。[21]

ローティによれば、我々がウサギよりユダヤ人を重要に思うのは、「苦痛」を受けている両者を比較する場合、ウサギよりもユダヤ人の方により自らとの「共通性」があると思うからである。[22] そのような「共通性」は、一挙に抽象的に普遍性に訴えることによって存在するのではない。「例えばアラバマ州のある特定の村における黒人と白人の差異やケベック州のある特定のカトリック協会における同性愛者とそうでないものの差異を最小化したいという希望、そういう集団を千もの細々とした縫い目で縫い合わせていく、あるいはその共通性に訴えるという希望を持つというよう」[23] に具体的な個々の差異を乗り越える形で拡げられるものなのである。またローティは、ヒュームと異なり、「理性」と「感情」を完全に排他的なものとして峻別はせず、いわばダーウィン的な視点から、「理性」を「動物的知性や感情が高度に進化し複雑化したもの」と考えていることがわかる。[24]

ヒュームが、社会において道徳的な美徳は有用であり、それを増大させることは効用性（utility）を持つと考えているのに対し、ローティは、道徳性の向上とは残酷さと苦痛を減少させていくことでしかない、としている。ヒュームが、人間に特有の「感情」に基づく道徳性は「人間本性」として存在する、と考えるのに対し、ローティは、人間は、哲学的な本性（nature）としてではなく、ダーウィン的な自然（nature）として、苦痛に対する「共感」という感受性を持つ、としている。したがって、ローティによれば、人間の「共感」の対象は、必ずしも「人間」に限定されない。こうしたヒュームとローティの差異は、決して無視し得ない大きなものである。[25]

道徳論において、ローティとヒュームの比較は度々なされてきたが、他のスコットランド道徳哲学者との比較はあまりない。しかし、ローティの道徳論がヒュームのそれと比較し得るのであれば、当然他の道徳哲学者、すなわちフランシス・ハチスン(Francis Hutcheson)やアダム・スミス(Adam Smith)との比較も有意義であろう。

ハチスンもスミスも、ヒュームとローティと同様に「道徳」は「理性」ではなく「感情」に源泉があるという意見で一致している。ハチスンはそのような「道徳感情論」の先駆者であり、「最大多数の最大幸福」を述べた最初の人物でもある。しかし、ハチスンは「自愛」と「仁愛」をはっきりと区別し、前者ではなく後者が道徳の基礎となるとしたうえで、「仁愛」としての「共感」は生まれつき人間に備わっているとした。このハチスンの思想は、ヒュームとスミスに受け継がれ、さらに展開され、「共感」は、ハチスンの道徳論における以上にさらに重視されるようになる。

スミスは、想像力によって他者の立場に立ち、その境遇に自分があることを想像し、その感情が自らと一致する場合は是とし、一致しない場合は非とするという考えを基本にしているが、「立場を入れ替える」という能動性においてヒューム以上に「共感」に積極的な意味合いを与えている。このようなスミスの道徳論は、ヒューム以上にローティに近いと言えるかもしれない。しかし、スミスは、他者の是非、すなわち「適宜性(propriety)」を判断するのに、自身の胸中にある「中立的な裁判所」「公平な観察者」としての「良心(conscience)」に訴えるとしている点[26]において、やはりローティとは異なっている。ローティの道徳論には、そのような第三者的な審判は存在せず、中立的な視点から何かを裁くことはできない、というのがローティの「自文化中心主義（エスノセントリズム）」の立場だからである。

とはいえ、総じてローティの道徳論とスコットランド道徳思想には、親近性があると言えるだろう。そんななか、とりわけヒュームとローティの比較が論じられるのには、ヒュームの「穏健な懐疑主義」とローティの「アイロニー」が「可謬主義」という点で一致しており、そもそも哲学的親近性があり、また英米圏においてスコットランド道徳哲学者の中でハチスンとスミスと比べて、ヒュームが「あまりにも名声を与えられすぎたし、彼の重要さが誇張され」、三者の「優劣に関する通常の評価に見られるアンバランスが存在する」(27)ということも原因になっていると考えられる。(28)だが、ヒューム以上にローティが重要な道徳哲学者として見ているのは、デューイである。そのデューイは、「単一の、最終的で、究極的なものへの信仰」ではなく「変化し運動する個別的な善や目的が数多くあるという信仰」を重視する。(29)

> 二度と動かぬ固定した目的としての健康でなく、必要な健康の増進――という継続的な過程――が目的であり善である。目的はもはや到達すべき終点や限界ではない。目的というのは現在の状況を変えていく積極的な過程なのである。究極のゴールとしての完成ではなく、完成させ、仕上げ、磨き上げる不断の過程が生きた目的である。健康、富、学識と同様、正直、勤勉、

克己、正義なども、これらを到達すべき固定的な目的と考えた場合と違って、所有すべき善ではない。それらは、経験の質的変化の方向なのである。成長そのものが、唯一の道徳的「目的」である。(30)

これは、カントに代表される「目的論」的な形式の道徳哲学に対する批判でもある。しかし、デューイは、ローティやヒュームのように必ずしも「苦痛」に対する「共感」というものをとりわけ重視しているわけではない。確かにデューイも「苦痛」に対する「共感」の道徳性の効用を認めるが、むしろそれが家族や友人、身近な人をこえて広がることはまれであるということを問題にする。(31) そしてそれが、ローティ自身も認識し、ヴォパリルも指摘している「共感の限界」の問題なのである。

ここでデューイについて少し付言しておきたいのは、功利主義を高く評価している点である。デューイは、功利主義は「人間を外的な法則に従わせるのではなく、法則を人間の幸福に従わせる」ようにし、「超自然的、彼岸的な道徳に反対」することによって「最高のテストとしての社会的福祉の観念を人間の想像力のうちに植え付けた」という評価を与えている。(32) また、デューイは、ベンサムの功利主義における「快楽」の計算という考え方に関しては、「快楽とは単純に量に還元できるものではない」として批判する一方、ミルによる「満足する豚よりも不満足な人間である方がいっそう良い。満足な愚者であるよりも、不満足なソクラテスである方がいっそう良い」という形で表された「快楽の質の区別」は高く評価している。

先に述べた「共感の限界」の問題は、ローティの道徳思想にとってなかなか深刻な問題である。クワインの哲学が述べるように、われわれは手持ちの文化から出発し、航海中の船を洋上で修理し続けなければならないとしても、自己の文化を少しでも超え出られる保証はどこにもない。「自文化中心主義（エスノセントリズム）」を言い訳に、相容れない他者との交流を拒絶することを、ローティの思想は否定できないのである。また、あまりに「道徳」の源泉を「感情」にみることにも同様の問題があることは指摘しておかなければならない。

ローティの人権論

では、ローティの道徳論は、具体的な問題をめぐって、実際どのように展開され得るだろうか。一九九三年に行われた「オックスフォード・アムネスティ・レクチャーズ」における講演、「人権、理性、感情（Human Right, Ration, Sentiment）」にローティは出席している。ここでは、他にロールズも「万民の法（The Law of People）」を発表し、同時代のボスニア・ヘルツェゴビナの内紛における数々の残酷な人権侵害が伝えられる中、各講演者はそれぞれ真摯に「人権」と向き合った講演を行っている。

ローティはここで、「ボスニアでなぜセルビア人が同じ人間であるムスリムに対してかくも残虐な行為をし得るのかを問題とした。それは、セルビア人がムスリムを自らと同じ「人間」として見なしておらず、「人間と動物との境界線が羽のない二足動物とその他のすべての動物との間にあるのではなく、一部の羽のない二足動物とそれ以外との間にあると考えており、人間の形をして歩き回っている動物がいる」として見ているからだろうと論じている。[33] 実際、歴史上、このように「人間」が同じ種の動物を自分たちと同じ「人間」と見なさなかった例はいくらでもある。ユダヤ人に対するナチ、黒人に対するかつてのアメリカや南アフリカの白人、女性に対する男性、同性愛者に対する異性愛者の態度は、多かれ少なかれ、ムスリムを同じ「人間」と見なさないセルビア人のそれである。

では、なぜそのような事態が起こるのだろうか。ローティによれば、その究極の原因は「プラトン－カント的」な西洋の哲学における伝統、デリダが言うところの「男根－ロゴス主義的(phallogocentrism)」な形而上学の伝統にある。「プラトン－カント的」な哲学においては、人間は、「理性」を持つことにおいて他の動物と区別される。そして、そこから論理の転倒によって「理性」を持っていないとすれば「人間」ではない、という議論が出てきてしまう。さらに厄介であり、皮肉なのは、「人権」の擁護自体が、往々にして、こうした「人間」を前提としている点である。そのような「人間」観を、ローティは、「人間」と「動物」を存在論的に区別しないダーウィン的視点から批判している。

このようなジレンマを前にして、ローティは、「人権」とは、様々な歴史的な経験から人間が築き上げた一つの「文化」であるという独特な「人権論」を展開している。[34]

「人間を他の動物と区別しているものは何か」という問いに対して、「人間は知ることができるが、他の動物は感じることができるだけだ」と考えるのを止め、(その代わりに)「人間は他の動物よりもはるかによく感情を理解し合うことができる」と言い換えれば、私たちはキリストが示した「愛は知識に勝る」とする考えと、真理を知ることは人間を自由にすると考える新プラトン主義の示唆のもとから解放される。(35)

このような主張には、当然、結局それでは「非合理主義」で「相対主義」で、「人権」を擁護しなくてはならない根拠とはなり得ない、という批判がなされるだろう。

ここにおいてこそ重要となるのが、先に述べた「物語」であり、『聖書』『道徳形而上学原論』『共産党宣言』をも、「真理」が書かれているものとしてではなく、『アンクルトムの小屋』のように「物語」として読むべきだとローティは言うのである。

そこで次章では、ローティによる「物語論」の射程を探ってみたい。

注

(1) Richard Rorty, *Contingency, Irony, Solidarity*. Cambridge, 1989. p. 46.『偶然性・アイロニー・連帯』齋藤純一・山岡龍一・大川正彦訳、岩波書店、二〇〇〇年、一〇一頁。

（2）*Ibid.*, p. xv. 五―八頁。

（3）*Ibid.*, pp. 59-60, 194-195. 一二六―一二七頁、四〇四―四〇五頁。

（4）Richard Rorty, "Human Right, Ration, Sentiment" in *Truth and progress* Philosophical papers volume 3. Cambridge. 1998. p. 176. ジョン・ロールズほか著、スティーヴン・シュート／スーザン・ハーリー編『人権について』中島吉弘・松田まゆみ訳、みすず書房、一九九八年、一五一頁。

（5）*Ibid.*, p. 180. 一五七頁。

（6）ローティは左翼論において自国の負の部分ばかりを強調する議論を批判している。しかし、ある種の残酷さを暴露する物語は否応なく自国の負の部分に注目させるだろう。例えばローティがよく例に挙げる『アンクルトムの小屋』を読んだ後、アメリカの白人は自国の歴史にも自己嫌悪を感じないだろうか。ベトナム戦争で行われた数々の残酷さは、物語（映画やドキュメンタリーなども含める）の格好のネタになるが、それらを見たアメリカ人は以前ほど戦争の意義を感じなくなるのではないだろうか。ローティの言及する「愛国心」とは、何よりも自らの立脚点としての国家への所属を受け入れよというものであり、単純な自国賞賛、他国排除の発想では決してない。しかし、「物語」による「感情教育」が、時としてローティの意図とは逆に、過剰な「愛国教育」となる危険性があることも指摘しておかなければならない。

（7）Rorty, *Contingency, Irony, Solidarity*, p. xvi. 八頁。

（8）Rorty, "Human Right, Ration, Sentiment", pp. 183-184. 一六二頁。『道徳形而上学言論』『共産党宣言』『聖書』などを「物語」として読むとは、価値の一元論ではなく多元論の立場に立つことを意味するが、この立場からすれば、何かを「正しい」として肯定し、何かを「悪」とする道徳は、「自文化中心主義（エスノセントリズム）」的にしか語り得ない。というのも、多元論的でありながら、同時に「自文化中心主義（エスノセントリズム）」的でもないならば、道徳については一切口を噤む「相対主義」に陥るほかないからである。

(9)Richard Rorty, *Philosophy as a Cultural Politics*. Cambridge, 2007. p. 42.
(10)*Ibid.*, p. 184.
(11)*Ibid.*, p. 188.
(12)*Ibid.*, p. 199.
(13)Cristopher J. Voparil, *Richard Rorty : Politics And Vision* (20th Century Political Thinkers). Lanham. 2006 p. 91, Michael Williams, "Rorty on knowledge and truth" in *Richard Rorty* (edited by Charles Guignon, David R. Hiley) .Cambridge, U.K. ; New York, 2003, p. 69.
(14)Voparil, *Richard Rorty*, p. 94, Williams, "Rorty on knowledge and truth", p. 76.
(15)Richard Rorty, *Philosophy and social hope*. London, 1999. pp. 75-76.『リベラル・ユートピアという希望』須藤訓任・渡辺啓真訳、岩波書店、二〇〇二年、一六〇頁。
(16)Rorty, "Human Right, Ration, Sentiment", pp. 180-181. 一五八頁。
(17)Rorty, *Philosophy as a Cultural Politics*, p. 187.
(18)David Hume, *An enquiry concerning the principles of morals* (a critical edition. edited by Tom L. Beauchamp. Oxford : Clarendon Press ; New York : Oxford University Press, 1998.) 1751, p. 109.『道徳原理の研究』渡部峻明訳、晢書房、一九九三年、六八—六九頁。
(19)*Ibid.*, p. 162. 一六五頁。
(20)Rorty, *Philosophy and social hope*, pp. 84-85. 一七四—一七五頁。
(21)*Ibid.*, p. 86. 一七七頁。
(22)しかし、本文中でも指摘しているように「われわれ」や「親しみ」の観点からすると、見知らぬユダヤ人よりも、自分の家族同様なペットのウサギの方が、重要性が高くなるという可能性はある。
(23)*Ibid.*, p. 87. 一七八頁。
(24)ヒューム自身もまた「共感」による道徳が生み出す不公平さに気付いていた。「共感はわれわれ自身に対する関心よりもはるかに弱いこと、またわれわれから遠くに離れている人物に対するそれよりもはるかに弱いことを、われわれは認めるであろう。」(Hume, *An enquiry concerning the principles of morals*, p. 116. 七九頁)

(25) もちろん、ヒュームの自然観にダーウィン的な発想の萌芽を見て取ることもできよう。

(26) Adam Smith, *The theory of moral sentiments*, (edited by Knud Haakonssen. Cambridge, U.K. ; New York ,2002.) ,1759, pp. 169-170.『道徳感情論　上・下』水田洋訳、岩波文庫、二〇〇三年、二四八—二四九頁。

(27) Vincent Hope, *Virtue by consensus : the moral philosophy of Hutcheson, Hume, and Adam Smith.* Oxford : Clarendon Press New York : Oxford University Press, 1989, p. 3.『ハチスン、ヒューム、スミスの道徳哲学——合意による徳』奥谷浩一・内田司訳、創風社、一九九九年、六頁。

(28) そもそも哲学的な基本的相違にもかかわらず、ローティや他のプラグマティストが、スコットランド道徳哲学との共通性に注目するのは、合理主義的な道徳哲学が行き詰まりを迎えたと彼らが考えているからであり、カント的な道徳哲学に乗り越えられ傍流に甘んじてきた思想を彼らが復活させたのだが、『哲学と自然の鏡』におけるヒュームの扱いを見てわかるように、ローティですらその重要性を意識していなかったほどであった。

(29) John Dewey, *Reconstruction in Philosophy*. in The middle works, 1899-1924; edited by Jo Ann Boydston ; with an introd. by Joe R. Burnett ... [et al.]. Carbondale : Southern Illinois University Press, c 1976-c1983. 1920, pp. 172-173.『哲学の改造』清水幾太郎・清水礼子訳、岩波文庫、一九六八年、一四二頁。

(30) *Ibid.*, p. 154. 一八一頁。

(31) John Dewey, *Ethics*. in The later works, 1925-1953 ; edited by Jo Ann Boydston, associate textual editors, Patricia Baysinger, Barbara Levine ; with an introd. by Sidney Hook, with a new introd. by John Dewey, edited by Joseph Ratner. Carbondale : Southern Illinois University Press London : Feffer & Simons, c1981-c1990. 1932, p. 235.『デューイ＝ミード著作集　10』河村望訳、人間の科学新社、二〇〇二年、

一三六頁。

(32) Dewey, *Reconstruction in Philosophy*, p. 183. 一五七頁。

(33) Rorty, "Human Right, Ration, Sentiment", p. 168. 一三八頁。

(34) ローティは人権を「文化」と考える説をアルゼンチンの法律家、哲学者であるエドゥアルド・ラボッシ（Eduardo Rabossi）という人物から借用している。ローティは道徳や人権に関して論じる時に、「合理性」を（rational）よりも（reasonable）というように捉えた方が良いとするロールズの考え方に同意している（論文「より大きな愛着としての正義」を参照）。

(35) *Ibid.*, p. 176. 一五〇頁。

第Ⅴ部　ローティの現代的意義

第10章　「真理」の物語論的転回

ここまでローティの思想を概観的に検討してきたが、最後にその思想の意義を、これまでよりもさらに深く踏みこんだ観点から考えたい。ローティの思想を総合的に研究するにあたり、筆者が最も重要視したいのは「物語」という言葉である。「物語」とは、ローティの著作の中に頻繁に出てくる言葉の一つではあるが、かといって必ずしもローティ自身はこの言葉を中心にして自らの思想を展開しているわけではない。しかし、一人の読者の立場からすると、またとりわけローティの思想の今日的意義を考えようとする場合、この「物語」こそ、最も重要に思われるのである。

プラトン以来の西洋形而上学の伝統において、いかなる言説も普遍的な正しさ、一〇〇パーセントの正しさを保持し得ないのであれば、その言説は、「真」とは呼び得ないような真理観が形成され、これが長らく強固に存在してきたわけだが、徐々にそのような真理観も解体されていった。本書でこれまで見てきた、また何よりもローティ自身が経てきた「言語論的転回」から「解釈学的転回」への道がそれである。だが、従来の真理観が崩壊した後の「ポストモダン」的状況は、多くの場合、「だから真実など、どこにも存在しない」といった極端な相対主義を生み出すだけだった。では、「真理」「真実」として信じられるものは、本当にどこにも存在しないのだろうか。この文脈で意義を持つのがローティの言う「物語」である。

ローティは、一〇〇パーセントの「正しさ」を保持しなくとも、それに近い「正しさ」を保持していれば、それを「真理」として信用しても良いのではないか、つまり「物語」を極めて積極的に肯定する。ローティは、「真理」を、客観的な「事実」においてではなく、「事実」とは必ずしも対応していなくとも、「筋」が通っているかどうかといった「物語」において捉えるべきである、といった「真理」論の転回を遂行した。そのことを、「言語論的転回」や「解釈学的転回」に倣い、とりわけ「解釈学的転回」をさらに前に押し進めたものとして「物語論的転回（narratological turn）」と名付けたい。

ローティの思想と「物語」

では、ここで言う「物語」とはいかなるものか。「物語論（narratology）[1]」というものも存在するが、これも様々なものがある。用語の使用法も、分野や論者によって異なる。したがって、一概には定義しがたいものであるわけだが、ここではローティに即して「物語」あるいは「物語論」が何を意味しているかを見ていきたい。

西洋哲学の伝統においては、「知識」とは「何であるか」についての「事実」と、「何であるべきか」についての「価値」とを区別する。「客観的に真」あるいは「アプリオリに真」というのは、もっぱら「事実」に関わり、これは、「主観的に真」かつ「アポステリオリに真」である「価値判断」とは区別されてきた。もちろん西洋哲学も様々な変遷を経てきたわけであるが、いずれにせよ、そこには一貫して、普遍的な単一の「真理」が存在し、それを見つけることができるはずだという真理観が存在してきた、とローティは言う。そうした真理観が体現されたものが、古代のギリシャにおける「哲学」あるいは「形而上学」、中世における「神学」、近現代における「科学」であるが、ローティは、それらは「自然の鏡」であるとして、いずれの真理論をも根底から批判した。(2)

他方、西洋形而上学的な「真理論」では、「虚構」としか位置づけられないような「神話」や「宗教」といったもの――すなわち「物語」――が歴史上、世界各地に存在した。そして、むしろこうした「物語」こそ、世界の成り立ちについての説明を人々に示してきたのである。確かに、とりわけ近代以降の自然科学の発達にはめざましいものがあるが、かつて「神話」や「宗教」といった「物語」が果たしてきた役割を、現代の科学が代わりに担うことはできるのだろうか。

一見「物語」的なものが駆逐されつくしたように見える現代においても、果たして人間は「物語」なしで生きていけるほどの強さを持ち得たのだろうか。宗教への信頼感が以前よりもかなり失われたとはいえ、例えば身近な人が亡くなったときに遺体をゴミ袋に入れて生ゴミとして出す、というようなことはしない。必ず何らかの宗教的な弔いの行為(いかなる宗教であろうが、あるいは「無宗教」の形式であっても)を行うはずである。また、新興宗教のオウム真理教には、それなりに高度な理科系の高等教育を受けたような人々も加わっていた。これは何を意味しているだろうか。現代の「科学」をもってしても、かつての「神話」や「宗教」といった「物語」の代わりが務まるわけではない、ということを示しているのではないだろうか。

では、人間にとって「物語」とは一体いかなるものか。ロラン・バルトは『物語の構造分析』の冒頭において、「物語を持たない民族は、どこにも存在せず、また決して存在しなかった」と述べたが、これは、人間の文化とは「物語」なしには成り立ち得ない、とも読める。また、西洋形而上学的な真理観が崩壊した以上、「哲学」や「科学」と「物語」を完全に区別され得るものかという問いも立てられる。[3]

「物語」を定義するのが「物語論」であるが、これには、文学における「物語」の形式を研究するようなもの（トドロフ、プロップなど）や「物語」を構造主義的に解析するもの（レヴィ゠ストロースやロラン・バルトなど）、あるいは「歴史の物語論」（ヘイドン・ホワイト、アーサー・C・ダント、リクールなど）と称し得るもの、といったように数々の種類があり、それぞれ「物語」を主題にしてはいるものの、具体的な対象や手法は異なっている。しかし、その中から共通する考え方を抽出することもできよう。

バルトは、「物語」の構造とは、様々な機能と行為に分析され、無数の「シークェンス」が物語内における最小の部分から全体におけるまで論理的につなぎ合わされるようにしたものとしている。[4]バルトの分析を手がかりにし、より簡明に「物語」一般の性質を考察してみると、①時系列に沿ってある出来事についての説明や、物事の因果関係についての何らかの説明をしている、②その説明は架空の説明、空想的説明であるか、事実について語ったものでも何らかの脚色が加えられている、③それらの説明が、その「物語」を受け入れる者にとって信念となることがある。他にも多数の性質があるかもしれないが、とりあえずこの三点を挙げておく。[5]

①に関しては、「歴史の物語論」、とくにダントの議論を手がかりにしてより詳しく理解できる。[6]

ダントは歴史の叙述における典型的な種類の文を「物語文（narrative sentence）」と呼んでいるが、それは「たとえ人の心の中のことであれ、起こったことすべてを起こった瞬間に察知し、瞬間的な筆記能力によって『過去』の最前線で起こることすべてが、それが起こったときに、起こったように書き留められた叙述」としての「理想的編年史（Ideal chronicle）」と対比されるものである。「理想的編年史」とは「事実」に基づく科学的な「知識」が最も理想とするものであり、宇宙の中の全ての原子や分子の運動と法則を把握すれば、全ての因果律を解明することができるとする、近代的な物理学における究極の世界観としての「ラプラスの悪魔（Laplace's demon）」[7]と呼ばれる考え方と同様なものである。

「理想的編年史」には世の中で起こった事柄がすべて記されているため、仮にそのようなものが存在すれば「歴史家」は不要になるのではないかとも思えるが、実際のところそうではない。ダントによると、「理想的編年史」には出来事が瞬間ごとに記されるため、例えば「一六一八年に三十年戦争が始まった」や「ジョーンズは賞をとるバラを植えていた」といったような叙述ができない。なぜなら、誰も一六一八年に戦争が始まった瞬間に、それが一六四八年まで続く「三十年戦争」と呼ばれる一連の戦争になることはわからないし、ジョーンズという人物がどんなに見事なバラを植える技術を持っていたとしても、ジョーンズが植えたバラが本当に賞をとるかどうかまでは確言できないからである。そこには常に「歴史家」による「解釈」が入り込んでいる。そのような叙述、すなわち「物語文」は、ある期間、E_1とE_2の間を恣意的に選択し、その期間の出来事の中から必要と思われる出来事を自らの「解釈」によって選り分け、恣意的に選択した因果説明に基づいて語ることで初めて可能になる。つまり、歴史（history）は物語（story）なのであり、「歴史」は厳密に客観的な「科学」ではありえない。いくら「理想的編年史」の「事実」に基づく「歴史」であろうとしても、「物語文」とする時点で、すでに何らかの「解釈」が入り込まざるを得ないのである。逆に言えば、通常、狭義の「物語」や「フィクション」と区別される「学問研究」においても、その根底に「物語」的なものが侵入している、と言えるのである。

②に関しては、架空の説明と事実とされるものの説明をとりあえず区別したが、前者が狭義の意味での「物語」に相当するだろう。そして、西洋の形而上学的真理論は、プラトンが詩人を追放したように、こうした「物語」を徹底的に排除してきた。しかし、「言語論的転回」によって、言語の論理構造が厳密に追究されるようになったことで、かえってそれまで排除されてきた、狭義の「物語」、すなわち虚構的言説（フィクション）とは何か、ということが改めて問われるようになった。この問題についてローティは、とりわけ「虚構的言説の問題なんてあるのだろうか（Is There a Problem about Fictional Discourse?）」と題した論文において取り上げている。

「グラッドストーンはイギリスで生まれた」という文と「シャーロック・ホームズはイギリスで生まれた」という文はどちらも意味においては「真」であるが、前者は実在した歴史上の人物について語っており、後者は架空の人物について語っているため、両者は「真理」として同等の地位を持つのか、というのが、この問題である[8]。ラッセルは「指示されたものは何であれ必ず存在する」

という「記述理論（theory of the definite descriptions）」を主張したが、これによると「ホームズ」が実在しているかどうかを問題とするのではなく、前提として「コナン・ドイルによる一連の物語があって、それは〈シャーロック・ホームズはベーカー街に住んでいた〉という言明やこれに伴う他の言明を含んでいる時」、その場合「真」であると解釈される。これを、サールは、ラッセルの「記述理論」を「存在の公理」として保持しつつ、「同一性の公理」と「同定の公理」を付加し[9]、「現実世界」と「虚構的言説の世界」の二つの言語ゲームに参加している、すなわち作者によって作り上げられた現実世界から分離された言説が存在し、われわれが「ホームズ」を「指示」する場合、「虚構的なホームズを現実に指示する」というような表現になると解釈した。

そしてローティは、ラッセルとサールのこのような理論[10]に対し、両者の考え方には共通して、ローティが「言語の詩的な戯れに満ちた恣意的な側面に対するパルメニデス的な恐怖」と呼ぶものがある、と指摘している[11]。それは、パルメニデスが「存在しないものについては語ることができない」と述べたような、プラトンとラッセルに共通する真理観である。ローティによると、そもそも「虚構的言説」に関する議論が錯綜しているのは、「フェルメールの真直ぐな光の使い方はラ・トゥールの小細工よりも成功している」という文と「ネコがマットの上にいる」という文を同じ鋳型に押し込んでしまっているからである。それぞれの文を単一の「意味論」において解釈するのではなく、多様な方法によって保証されるデューイ的な「保証された言明可能性」として受け取ってしまえば、そのような「虚構的言説」における「真理」の問題や「指示の理論」をめぐる問題はそもそも霧散してしまう、とローティは言う[12]。

哲学という観点から「物語」を見ると、ラッセルやサールのような、無理矢理「哲学」の鋳型に「物語」を押し込むことになってしまいがちである。しかし、同じように言語哲学を問題としながらもクワインは「経験主義のふたつのドグマ」において「全体論」を採用することにより、この陥穽から逃れることができ、「哲学」を含む「科学」と「物語」の区別を、むしろぼかすことになった。またクーンも、科学史における「パラダイム転換」という視点から、「科学の進歩」をそのまま「客観的真理に一歩一歩近づくこと」とみなすような従来の「ホイッグ史観」を批判した。さらにハンソンは観測者の「理論負荷性」という観点から、「科学」の知識といえども完全に客観的にはなり得ないと結論づけた。このことは、これらの議論に共通するのは、ある種の「全体論」的な視点である。

「全体論」的な視点に立てば、ある因果関係をいかに説明するかはその観察者によって異なり、各々の観察者の内部において保持されてきた理論の改訂をできるだけ少なくし、それをなるべく保守しつつ、新たな事態に対して、少なくとも説明としての整合性が保たれれば、その因果関係の説明は「真」であると言えるのであり、むしろそこに究極的で単一の「真理」は存在しないことになる。

例えば、雷光が日本において「稲妻」と呼ばれるのは落雷した田畑の作物がよく育つという経験的事例が多く観察されたからであり、雷に関わる神的な力がそれに備わっていると考えられたからである。一方、この同じ現象は、科学的には空気中の窒素が落雷の電気的な力によって田畑の土壌に入り込んだため、と説明される。しかし、それぞれの因果関係の説明は、それぞれ整合性を保っている。実証主義的に考えれば、雷神言説は無意味なものとして駆逐されるが、クワインの「全体論」的な視点から言えば、この場合の科学的説明も、他の説明に対して排他的であるような究極的な「真理」ではなく、これもまた改訂を免れ得ないという意味で「物語」的な曖昧さという性質を持つ、と考えられる。また、バルトの言うように、人類が文化的な生活をしているところには必ず「物語」が存在するのであれば、むしろ科学的な知識も、多かれ少なかれ、かつての神話が果たしたような創世の「物語」と同じ役割を担っている（完全になり代わっているわけではない点がまた問題なのであるが）とも考えられる。少なくとも、そうした「科学」を「物語」として読む自由が読者には与えられているわけである。だからこそ「疑似科学」が跋扈する余地も生まれるのである。[13]

人間の歴史が文字の記録とともに始まったとするのならば、それは常に「物語」と共にあったと言える。というのも、人間が文字によって初めに記録したのは、世界中のどの文明においてもほとんどの場合が神話や叙事詩だったからである。それらの「物語」は、その神話や叙事詩を叙述した民族、部族の起源や成り立ち、その時代にある特定の人々が集団を形成することの正当化の根拠を語っている。その後、「物語」は多くの場合、組織立ったより大きな「宗教」に取り込まれていくことになる。それは「物語」よりも「論理的」整合性、体系性を備えたものであるが、しかし、そこで「物語」が完全に消滅したわけではなかった。様々な民間伝承の「物語」は、「基層文化」として民衆の暮らしの中で受け継がれていったのである。[14]

我々は往々にして「物語」と「事実」を対立させてしまうのだが、例えば霊的な超常現象や神的な現象は、当時の人々の間においてはまさに「事実」として受け取られていたであろう。雷神言説における「物語」は現代においては〈本当は〉空気中の窒素が云々、というように説明されるが、当時においては〈本当に〉雷神が存在して稲を成長させていると理解されていただろうし、難病に罹るのは悪霊の仕業だから宗教的な業を備えた人物がお祓いをすることによって治るということが「事実」として信じられていたであろう。このようにして我々は物事のなりゆきを「物語」を構築することによって理解しているのである。こうしてみると、人間とは「物語的動物」であるとも言える。

「科学」においても、基本的には同様である。「概念枠」や「理論負荷性」のような「フィルター」によって「現実」や「事実」は異なってくる。純粋な「事実」そのものを「鏡」に映し出すことは決してできない、というのがローティにおける「解釈学」である。その「解釈」における「フィルター」の機能を果たすものが各々の「ボキャブラリー」や「ファンタジー」としての「物語」である。「近代の自然科学」からして「物語」としてのキリスト教の神学から派生したものである。自然科学を大きく発展させた近代の偉大な学者たち、フランシス・ベーコン、ガリレオ、コペルニクス、ニュートン[15]といった人々は皆一様に敬虔なクリスチャンであり、その信ずるところのキリスト教の「物語」の「正しさ」を「事実」として根拠づけるために、神が創出した「自然」を一つの「書物」として読み解こうとしたのであるが、その結果、聖書の記述や旧来の教会による教説とは整合しないような「真理」を発見してしまい、逆に教会が語ってきた「物語」の欺瞞を暴き出してしまうという皮肉な結果を招いてしまったのである。

そして「宗教」が退位した後の空席には「イデオロギー」という「大きな物語」が居座ることになった。二十世紀の政治史は、まさにマルクス主義、ファシズム、自由主義の三つの「物語」が激しい抗争を繰り広げた歴史として語られることになるだろう。しかし、二十世紀末の自由主義陣営の勝利によって「歴史＝物語」は「終わり」を迎えたのだろうか。「冷戦」が終結して以来、「冷戦」によって封じ込められていた「宗教」や「民族」といった「物語」が大きく関与する紛争が世界各地で頻発するようになった。一九九五年の「オウム真理教」による「地下鉄サリン事件」も、我々が生きるということと「物語」との関係を深刻に考えさせる事件であった。人間は果たして「物語」なしに生きていくことができるのだろうか。歴史を振り返るかぎり、「否」と答えざるを得ない。「物語的動物」である人間は「物語」を捨て去ることはできないだろう。しかし、その「物語」とは、「虚構」と「現実」が、「価値」と「事実」が交じり合っているような、両義的で「脱構築」的なものである。そして、それは「毒」と「薬」が入り交じった「パルマケイアー／パルマコン（毒または薬）」でもある。しかし、「物語」を欲し続ける人間は、「大きな物語」の衰退した後の世界を、いかなる「物語」とともに生きることができるのであろうか。最後にそのことをローティとともに考えてみたい。

ローティの思想において一貫していたもの

ローティは、二〇〇七年六月八日に七五年の生涯を閉じた。その生涯における研究対象の領域は多岐にわたったが、基本的にその主張は一貫していた。

本書で見てきたようにローティは、哲学研究から出発し、「認識論的転回」「言語論的転回」「解釈学的転回」を経つつ、次第に思索の対象を分析哲学からプラグマティズム、自由主義、左翼論、道徳論・宗教論へと拡大させ、様々なフィールドにおいて多種多様な議論を展開した。しかしそれは、ローティの思想の変節を意味したわけではなく、むしろ初期の段階から晩年まで、一貫してある同じことを言い続けていたのではないか、というのが筆者の見解である。

まずローティは、『哲学と自然の鏡』において、西洋の哲学にはギリシャ哲学から近代の認識論哲学、論理実証主義にいたるまで、知識の論証的な透明性を求めるような性質があるとし、それを自然の「鏡」と呼んだ。「体系的哲学」とは、そのような性質から生み出されたものだが、それに対し、ローティは、哲学を「万学の女王」とみなすのではなく、様々な学問ジャンルのうちの一つとして、「構築的」ではなく「治療的」な哲学――「体系的哲学」に対する「啓発的哲学」――を提唱した。

続く主要な著作である『偶然性・アイロニー・連帯』においても、その考え方は揺らいでいない。

『哲学と自然の鏡』において「啓発的哲学者」と呼ばれた人々は、『偶然性・アイロニー・連帯』においてはそのまま「アイロニスト」に分類されている。この「アイロニスト」とは、自らの信念である「ボキャブラリー」を絶対視したり、「神」や「真理」に自ら関わっているとは思っていない人のことである。「啓発的哲学者」と「アイロニスト」の違いは、前者が哲学者に限定されるのに対し、後者は哲学者以外にもフロイトのような精神分析学者や、社会性よりも審美的なものを重視する文学者（ナボコフやヘンリー・ジェイムズなど）や、あるいは私たちの現実的な生き方における態度（先に例として挙げたような、どんな人でも必ず弔いを行うという傾向性のような）も含まれる。「アイロニスト」は自らの信念である「ボキャブラリー」に対して可謬主義的な考え方を持っているため、自らの信念と相容れない「ボキャブラリー」を持つような他者にも寛容でいられる。つまり、「自由」といった概念の内実を西洋形而上学のように実体化することよりも、「残酷さと苦痛を回避する」というミニマムな原則を保持するこうした他者への寛容さだけを支えにするのが、最も理想的な「政治」であるとした。

三冊目の主要な著作である『アメリカ未完のプロジェクト――二〇世紀アメリカにおける左翼思想』においては左翼論が主に論じられている。ローティはマルクス主義的で教条的な「新左翼」と、文芸批評的な思想を援用しつつ現実の政治とは乖離した現代の「文化左翼」を批判し、ローティの両親のような古き良き「改良主義左翼」を賞賛するが、それも自由主義同様、前二者が「哲学」と「政治」の関係性にアイロニカルでないからである。そして「愛国的な左翼」という独特な「左翼論」

が展開されるのだが、それは、「左翼」が現実の社会改善に実際に貢献するにはいかにしなければならないか、という政治的意識からなされている。「右翼」とは「国家は基本的によい状態にあり、過去の方がもっとずっとよかったかもしれない」と考える人たちのことであり、「左翼」とは「私たちの国家がまだ完成されていないために様々な改革が必要だ」と考える人たちのことなのである。

　分析哲学から政治思想まで一貫しているのは、哲学は絶対的なものとして他の学問を基礎づけするものであるという考え方を解体しようとすることであり、（大きな物語としての）「哲学」から（小さな物語としての）「物語」へという転換を促すものと解釈できる。それは一見すると「大きな物語への不信から小さな物語の分立・抗争へ」という、いわゆる「ポストモダン」の思想と親近性があるように見える。しかし、そうではない。そしてここにこそ、ローティの思想の現代的意義がある。

　ローティは、ポストモダン的、相対主義的ニヒリズム（絶対的なものが存在しないならば善悪の基準も究極的には存在しないというような）とは反対に、「自文化中心主義（エスノセントリズム）」の立場から、「物語」が多様であり、可謬的なものであるからこそ、様々な「物語」を保持し、それが尊重される権利をすべての人が持ち得るとポジティブに転換させるのである。ローティの「自文化中心主義（エスノセントリズム）」とは、一見するとたしかにローティ自身の「物語」であるアメリカ的なユートピアニズムであり、非欧米文化圏の人間は締め出されてしまうような、自国中心的な考え方にも見えるかもしれない。しかし、解釈学的見地とは、他者を理解不能なものとして排除するのではなく、およそ人間の思考するものであれば解釈が不可能なものは存在せず、必ず自文化へと翻訳することが可能であるとし、むしろ誰もが普遍的に共通した思考を持つことができるという普遍主義を破棄するものである。そのため、ローティの思想は「相対主義」であるとして非難されることが多いが、「正しいものは何も存在しない、だから何も信じない」という相対主義とは似て非なるものであり、「普遍的に正しいものは存在しないが、だからこそ自由に何かを信じることができる」というものである。

また、ローティが取り入れたクワイン－デイヴィドソン的な解釈学が要請する「寛容の原理」は、「私の正しさとあなたの正しさは相容れないから、相互理解は不可能である」というような「相対主義」とは正反対であり、「一見すると理解不可能な他者の言説も、他者が理に適った合理的（reasonable）な思考をする存在であるならば、解釈や相互理解は可能である」とするのである。

そして、「ネオ・プラグマティスト」としてのローティは、「プラグマティズム」を次のように定義する。すなわち①「真理」「知識」「言語」「道徳」といった観念、ならびに哲学的理論化の同様の諸対象に反本質主義を適用すること、②「何であるべきか」についての真理と「何であるか」についての真理の間にはいかなる認識論的相違もないとする見解、「事実」と「価値」との間にはいかなる形而上学的相違もなく、道徳と科学の間にはいかなる方法論的相違もないという見解、③「会話」への拘束以外には探求に課せられている拘束は一切存在しないという、という三つの見解を持つ、と[16]。

特に②の見解は、主にクワインによる「経験主義のふたつのドグマ」からの影響（もしくは同様の問題について考察しているパトナムの影響）から考察された事柄であると考えられる。「科学」と「物語」を全くの別物としてはっきりと区別してしまうのではなく、「科学」とは物事の因果関係を理解し、説明するために素晴らしく有用な「物語」の一つである、と理解するのがクワイン的な「プラグマティズム」であり、最新の「科学」ですら「普遍的な絶対的真理」と「対応」したものではない。「科学」を含めた全ての「物語」が、程度の差こそあれ「真」と「偽」の両義性を持ち合わせていると認識することは重要であり、そのことがローティの「物語論的転回」の要である。(17)

ローティは「アイロニスト」としての生の在り方を呈示している。「アイロニスト」とは物事は偶然性の下にあるということを認める人々のことである。自らのテクストを絶対的真理との関係を確立するものだと考えることはできず、過去との何らかの関係を確立することしかできないと考えざるを得ない、したがって、そのテクストは、「物語」という形をとらざるを得ないとローティは述べている。(23) 過去の出来事を必然性の下からではなく偶然性という観点から捉えるのならば、それはその話者の恣意的な「物語」とならざるを得ないからである。

ローティ思想の現代的意義

ローティの文章において「物語」は、「ナラティヴ（narrative）」や「ストーリー（story）」という言葉で表わされているが、ローティの思想において「物語論」は、それとしてはっきりと提示されているわけではない。ローティが「物語」の重要性を説くのは、多くは、その道徳的、教育的効力を説くときである。例えば『偶然性・アイロニー・連帯』の序論において次のように述べられている。

私たちが僻遠の他者の苦痛や屈辱に対して、その詳細な細部にまで自らの感性を拡張することによって連帯は創造される。……他の人間を「彼ら」というよりむしろ「われわれの一員」とみなすようになるというこの過程は、見知らぬ人びとがどのような人びとなのかについて詳細に描写し、私たち自身がどのような人びとなのかについて描き直す、という問題なのである。以上のことは理論によってではなく、エスノグラフィ、ジャーナリストによるレポート、漫画、ドキュメンタリー・ドラマ、そしてとくに小説といったジャンルによって担われる任務なのだ……道徳上の変化と進歩を伝達する手段における主役の座が、説教や論文から小説、映画、テレビ番組へと徐々にではあれ、確実に移ってきている。私のいうリベラル・ユートピアにおいてはこうした交代劇に、現在はまだ認められていないある種の承認が与えられることになる。その承認は、理論に対抗し物語を支持するという、より一般的な方向転換の一部（a general turn against theory and toward narrative）をなすことになる。[18]

また、二〇〇六年に出版されたインタビュー集においては次のように述べられている。

Q：脱構築的なテクスチュアリズムに由来する「テクスト」という考え方とローティの「物語」についての考え方の関係について。

A：「物語」とは、「世界精神」、ヨーロッパ、人間、西洋、文化、自由、階級闘争のような何かについてストーリーを語ることである。それは、あなたが自身のストーリーとして位置づけることができる何か大きなものなのだ。[19]

Q：あなたは哲学よりも文学の重要性について繰り返し、様々な角度から論じてきたが？

A：文学とは道徳的な想像力により広く貢献できるために、道徳的進歩にとってはより重要なものです。……哲学は道徳的原則の形式において先験的な洞察を要約するのに役立ちますが、創造的なものをまったく生み出しません。例えば、哲学的反省は奴隷制を根絶しませんでしたが、奴隷の生活を描いた「物語」はその根絶に多くの貢献をしました。[20]

このように、ローティが「物語」について具体的に言及するときは、具体的な効力について述べられることが多い。[21]

ローティによる「物語」擁護のもう一つの意義は、政治的な参加を積極的に肯定している点にある。イデオロギー的な学生運動の終結とポストモダン的状況下で、政治に何らかの形で積極的に参加することは空虚なことであり、政治に無関心でいることの方がクールであるような風潮が生まれた。歴史上の経験から、「自分たちが政治に参加してもどうせ何も変わらない、革命は永久に起こらない」というある種の諦めが、特に左翼的であった人々を支配するようになった。その後、「左翼」は、ほとんど「文化左翼」としてのみ存続するほかなかったのだが、ローティの左翼論は、「オール・オア・ナッシング」的な思考を放棄し、部分的な善し悪しを「プラグマティック」に判断して活用していくような、今日の日本における「左翼復権」を考える上でも示唆に富む「左翼」像を呈示している。

この点においてローティの思想は、「ポストモダン」による「否定」と「絶望」の暗闇を照らす灯火としての「肯定」と「希望」の思想であると言うこともできよう。人間が「鏡」を希求する欲望を持っているのは確かであるが、その欲望の対象を透明な「鏡」ではなく、自然を不正確に不純に移した描像ではあるかもしれないが、各々が自由に描き書き直すことのできる「絵画」のようなもの（人によっては写実的なものもあれば、抽象的なものや印象派的なものであったり戯画的、漫画的なものもあったりするかもしれない）に向け変えるということが、ローティにおける「物語論的転回」である。

一つ注意しなければならないのは、とはいっても、ローティは別に「科学」を軽視し、「知識」を「物語」によって転覆させようという野望を持っているわけではない、ということである。ローティは、「科学」が「普遍的真理」を捉えている、とみなさず、どんな優れた科学的学説も、改訂される余地があり、しかもその改訂の方向は、ある一方向にあらかじめ定められている、ともみていないが、だからといって「科学」の有用性を否定しているわけではなく、むしろ「科学」に対する常識的な感覚を肯定している。

ローティの思想における独創性とは、オリジナルな思想を自分自身で構築していくというよりも、分析哲学、プラグマティズム、大陸哲学といった同じ土俵の上で語られることの少ない諸思想について「物語論的転回」とでもいえるような共通性を指摘したことにある。多くの哲学者がプラトンの発想をひっくり返そうとして、実際には「哲学が他を基礎づける」という構造から抜け出せず、「お釈迦様の掌の中で飛び回る孫悟空」でしかなかったのに対し、ローティは（時として極端なまでに「基礎づけ主義」を排除しようとするために批判されることも多いが）プラトン的な「呪縛」も一つの「物語」にすぎないことを暴き、そこからの脱出を説くことによって、思想の新たな可能性を切り開いたのである。そのあまりに楽天的で能天気なまでのアメリカ人特有の軽妙さからなる、「肯定」や「希望」に対する態度には時に慎重に接する必要もあるかもしれないが、その「肯定」や「希望」は、そもそも二十世紀の思想史における「否定」や「絶望」の思想を徹底的に咀嚼し、それを取り込んだ上で、あえてなおそこを乗り越えようとして生み出されてきたものである。このようなローティの思想にこそ、二十一世紀の思想の少なくとも一つの可能性がある、と確信している。

注

(1)ローティと「物語論」との関連を考察するにあたり、その両方の議論に通じている野家啓一の論考を参考にした。野家は「始めと終わりを持った完結した言説」をストーリー(story)と呼び、「物語」という表記を用い、「われわれの経験を組織化するために常に途中、途上から出発し、語り直しが可能な未完結の構造体であるような行為そのもの」をナラティブ(narrative)と呼び、「物語り」という表記を用いることを提案している。野家自身は、オースティンの言語行為論的な観点から後者の方を採用し、「物語り論」という表記を用いている(野家啓一、「物語り論の可能性」『シリーズ物語り論――他者との出会い』宮本久雄・金泰昌編、東京大学出版会所収、二〇〇七年、一四頁)。本書における考察は、野家によるローティ解釈や「物語論」全般から影響を受けているものの、一般的な語感を考慮し、とりあえず「物語論」という表記の方を使用することとする。

(2)二十世紀前半の論理実証主義の運動はそのような伝統を受け継ぎ、科学的な知識の在り方を保証するために検証可能な知識か、検証可能な言明に還元できるような言明のみを「真」であるとし、そうではない言明は「形而上学」であり、無意味なものとして切り捨てた。しかし、これも普遍的真理を確定しようとする「形而上学」的な欲望から為された試みであった。

(3)Roland Barthes, "Introduction à l'analyse structurale des récits" in *Communicasions*, 8 November 1, 1963, p. 7.『物語の構造分析』花輪光訳、みすず書房、一九七九年、二頁。

(4)*Ibid.*, p. 19. 二六頁。

(5)バルトの『物語の構造分析』に収録されたテクストの中では、表題の「物語の構造分析」よりも「作者の死」の方が有名である。バルトはこの小論の中で、文芸批評とは十九世紀的な小説における「作者」の人格の存在を前提とし、「作者」が何を言わんとしているのかを読み解く作業であったが、エクリチュールの在り方を考えれば「物語」において重要なのは「作者」よりもそれを読み解く「読者」の方であり、作品の背後に隠された「真理」を読み解くという古典的な批評の在り方から解放された自由な「読み」による新しい批評の可能性を提示した。このような「作者の死」「読者の誕生」という考え方は、まさにローティが提示した意味での「解釈学」と近いものであると言える。

(6) Arthur Coleman Danto, *Analytical philosophy of history*. Cambridge, 1965.『物語としての歴史——歴史の分析哲学』河本英夫訳、国文社、一九八五年参照

(7) 十八—十九世紀のフランスの数学者ラプラスは、ある瞬間における物質の力学的状態と因果律を把握し得る知性が存在すれば未来において生じる出来事の全てを予測し得るのではないかとする考え方を提示し、そのような知性は一般的に「ラプラスの悪魔」と呼ばれた。しかし、二十世紀の量子力学において原子の位置と運動を両方同時に把握することはできず、原子の運動は確率的であるとする観点が提示され、現代においてはこのような「決定論」は否定されている。

(8) Richard Rorty, *Consequence of Pragmatism : essays 1972-1980*. Minneapolis, 1982. p. 110.『哲学の脱構築 プラグマティズムの帰結』室井尚・加藤哲弘・庁茂・吉岡洋・浜日出夫訳、御茶の水書房、一九八五年、二六五頁。

(9) サールは、ラッセルの「指示されたものは何であれ必ず存在する」という理論に「もしある述語がある対象について真であるとしたら、その対象を指示するために使われる表現に関わりなく、それはその対象と同一であるすべてのものについて真である」と「もし話者がある対象を指示する場合、彼は聴者のために、他のすべての対象から切り離してその対象を同定する、もしくは必要があれば同定できる」という二つの公理を付け加えた。

(10) ローティはこの論文においてラッセル、サールに続けてドネラン、パーソンズも取り上げているが、その考察はここでは省略する。

(11) *Ibid.*, p. 130. 三〇一頁。

(12) *Ibid.*, p. 127. 二九六—二九七頁。

(13) そこには「科学」という言葉自体が神格化され、それ自体である種の「物語」的効果を発揮してい

る面もあろう。

(14) 普遍的であるはずのキリスト教は各地に伝来していく中で様々な土着文化と融合することによって各地の人々の信仰を集めていったという経緯がある。また、『古事記』において「須佐之男命」のような出雲系の神が天孫降臨によって征服を始めた大和系の神によって屈服させられた後も、隠遁しながら生き長らえて民衆の信仰を集める、という構図はこのような「基層文化」の一つと言えるかもしれない。

(15) ニュートンは近代の物理的な世界観を決定づけた科学者であるが、一方で初期のキリスト教の異端とされた様々な学派の文献を研究し「三位一体説」を否定する独自の神学観を抱いていたと言われている。しかし、当時のイギリスでは非国教徒は公職から追放される運命にあったため、ケインズによってニュートン自身の宗教観が研究されるまで、秘密とされていた。ニュートンにとって、物理法則を研究することは神が創造した世界の美しい「秩序」を研究することであり、神学の研究と一体化したものであった。

(16) *Ibid.*, p. 162. 三六二―三六八頁。

(17) 「事実」と「価値」の二分法の解体を論じる点において、その二つを区別する必要を論じたヒュームとは考え方を異にしているが、ローティとヒュームはそれぞれ「共感」を重要な要因とする道徳論を論じており、その点においては共通している。また、哲学的な穏健な懐疑主義の態度も近似したものがあると考えられる。

(18) Richard Rorty, *Contingency, Irony, Solidarity*. Cambridge, 1989. p. xvi.『偶然性・アイロニー・リベラリズム』齋藤純一・山岡龍一・大川正彦訳、岩波書店、二〇〇〇年、七―八頁。

(19) Richard Rorty (edited by Eduardo Mendieta), *Take care of freedom and truth will take care of itself: interviews with Richard Rorty*. California, 2006. p. 43.

(20) *Ibid.*, p. 67.

(21) もう一つ注目したいのは、晩年においてローティが、バーリンが抱いていたような「ロマン主義(romanticism)」への関心を共有していたことである。それらのことについてはローティが最期に出版することとなった論文集『哲学的論文集第四巻(*Philosophical Papers* vol4)』に収録された論文、「ロマン主義的多神論としてのプラグマティズム(Pragmatism as romantic polytheism)」などを参照。

(22) Rorty, *Contingency, Irony, Solidarity*, p. 101. 二〇六頁。

あとがき

私がローティの思想と出会ったのは、学部を卒業して修士課程での勉強の準備をしていた二〇〇三年の早春の頃のことだった。早稲田大学社会科学部において社会思想のゼミに所属していた私は、古賀勝次郎先生の自由な指導方針の下で「物語論」への漠然とした関心からポストモダン的な思想や文化人類学、神話論など雑多な思想をつまみ食い的にまとめた研究をしていたが、修士課程に進み本格的な「研究」を行なうためには何か主柱となる思想の必要性を感じていたところ、書店の棚に並べられていた『偶然性・アイロニー・連帯』の帯に書かれていた「哲学の終焉、物語の復権」という宣伝文句に釣られて購入してみた。

読み進めると、それまで浅く広くではあるが親しんでいたポストモダン的な思想だけではなく、ミルやバーリン、ロールズといった社会思想に関係の深い思想家がたくさん取り上げられ、それまではとんど存在すら知らなかったような言語哲学の思想の紹介がされていた。あまりに多様な思想が詰め込まれていたために、その平易な文体にも関わらず一読したところでは全てを理解することは難しかったが、学部生時代に問題意識として抱いていた、ポストモダンの解体の後に何が残り、その焼け野原の中をそれでも生きていく人間はいかなる「希望」を持ち得るのか、という疑問点に対し、非常に肯定的な解答をもって応えているような印象を抱き、研究のテーマとすることに決めた。幸いなことに、研究室の先輩である渡辺幹雄先生の書かれた『リチャード・ローティ——ポストモダンの魔術師』がローティを読み進めて行く上で大変参考となった。

以後、ローティの研究一筋で五年程の間に書かれた論文などをまとめたものが本書である。別々に書かれた論文を、一冊の書物として通読できるように、ローティの思想の全体像がクリアに浮かび上がるように配置した。また、第2章の前半部分は補足のために新たに書き下ろした。各論文の初出は発表順に並べると以下のようになる。①「偶然性のリベラリズム——ローティによるリベラリズムの再構築」(『社学研論集第六号』早稲田大学社会科学研究科)、②「残酷さと苦痛の減少」(『社学研論集第七号』同)、③「ローティの左翼論の源流」(『社学研論集第八号』同)、④「伝統的なプラグマティズムとローティのネオ・プラグマティズム」(『ソシオサイエンス 第十三号』同)、⑤「ローティにおける公と私の区別」(『社学研論集第九号』同)、⑥「ローティの道徳論」(『社学研論集第十号』同)、⑦「ローティの哲学における解釈学的転回」(『社学研論集第十一号』同)。また、第10章は二〇〇七年九月の経済社会学会第四十三回全国大会において報告した時の原稿に加筆したものである。

本書はローティの研究書を目指したものであるが、筆者自身が未だ初学者の域を出ず、ローティを読み進めるとともに様々な思想を学びながらその学びの成果を記していったようなもので、「入門者による入門の記録」ともなっている。しかし、そのためにかえって、今までローティの名前を聞いたことも無かったような方でも難なく読み進め、理解できるようになっているのではないかと思っている。このように一冊の本にまとめることができたのも、多くの先見の明のある諸先生方がローティの思想を日本に紹介し、翻訳を進めてきて下さったおかげである。本書においては、翻訳のある文に関しては基本的に翻訳に沿った引用を行なったが、他の引用箇所との用語の統一や、よりローティ的な柔らかな語感を伝えたく、訳語を変更した点もある(「語彙」→「ボキャブラリー」など)。

ローティという思想家は、そのアメリカの建国以来の理想を追求しようとした思想家であった。ローティの思想が「冷戦」下におけるようなアメリカの覇権主義を表現し、助長しているような面も確かに少なからずある。しかし、ローティの思想に触れることによって、一面的ではないアメリカの奥深さを知ることもできるのではないかと思う。序章においても述べたが、ローティの思想はプラトンから連綿と続く西洋の伝統的な諸思想の巨人達と肩を並べ得るものである。ローティは、自身が「体系的」であることを嫌ったにも関わらず、結果として現代において細分化して専門化した各ジャンルの垣根を超え、プラトンやロック、カントなどのように哲学から政治思想まで取り揃えた総合的な思想として――アイロニカルなことであるかもしれないが――、哲学史上の巨人の一人として名を残すこととなった。本書が、日本においてもローティの思想が思想のクラシックの一つとして並べられるための一助を担うことができれば幸いである。

最後に、この九年間ずっと励まし続けて頂いた古賀先生、経済社会学会での発表において筆者の拙い口頭発表の相手をしてくださった渡辺先生、忙しい中時間を割いて筆者の写真を撮ってくれた山岡有葉さん、それからいまだにお世話になりっぱなしで何一つ恩返しができていない両親と姉に感謝を捧げます。

2003年
冨田恭彦『クワインと現代アメリカ哲学』世界思想社，1994年
――，『科学哲学者柏木達彦の多忙な夏――科学ってホントはすっごくソフトなんだ，の巻』ナカニシヤ出版，1997年
――，『科学哲学者柏木達彦の冬学期――原子論と認識論と言語論的転回の不思議な関係，の巻』ナカニシヤ出版，1997年
――，『科学哲学者柏木達彦の秋物語――事実・対象・言葉をめぐる4つの話，の巻』ナカニシヤ出版，1998年
――，『科学哲学者柏木達彦の春麗ら――心の哲学，言語哲学，そして，生きるということ，の巻』ナカニシヤ出版，2000年
――，『アメリカ言語哲学入門』筑摩書房，2007年
永井義雄『ベンサム』研究社，（イギリス思想叢書7），2003年
野家啓一「物語り論の可能性」，『シリーズ物語り論―― 他者との出会い』宮本久雄・金泰昌編，東京大学出版会，所収，2007年
――，『物語の哲学――柳田国男と歴史の発見』岩波書店，1996年
――，『増補　科学の解釈学』ちくま学芸文庫，2007年
信原幸宏，編『シリーズ心の哲学・1（人間編）』勁草書房，2004年
――，『シリーズ心の哲学・3（翻訳編）』勁草書房，2004年
N・R・ハンソン『科学的発見のパターン』（1965）村上陽一郎訳，講談社，1986年
堀邦維『ニューヨーク知識人――ユダヤ的知性とアメリカ文化』彩流社，2000年
丸山高司『ガダマー――地平の融合』講談社，1997年
モンテーニュ『随想録（エセー）　上』松浪信三郎訳，河出書房新社（世界の大思想4），1966年

——, *Words and object.* Cambridge, 1960.『ことばと対象』大出晁・宮館恵訳，勁草書房，1984 年
Gilbert Ryle, *The concept of mind.* London, 1949.『心の概念』坂本百大・井上治子・服部裕幸訳，みすず書房，1987 年
Judith N Shklar, *Legalism*, Cambridge, 1964.『リーガリズム』田中成明訳，岩波書店，1981 年
——, *Ordinary vices*, Cambridge, 1984.
——, "The Liberalism of fear." in *Liberalism and the moral life* (edited by Nancy L. Rosenblum), Cambridge, 1989.「恐怖のリベラリズム」大川正彦訳，『現代思想』2001 年 6 月号，所収，青土社
Adam Smith, *The theory of moral sentiments* (edited by Knud Haakonssen, Cambridge, U.K.; New York, 2002), 1759.『道徳感情論　上・下』水田洋訳，岩波文庫，2003 年
Robert B. Westbrook, *John Dewey and American democracy.* Ithaca, New York, 1991.
Stephen K. White, *Political theory and postmodernism.*Cambridge, 1991.『政治理論とポスト・モダニズム』有賀誠・向山恭一訳，昭和堂，1996 年
Ludwig Wittgenstein, *Philosophical investigations.* (translated from the German by G.E.M. Anscombe, Oxford ,1967),1953.『哲学的探求・第 1 部』黒崎宏訳・解説，産業図書，1994 年
——, *Tractatus Logico-Philosophicus* (English & German, London, 1955), 1922.『論理哲学論考』野矢茂樹訳，岩波文庫，2003 年
会田雄次『アーロン収容所——西欧ヒューマニズムの限界』中央公論社，1962 年
飯田隆『言語哲学大全　I —IV』勁草書房，1987 年，1989 年，1995 年，2002 年
魚津郁夫『プラグマティズムの思想』筑摩書房，2006 年
宇羽野明子「モンテーニュ　幻想なき服従」『西洋政治思想史 I 』藤原保信・飯島昇藏編，新評論，1995 年，所収
梅木達郎『脱構築と公共性』松籟社，2002 年
大川正彦『正義』岩波書店，(思考のフロンティア)，1999 年
大庭健『はじめての分析哲学』産業図書，1990 年
ハンス＝ゲオルグ・ガダマー『真理と方法——哲学的解釈学の要綱 1』(1965) 轡田収訳，法政大学出版局，1986 年
金杉武司『心の哲学入門』勁草書房，2007 年
古賀勝次郎『ヒューム体系の哲学的基礎』行人社，1994 年
——,『ヒューム社会科学の基礎』行人社，1999 年
小西中和『ジョン・デューイの政治思想』北樹出版，2003 年
ウィルフリド・セラーズ『経験論と心の哲学』(1997) 浜野研三訳，岩波書店，2006 年
柘植尚則『良心の興亡——近代イギリス道徳哲学研究』ナカニシヤ出版，

Michael Harrington, *Socialism*, New York, 1972.『社会主義の展望——高度工業化社会の時代に』飯田健一・谷栁樹訳，東京創元社，1977 年
David L. Hildebrand, *Beyond realism and antirealism : John Dewey and the neopragmatists*, Nashville, 2003.
Vincent Hope, *Virtue by consensus : the moral philosophy of Hutcheson, Hume, and Adam Smith.* Oxford : New York, 1989.『ハチスン，ヒューム，スミスの道徳哲学——合意による徳』奥谷浩一・内田司訳，創風社，1999 年
David Hume, *An enquiry concerning the principles of moral*(a critical edition, edited by Tom L. Beauchamp. Oxford; New York, 1998), 1751.『道徳原理の研究』渡部峻明訳，晢書房，1993 年
——, *A treatise of human nature* (edited by David Fate Norton, Mary J. Norton; editor's introduction by David Fate Norton, Oxford; New York, 2000), 1740.『人性論』1—4 巻，大槻春彦訳，岩波文庫，1948—52 年
William James, *The will to believe and other essays in popular* (edited by Frederick H. Burkhardt, Fredson Bowers, Ignas K. Skrupskelis ; introd. by Edward H. Madden, Cambridge, 1979), 1897.『信ずる意志』福鎌達夫訳，日本教文社，1961 年
——, *The varieties of religious experience*(introduction by John E. Smith. Cambridge, 1985), 1902.『宗教的経験の諸相　上・下』桝田啓三郎訳，日本教文社，1961 年
——, *Pragmatism*(Fredson Bowers, textual editor, Ignas K. Skrupskelis, associate editor ; introd. by H. S. Thayer, Cambridge, 1975), 1907.『プラグマティズム』桝田啓三郎訳，岩波文庫，1957 年
Thomas S. Kuhn *The structure of scientific revolution* , Chicago, (1970), 1962.『科学革命の構造』中山茂訳，みすず書房，1971 年
John Stuart Mill, *On Liberty* (edited by David Bromwich and George Kateb ; with essays by Jean Bethke Elshtain ... [et al.]. New Haven , 2003), 1859.『自由論』塩尻公明・木村健康訳，岩波文庫，1971 年
Chantal Mouffe, *The return of the political.* London, 1993.『政治的なるものの再興』千葉眞・田中智彦・土井美徳・山田竜作訳，日本経済評論社，1998 年
——, *The democratic paradox.* London; New York, 2000.『民主主義の逆説』葛西弘隆訳，2006 年
Michael Oakeshotte, *Rationalism in politics and other essays,* London, (1977), 1962.『政治における合理主義』嶋津格・森村進訳，勁草書房，1988 年
Charles S. Peirce, *Chance, love and logic : philosophical essays.* (in *the late Charles S. Peirce*; edited with an introduction by Morris R. Cohen; with a supplementary essay on the pragmatism of Peirce by John Dewey. London, 1872), 1923.『偶然・愛・論理』浅輪幸夫訳，三一書房，1982 年
Willard V. O. Quine, *From a logical point of view; 9 logico-philosophical essays.* Cambridge, 1953.『論理的観点から——論理と哲学をめぐる九章』飯田隆訳，勁草書房，1992 年

1991.
——, *Moral Prejudices : Essays on Ethics*, Harvard, 1995.
Roland Barthes, "Intoroduction a l'analyse structural des récit" in *Communicasions*, 8 November 1963.『物語の構造分析』花輪光訳，みすず書房，1979 年
Daniel Bell, *The end of ideology; on the exhaustion of political ideas in the fifties.* Glencoe, 1960.『イデオロギーの終焉――1950 年代における政治思想の涸渇について』岡田直之訳，東京創元新社，1969 年
Jeremy Bentham, *An introduction to the principles of morals and legislation* (edited by J. H. Burns and H. L. A. Hart, London, 1970), 1780.『世界の名著 38』関嘉彦，訳，中央公論社，1967 年
Isaiah Berlin, "*Two Concepts of Liberty*" in *Liberty : incorporating Four essays on liberty* (edited by Henry Hardy ; with an essay on Berlin and his critics by Ian Harris, Oxford, 2002), 1958.『自由論』小川晃一・福田歓一・小池ケイ・生松敬三訳，みすず書房，2000 年
Ramond D. Boisvert, *Dewey's Metaphysics.* New York, 1988.
——, *John Dewey; Rethinking of Our Time.* Albany, New York, 1998.
Peter Burke, *Montaigne.* Oxford, 1981.『モンテーニュ』小笠原弘親・宇羽野明子訳，晃洋書房，2001 年
Margaret Canovan, *The political thought of Hannah Arendt.* London, 1974.『ハンナ・アレントの政治思想』寺島俊穂訳，未来社，1981 年
Arthur C. Danto, *Analytical philosophy of history.* Cambridge, 1965.『物語としての歴史――歴史の分析哲学』河本英夫訳，国文社，1985 年
Donald Davidson, *Inquiries into truth and interpretation,* Oxford, 1984.『真理と解釈』野本和幸・金子洋之・植木哲也・高橋要訳，勁草書房，1991 年
Jacques Derrida, *Force de loi : le "fondement mystique de l'autorite"*, Paris, 1994.『法の力』堅田研一訳，法政大学出版局，1999 年
John Dewey, *The Public and it's problem* in *The later works* 1925-1953 (edited by Jo Ann Boydston, Carbondale, 1981-1990), 1927.『現代政治の基礎――公衆とその諸問題』阿部斉訳，みすず書房，1969 年
——, *Reconstruction in Philosophy.* in *The middle works* 1899-1924(edited by Jo Ann Boydston; with an introdction by Joe R. Burnett ... [et al.]. Carbondale, 1976-1983), 1920.『哲学の改造』清水幾太郎・清水礼子訳，岩波文庫，1968 年
——, *Ethics.* in *The later works,* 1925-1953(edited by Jo Ann Boydston, associate textual editors, Patricia Baysinger, Barbara Levine; with an introdction by Sidney Hook, Carbondale, 1981-1990) , 1932.『デューイ＝ミード著作集 10』河村望訳，人間の科学新社，2002 年
John Gray, *Liberalism : essays in political philosophy*, London, 1989.『自由主義論』山本貴之訳，ミネルヴァ書房，2001 年
Todd Gitlin, *The Sixties; Years of Hopee, Days of Rage* (Bantam revised trade edition, New York, 1993), 1987.『60 年代アメリカ――希望と怒りの日々』疋田三良・向井俊二訳，彩流社，1993 年

Rorty. (edited by Eduardo Mendieta). California, 2006.
——, *Philosophy as a Cultural Politics* philosophical papers volume 4. Cambridge, 2007.

ローティについての著作

Richard J. Bernstein, *The new constellation : the ethical-political horizons of modernity/postmodernity*, Cambridge, 1991.『手すりなき思考——現代思想の倫理・政治的地平』谷徹・谷優訳，産業図書，1997 年
Robert B. Brandom(ed), *Rorty and his critics*. Malden, Mass. 2000.
Gideon Calder, *Rorty's Politics of Rediscription*, Cardiff. 2007.
Matthew Festenstein, Simon Tompson(ed), *Richard Rorty Critical Dialogues*, Malden, Mass, 2001.
Charles Guignon, David R. Hiley(ed). *Richard Rorty*, U.K. : New York, 2003.
Alan Malachowski, *Reading Rorty : critical responses to Philosophy and the mirror of nature (and beyond)*. Oxford, UK, 1990.
——, *Richard Rorty*. Chesham, 2002.
John Kekes, "Cruelty and Liberalism" in *Richard Rorty* volume 3 (edited by Alan Malachowski), London, 2002.
John Pettegrew(ed), *A Pragmatist's Progress?* Lanham, 2000.
Michael A. Peters(ed), *Richard Rorty Education, Philosophy, and Politics*, Lanham, 2001.
Robert Schwartz, "Reviewed Work(s) : *Philosophy and the Mirror of Nature*. by Richard Rorty" In *The Journal of Philosophy*, Vol. 80, No. 1. (Jan., 1983).
Cristopher J. Voparil, *Richard Rorty : Politics And Vision (20th Century Political Thinkers)*. Lanham, 2006.
冨田恭彦『連帯と自由の哲学——二元論の幻想を超えて』岩波書店, 1989 年（論文集の抄訳）
野家啓一「アブノーマル・フィロソフィーへの挑戦」,『理戦 74』2003 年秋号所収，実践社
柳沼良太『プラグマティズムと教育——デューイからローティへ』八千代出版, 2002 年
——,『ローティの教育論』八千代出版，2008 年
渡辺幹雄『リチャード・ローティ——ポストモダンの魔術師』春秋社，1999 年
——,『ロールズ正義論とその周辺——コミュニタリアニズム・共和主義・ポストモダニズム』春秋社，2007 年

その他の参考文献

Hannah Arendt, *Human Condition*. Chicago, (1998), 1958.『人間の条件』志水速雄訳，ちくま学芸文庫，1994 年
Annette Baier, *A Progress of Sentiments : Reflections on Hume's Treatise*. Harvard,

参考文献

ローティの著作

Richard Rorty, "Mind-BodyIdentity,Privacy And Categories" in *The Review of Metaphysics* vol・XIV, 1965.

——, *The Linguistic turn : Essays in philosophical method with two retrospective essays.* edited by Richard M. Rorty. Chicago, 1967.

——, *Philosophy and the mirror of nature.* Princeton, N.J, 1979.『哲学と自然の鏡』野家啓一監訳，産業図書，1993 年

——, *Consequences of pragmatism : essays, 1972-1980.* Minneapolis, 1982.『哲学の脱構築——プラグマティズムの帰結』室井尚・加藤哲弘・庁茂・吉岡洋・浜日出夫訳，御茶の水書房，1985 年

——, *Philosophy in history : essays on the historiography of philosophy* (edited by Richard Rorty, J. B. Schneewind, and Quentin Skinner). Cambridge, 1984.

——, *Contingency, irony, and solidarity.* Cambridge, 1989.『偶然性・アイロニー・連帯』齋藤純一・山岡龍一・大川正彦訳，岩波書店，2000 年

——, *Objectivity, relativism, and truth* Philosophical Papers volume 1. Cambridge, 1991.

——, *Essays on Heidegger and others* Philosophical Papers volume 2. Cambridge, 1991.

——, *Deconstruction and pragmatism* (edited by Chantal Mouffe), London, 1996.『脱構築とプラグマティズム』青木隆嘉訳，法政大学出版局，2002 年

——, *Truth, politics and 'post-modernism*, Assen, 1997.

——, *Achieving our country : leftist thought in twentieth-century America.* Cambridge, 1998.『アメリカ未完のプロジェクト——20 世紀アメリカにおける左翼思想』小澤照彦訳，晃洋書房，2000 年

——, *Truth and progress* philosophical papers volume 3. Cambridge, 1998.

——, *Philosophy and social hope.* London, 1999.『リベラル・ユートピアという希望』須藤訓任・渡辺啓真訳，岩波書店，2002 年

——, *Cultural Otherness* correspondence with Richard Rorty (Richard Rorty, Anindita Niyogi Balslev, 2nd edition), Atlanta, 1999.

——, "Is There a conflict between religion and science?", 1999.「宗教と科学は対立するものなのか」須藤訓任訳，『思想』2000 年 3 月号，岩波書店

——, *Against bosses, against oligarchies : a conversation with Richard Rorty* (Richard Rorty, Derek Nystrom, Kent Puckett), Charlottesville, Va. 2002.

——, *The Future of Religion.* edited by Santiago Zabala, N.Y, 2005,

——, *Take care of freedom and truth will take care of itself : interviews with Richard*

ローティ略年譜

1931年10月4日 ニューヨークにて父ジェイムズ・ハンコック・ローティと母ウィニフレッド・ラウシェンブッシュ・ローティとの間に生まれる。

1946年（15歳） シカゴ大学に入学する。

1952年（21歳） ホワイトヘッドについての研究で修士号を取得、博士課程ではイェール大学に入学する。

1954年（23歳） アメリー・オクセンバーグと結婚、その後一人の息子をもうける。

1956年（25歳）「可能性の概念」という論文で哲学の博士号を取得する。すぐに合衆国陸軍において二年間の兵役に赴き、通信隊に所属する。

1958年（27歳） ウェルスリー大学の専任講師。

1961年（30歳） プリンストン大学哲学科助教授。

1965年（34歳） 論文「心身同一性、私秘性、カテゴリー」発表。

1967年（36歳） 編著『言語論的転回』出版。

1972年（41歳） 妻アメリーと離婚、メアリー・ヴァーネイと再婚し後に一男一女をもうける。

1979年（48歳）『哲学と自然の鏡』出版。

1980年（49歳） アメリカ哲学会東部部会会長就任。会長講演として「プラグマティズム、相対主義、非合理主義」を行なう。

1982年（51歳） ヴァージニア大学ケナン人文学教授。『哲学の脱構築——プラグマティズムの帰結』出版。

1989年（58歳）『偶然性・アイロニー・連帯』出版。

1991年（60歳）『哲学的論文集』の一巻と二巻を出版。

1998年（67歳） スタンフォード大学比較文学教授。『アメリカ未完のプロジェクト——20世紀アメリカにおける左翼思想』『哲学的論文集』の三巻を出版。

1999年（68歳）『リベラル・ユートピアという希望』出版。

2005年（74歳） スタンフォード大学を退職。

2006年（75歳）『哲学的論文集』の四巻を出版。

2007年6月8日 サンフランシスコ近郊のパロ・アルトにて膵臓がんとそれによる合併症によって亡くなる。享年75歳。

K.　175
ホワイトヘッド，アルフレッド・ノース Whitehead Alfred North　37, 347

マ

マキャベリ，ニッコロ Machiavelli Niccolò　173-174
マッカーシー，メアリー McCarthy Mary　253
マッキンタイアー，アラスデア MacIntyre Alasdair　186, 294
マッケオン，リチャード McKeon Richard　37
マルクス，カール Marx Karl　27, 33-34, 43, 83, 135, 180, 183, 261-263, 267-268, 270, 273-275, 277, 324, 326
ミル，ジョン・スチュアート Mill John Stuart　128, 131-132, 145-150, 154, 159, 163, 167-168, 184, 187, 190, 193, 201, 215, 221-222, 244, 248, 302, 338
ムフ，シャンタル Mouffe Chantal　235-236, 244-250
メイラー，ノーマン Mailer Norman　275
メルロ＝ポンティ，モーリス Merleau-Ponty Maurice　52
モンテーニュ，ミシェル・ド Montaigne Michel Eyquem de　172-175, 181, 192-193, 239-240, 341-342, 344
モンテスキュー，シャルル・ド Montesquieu Charles-Louis de　173-175

ラ

ラーヴ，フィリップ Rahv Phillip　272
ラウシェンブッシュ，ウォルター Rauschenbusch Walter　27
ラクラウ，エルネスト Laclau Ernesto　236, 243
ラッセル，バートランド Russell Bertrand　52, 65, 80, 90, 93, 233, 319-321, 335
ラフォレット，ロバート La Follette Robert M.　271-272
ラボッシ，エドュアルド Rabossi Eduardo　296, 309
ランドルフ，A. フィリップ Randolph A. Philip　28, 30, 276
リオタール，ジャン＝フランソワ Lyotard Jean-François　184
ルイス，ジョン Lewis John L.　271
ルーズベルト，フランクリン Roosevelt Franklin D.　43, 261, 271-272, 276
ルーズベルト，セオドア Roosevelt Theodore　270
ルソー，ジャン＝ジャック Rousseau Jean-Jacques　192-193, 232
レヴィ＝ストロース，クロード Lévi-Strauss Claude　52, 192, 317
レヴィナス，エマニュエル Lévinas Emmanuel　241-242
レーガン，ロナルド Reagan Ronald　32, 273, 280, 282
ローティ，ジェイムズ Rorty James　26-28, 32, 274, 347
ローティ，ウィニフレッド Rorty Winifred　26-27, 347
ローティ，アメリー・オクセンバーグ Rorty Amélie Oksenberg　38, 41, 347
ロールズ，ジョン Rawls John　15, 47, 128, 133, 152, 159, 163, 188-190, 193-194, 245, 303, 306, 309, 338, 345
ロック，ジョン Locke John　18, 57-60, 80, 107, 109, 120, 152, 167-168, 172, 340
ワシントン，ブッカー Washington Booker T.　276
渡辺幹雄　15-16, 22, 163, 194, 338, 340, 345

71, 96, 142, 149, 185, 323, 336
ネーゲル，トマス Nagel Thomas　39
野家啓一　15, 46-48, 84, 120, 334, 341, 345-346

ハ

パース，チャールズ・サンダース Peirce Charles Sanders　19, 57, 200-202, 207-209, 222
ハーツホーン，チャールズ Hartshorne Charles　37
ハーバーマス，ユルゲン Habermas Jürgen　11, 42, 45, 122, 128, 161, 234, 259, 282
バーリン，アイザイア Berlin Isaiah　128, 132, 145, 152-154, 159, 163, 170, 187, 248, 337-338
バーンスタイン，リチャード Bernstein Richard　154, 163, 224
ハイデガー，マルティン Heidegger Martin　13-14, 18, 40, 44-45, 52, 56-57, 85, 92, 107, 113, 122, 126, 129-131, 145, 152, 203, 205-207, 223, 229-230, 232-236, 238
ハウ，アーヴィング Howe Irving　29, 272, 275, 277-278, 282
パスカル，ブレーズ Pascal Blaise　238-239
ハチスン，フランシス Hutcheson Francis　300-301, 308, 343
ハッキング，イアン Hacking Ian　234
パトナム，ヒラリー Putnam Hilary　45, 53, 208-209, 214, 225, 329
ハリントン，マイケル Harrington Michael　269-270, 275, 277
バルト，ロラン Barthes Roland　17, 52, 316-317, 322, 334
パルメニデス Parmenides　320
ハンソン，ノーウッド Hanson Norwood R.　93, 99, 107, 321, 341
ヒトラー，アドルフ Hitler Adolf　33, 35, 265, 274, 283-284
ヒューム，デイヴィッド Hume David　18, 57-58, 80, 181, 211-212, 224, 290, 294-302, 307-308, 336, 342-343
ファイヤアーベント，ポール Feyerabend Paul　51, 72, 93, 104
フィリップス，ウィリアム Phillips William　271
フーコー，ミシェル Foucault Michel　14, 18, 40, 52, 57, 122, 129-130, 145, 160-161, 203, 232, 238, 244, 263
フック，シドニー Hook Sidney　27-29, 32, 224, 272-274, 277
プラトン Plato　16, 18, 34, 36-37, 55, 57, 83, 94, 107, 112-114, 126, 130-131, 137, 140, 143, 182, 202, 206, 209, 212, 229-230, 236, 241, 252, 291, 304-305, 314, 319-320, 333, 340
ブランダム，ロバート Brandom Robert　15, 41
ブランボー，ロバート Brumbaugh Robert　37
プルースト，マルセル Proust Marce　126, 129
ブルーム，アラン Bloom Alan　36
フレーゲ，ゴットロープ Frege Gottolob　52, 90, 233
フロイト，ジークムント Freud Sigmund　129, 143-144, 151, 232, 235, 237, 263, 326
フロム，エーリッヒ Fromm Erich　275
ヘイドン，トム Hayden Tom　277, 317
ベイヤー，アネット Baier Annette　211, 294, 296-297
ヘーゲル，ゲオルグ・ヴィルヘルム・フリードリヒ Hegel Georg W. F.　18, 40, 57, 129, 135, 184, 189, 203, 206, 210-212, 235-236, 294
ベーコン，フランシス Bacon Francis　323
ベル，ダニエル Bell Daniel　275
ベルグマン，グスタフ Bergmann Gustav　53-54
ベンサム，ジェレミ Bentham Jeremy　176-179, 192, 302, 341
ヘンペル，カール Hempel Carl　37, 48
ボイスヴァート，レイモンド Boisvert Ramond D.　213, 225
ボールドウィン，ジェイムズ Baldwin James　259
ホッブズ，トマス Hobbes Thomas　167, 191
ポドレツ，ノーマン Podhoretz Norman　274
ホワイト，スティーヴン White Stephen

サ

サール，ジョン Searle John　53, 320-321, 335
サンデル，マイケル Sandel Michael　128, 163
ジェイムズ，ウィリアム James William　19, 42, 57, 107, 200, 202-209, 218-221, 223
ジェイムソン，フレドリック Jameson Fredric　263
シャピロ，メイヤー Schapiro Meyer　275
シュクラー，ジュディス Shklar Judith　160, 166-182, 191-192
シュトラウス，レオ Strauss Leo　35-37, 85, 167
シュミット，カール Schmitt Carl　245-246
シュンペーター，ヨーゼフ Schumpeter Joseph　153
ジョンソン，リンドン Johnson Lyndon　43, 261, 275-276, 278
スターリン，ヨシフ Stalin Joseph　27-29, 31-33, 155, 215, 253, 272-275, 277, 284
ストローソン，ピーター・フレデリック Strawson Peter Frederick　39
スマート，ジョン Smart John J. C.　72, 79
スミス，アダム Smith Adam　300-301, 308, 343
セラーズ，ウィルフリド Sellars Wilfrid　39, 56, 80-81, 83, 85, 93, 107, 108, 233, 292, 342
ソクラテス Socrates　37, 57, 113, 138, 230-232, 235, 237, 302
ソシュール，フェルディナン・ド Saussure Ferdinand de　52

タ

ダーウィン，チャールズ Darwin Charles　210-212, 220, 295, 299, 304, 308
タフト，ウィリアム・ハワード Taft William Howard　270
タルスキ，アルフレト Tarski Alfred　103
ダント，アーサー Danto Arthur C.　317-318
チャーチランド，ポール Churchland Paul　72, 76
デイヴィドソン，ドナルド Davidson Donald　18, 45, 47, 53, 56, 82, 93, 100-101, 103-109, 111, 118, 121, 142, 151, 190, 208, 214, 233-234, 328
デネット，ダニエル Dennett Daniel　45
デブス，ユージン Debs Eugene　270
デューイ，ジョン Dewey John　14, 19, 27, 29-31, 35, 40, 42, 57, 81, 107, 113, 128, 132, 178-179, 189, 199-200, 202-203, 205-206, 207-218, 221, 224-225, 234, 242, 253, 294-295, 301-302, 308, 320, 342, 344-345
デュボイス，ウィリアム E. B. Dubois William E. B.　276
デリダ，ジャック Derrida Jacques　11, 14, 17-19, 40, 42, 45, 52, 56-57, 85, 107, 113, 121, 126, 129-131, 152, 203, 228-229, 230-245, 247, 250, 252, 263, 282, 304
ドゥルーズ，ジル Deleuze Gilles　203
トマス，ノーマン Thomas Norman　28, 30, 32, 271
ド・マン，ポール de Man Paul　233
冨田恭彦　15, 120, 122, 341, 345
トリリング，ライオネル Trilling Lionel　29, 272
トリリング，ダイアナ Trilling Diana　29, 272
トルーマン，ハリー Truman Harry S.　276
トロツキー，レフ Trotsky Lev　26-28, 31, 34-36, 126, 215, 272, 284

ナ

ナボコフ，ウラジーミル Nabokov Vladimir　126, 129, 326
ニーチェ，フリードリヒ Nietzsche Friedrich　13-14, 16-18, 40, 56-57, 92, 107, 113, 122, 126, 129-131, 143-145, 151-152, 169, 184, 203-207, 214, 215, 223-224, 229, 232, 234, 236, 238, 244, 298
ニクソン，リチャード Nixon Richard　32-33, 263, 273-274, 280
ニュートン，アイザック Newton Isaac

人名索引

ア

アームストロング，デイヴィッド Armstrong David M.　79
アラック，ジョナサン Arac Jonathan　40
アレント，ハンナ Arendt Hannah　247-251, 253, 344
ヴァーネイ，メアリー Varney Mary　41, 347
ウィトゲンシュタイン，ルートヴィヒ Wittgenstein Ludwig　16, 18, 39-40, 50, 52-53, 61, 66-71, 78, 81, 83, 85, 87, 90, 92-93, 95, 107, 113, 151, 205, 207, 233-234, 239
ウィリアムズ，マイケル Williams Michael　295
ウィルソン，ウッドロウ Wilson Woodrow　270
ウェストブルック，ロバート Westbrook Robert B.　215
ヴォパリル，クリストファー Voparil Christopher　295, 302
ウォルツァー，マイケル Walzer Michael　277, 283-284
エイヤー，アルフレッド Ayer Alfred　37, 54
オークショット，マイケル Oakeshott Michael　113-114, 209
オースティン，ジョン Austin John L.　39, 53, 334
オバマ，バラク Obama Barack　10, 21, 161, 284

カ

カーター，ジミー Carter James Earl "Jimmiy"　265
ガシェ，ロドルフ Gasché Rodolphe　233, 236, 252
カノヴァン，マーガレット Canovan Margaret　250
ガリレオ・ガリレイ Galilei Galileo　96, 99, 148, 220, 323
カルナップ，ルドルフ Carnap Rudolf　35, 37, 52, 54, 85, 90, 92-93, 207-208
カント，イマヌエル Kant Immanuel　16, 18, 57-58, 60, 130, 132-134, 137, 139-140, 143, 152-153, 156, 172, 180, 184-185, 189, 193, 200, 202, 211-212, 230, 235, 291-296, 298, 302, 304, 308, 340
ギトリン，トッド Gitlin Todd　31, 277, 279, 280
キング，マーティン・ルーサー King Martin Luther　28, 276, 280
クーン，トマス Kuhn Thomas　56, 93, 96-100, 104, 106-107, 109-112, 119-120, 131, 158, 321
クリストル，アーヴィング Kristol Irving　274
クリッチリー，サイモン Critchley Simon　192, 236, 241-243, 247, 252
クリプキ，ソール Kripke Saul　39, 53
クリントン，ヒラリー Clinton Hillary　47, 287
クリントン，ビル Clinton William J, "Bill"　43, 265
グレイ，ジョン Gray John　152
グレイザー，ネイザン Glazer Nathan　274
クワイン，ウィラード Quine Willard V. O.　18, 47, 53, 56, 85, 93-95, 97, 98-104, 106-111, 118, 120-121, 142, 151, 158, 202, 207-209, 233, 303, 321-322, 328-329, 341
ケネディ，ジョン Kennedy John F.　43, 261, 275
コーザー，ルイス Coser Lewis　275
コーネル，ドゥルシラ Cornell Drucilla　237
コノリー，ウィリアム Connolly William E.　246-250
コペルニクス，ニコラウス Copernicus Nicolaus　83, 323
コリニ，ステファン Collini Stefan　285
ゴンパーズ，サミュエル Gompers Samuel　269-271

ら

た

な

さ

事項索引

リチャード・ローティ

1931年ニューヨーク生。2007年サンフランシスコ近郊、パロアルトにて逝去。ウェルスリー大学専任講師、プリンストン大学助教授、同教授、ヴァージニア大学ケナン人文学教授、スタンフォード大学比較文学教授などを歴任。英語圏の言語哲学・科学哲学から、ギリシャ以来の西洋哲学史、独仏の現代思想、米国のプラグマティズムまで、諸思潮を横断しつつ華麗な文体で独特の思想を打ち立てた20世紀米国を代表する哲学者。プラトン以来の西洋形而上学的な真理観の解体を徹底しながら、「哲学」と「政治」の峻別を説き、「リベラル・アイロニスト」として、ポストモダン的相対主義の時代に、「自由主義」「左翼」といった政治的大義を甦らせた。主著に『哲学と自然の鏡』『哲学の脱構築——プラグマティズムの帰結』『偶然性・アイロニー・連帯』『アメリカ未完のプロジェクト——20世紀アメリカにおける左翼思想』など。

著者紹介

大賀祐樹（おおが・ゆうき）

1980年生。現在早稲田大学社会科学総合学術院助教。専攻はアメリカの哲学と政治思想、社会思想。経済社会学会、社会思想史学会、日本デューイ学会会員。

リチャード・ローティ 1931-2007 リベラル・アイロニストの思想

2009年 9月30日 初版第1刷発行 ©
2012年10月30日 初版第2刷発行

著　者　大　賀　祐　樹
発行者　藤　原　良　雄
発行所　株式会社　藤　原　書　店

〒162-0041　東京都新宿区早稲田鶴巻町523
電　話　03（5272）0301
F A X　03（5272）0450
振　替　00160 - 4 - 17013
info@fujiwara-shoten.co.jp

印刷・製本　図書印刷

Printed in Japan
ISBN978-4-89434-703-8

月刊
機
2011
12
No. 237

発行所　株式会社 藤原書店©
〒一六二-〇〇四一　東京都新宿区早稲田鶴巻町五二三
電話　〇三・五二七二・〇三〇一（代）
FAX　〇三・五二七二・〇四五〇
◎本冊子表示の価格は消費税込の価格です。

編集兼発行人
藤原良雄
頒価 100円

米国を代表する歴史家、C・A・ビーアドの幻の名著、遂に完全訳で刊行。

ルーズベルトの責任

——日米戦争はなぜ始まったか——

開米 潤
丸茂恭子

F・ルーズベルト（1882-1945）

一九四一年十二月七日（日本時間八日）、日本海軍によるハワイ真珠湾での奇襲攻撃で火蓋が切られた日米戦。非戦を唱えながらルーズベルトが日本を対米開戦に追込む過程を、戦後開示された膨大な外交公文書を綿密に読み解き容赦なく暴いた、政治・外交史の大家C・A・ビーアド博士の遺著『ルーズベルトの責任　上・下』（全二巻）が今月から刊行される。一九四八年四月に発刊された本書は、米国内でも不買運動が起きた問題作である。開戦70年目にして遂に完全訳で刊行。　　編集部

●一二月号 目次●

誰にとっての「屈辱の日」なのか

「一九四一年一二月七日――屈辱の日としてずっと記憶に残るであろうこの日――アメリカ合衆国は日本帝国軍による突然の、そして、計画的な攻撃を受けました……」

真珠湾攻撃の翌日、アメリカのフランクリン・D・ルーズベルト大統領が連邦議会に日本への宣戦布告を求めた演説の一節である。大統領は卑劣な奇襲を仕掛けた日本を激しく非難、その日を「屈辱の日」と呼んで憎悪を露わにした。反戦気分に包まれていた国民を〝熱く〟鼓舞するためだった。

それから七十年――。真珠湾事件は日米関係史に大きく刻印されることとなったが、その核心的な部分において、現在に至るまで大きな謎が残っている。それはルーズベルトにとって日本の攻撃は本当に奇襲だったのか、ということである。もう少し掘り下げ、謎の全体像を描くと次のようになる。

ルーズベルトとワシントンの政府首脳部は日本の「奇襲」を、その場所が真珠湾であることを含め事前に知っていながらハワイの米軍司令官にあえて知らせず、しかもその責任をハワイに押し付けた。なぜなら、日本に最初の一撃を打たせることで反戦気分の強い米世論を一気に戦争へと導くことができるからだ。むしろ日本がルーズベルトの巧妙な策略に嵌ってしまったのではないか。とすると、誰にとっての「屈辱の日」なのか。

歴史家チャールズ・A・ビーアドもそうした立場をとったひとりだ。ビーアドは連邦議会議事録、新聞記事、公開された公文書を徹底的に調査・分析し、最終的に日米戦争が行われた責任は、ルーズベルトにもある、との結論に達した。では、ルーズベルトは戦争に至るまでどんな外交を行っていたのか。ビーアドはまず、ルーズベルト大統領の三期目が始まった一九四一年初めからその年の一二月に日本の奇襲によって、「戦争がアメリカに到来するまで」の間の外交の「外観（アピアランス）」と「現実（リアリティ）」を追った。「外観」とは政府の公式発表など表向きの動きであり、「現実」とはまさに事実そのものを指している。

当時、大統領が頭を悩ませていたのは、一九四〇年の大統領選で勝つためにぶち上げた〝反戦公約〟だったという。一九三九年九月、ドイツのポーランド侵攻でヨーロッパでは戦争が始まり、イギリス、フランスがドイツに宣戦したが、ドイツ軍の勢いはすさまじく、短時日でヨーロッパを席巻していた。イギリスからはアメリカの参戦を求める要請が次々と送られてきたが、ルーズベルトは国民への誓約に縛られ、身動きがとれなかった。参戦するには、憲法の規定に従って連邦議会の承認を得なければならなかった。しかし、国民の戦争不介入気運は強く、戦争参加に支持は得られそうになかった。

四一年三月、「武器貸与法」が成立。中立法の制約上、途絶えそうになっていたイギリスをはじめとする同盟国側への支援が可能になった。この辺からルーズベルトの動きが活発化してゆく。八月上旬、ルーズベルトは大西洋上でイギリスのチャーチル首相と会談した。その成果として、世界平和の理念「大西洋憲章」が発表された。このときルーズベルトは、アメリカの戦争関与について新たな約束は一切なされなかったと何度も繰り返した。だがチャーチルは後に、この会談でアメリカの参戦を確信し安堵した、と発言した。

九月から十月にかけて、米軍艦が大西洋でドイツの潜水艦と衝突した。大統領はアメリカが攻撃されたと説明したが、実際に先に発砲したのは、アメリカの軍艦だった。結局、自国の軍艦が沈められても世論がドイツとの交戦論に傾くことはなかった。

このころ日米関係は、日本の南部仏印進駐などで極度に緊張が高まっていた。ただ、その外観（アピアランス）からすると、ルーズベルト政権は、両国は平和的解決を模索しているとの立場をとっていた。だが現実（リアリティ）はどうか。四一年一一月二六日、日本の対米要求に応えるという形で、ハル国務長官が日本政府にアメリカ側の回答をまとめた覚書（「ハル・ノート」）を手渡したのだ。そこには日本の中国やインドシナからの全面撤退など、日本がとてものめそうもない厳しい条件が書かれていた。日本側はそれまでの長い間の協議が白紙に戻ったと思った。それが現実だった。

この覚書は真珠湾が攻撃され、日米開戦が始まった後に公表された。日本に対する「最後通牒」といってもいい重要文書だが、アメリカ国民はその存在を知らされていなかった。二年後に国務省が発表した報告書によると、ハル国務長官は覚書を手渡した後の戦争内閣のメンバーに、これで日本は太平洋で複数カ所を同時攻撃する可能性がある、と指摘したという。米政府高官がすでに日本の攻撃を予見していた証拠でもある。

当初、大西洋に関心が強かったルーズベルト。しかし、ドイツを刺激して戦争に持ち込もうとしたのが奏功せず、以後、ルーズベルトの参戦戦略は対日外交に軸を移していった。ルーズベルト政権が、国民への公約を破らずに、アメリカを、国民を、戦争に導くには、「日本を誘導してアメリカを最初に攻撃させるしかない」。日本の奇襲攻撃が現実に起こり、その戦略は的中した。「屈辱の日」の演説はまさに国民を欺く演出のファンファーレだった。

歴史家としての使命感

『ルーズベルトの責任――日米戦争はなぜ始まったか』の原書（*"President Roosevelt and the Coming of the War, 1941――Appearances and Realities"*）の初版が発刊されたのは一九四八（昭和二十三）年四月。第二次世界大戦が終結して三年しか経っていない。戦争を勝利に導いた指導者、FDR（ルーズベルトの愛称）はすでに亡くなっていたが、FDR崇拝は消えるどころか、ますます輝きを増していた。その英雄が国民を裏切り、アメリカを戦争に巻き込んだ張本人だったと糾弾する本書は、世論の激しい反発を受けた。例えば『フォーリン・アフェアーズ』誌の四八年一〇月号。ビーアドは『国際的な世界』の現実が分かって」おらず、「本書は事実を歪め、（ルーズベルトの）動機に不適切な評価を下した」と感情的な書評を掲載した。出版元のイェール大学出版局に対する不買運動も起こった。

実はビーアドの作品が物議をかもしたのはこれが初めてではなかった。『合衆国憲法の経済的解釈』（一九一三年）で、憲法にはこれを制定した人々の経済的思惑も反映されている、と指摘したことが猛反発を受けた。"建国の父"とも呼ばれる憲法制定者たちと経済的利益を結びつけて考えたこと自体、神聖な存在を冒したとされたのだ。しかし、ビーアドは毅然としていた。正しいことは正しいと主張するのが歴史家としての使命だ、という信念があったからだ。

ビーアドは日本との関係も深い。一九二二年九月、東京市長だった後藤新平に招かれて市政調査のアドバイザーとして約半年滞在しただけでなく、翌年の関東大震災の直後にも後藤の要請で急遽アメリカから駆けつけ復興への助言を続けた。このころビーアドが雑誌に寄稿した日本論には、わが国の歴史や文化に対する深い理解と好意があった。このため本書も日本贔屓が高じて書かれたという批判まで出た。だが、ビーアドは決して日本贔屓で本書を書いたわけではない。

「党派や政治家の人物の問題ではない。これはアメリカ人にとって、全世界の人々にとって、時代を超えた問題である」。ビーアドが本書で批判したのは、ルーズベルト大統領が〝反戦公約〟を撤回することなく、アメリカを自然に参戦に向かわせる手法、つまり日本に先に攻撃させるような外交施策をひそかに進めたことだった。それは、権力を制限することで政治の専制化や独裁を防止する憲法を踏みにじる行為だった。立憲民主政治と代議政治の将来を危うくするもので、建国の理念を、アメリカという国の根幹をないがしろにする行為でもあった。

　そうしたルーズベルトの秘密外交が弾劾されず、その後のアメリカ外交の指針となるならば、大統領や政府・軍高官は立憲政治の理念に口先では賛同しながら、それを独裁や専制に置き換えてしまうかもしれない。そうなれば合衆国の立憲民主政治はその歴史に幕を閉じることになりかねない。それをビーアドは深く危惧したのだが、戦後、大統領権限が強大化したアメリカは、いま、世界の至る所で危機に直面している。

　第九章の脚注にこんな一文がある。

「一二月七日午後、真珠湾で起きたアメリカにとっての大惨事のニュースを聞いて、私はすぐに戦争が単に偶然に起きたのではなく、これが一〇〇年以上にわたるアメリカ外交の結果であり、この共和国にとって新しい、危険な時代の幕開けがきたのだと信じて疑わなかった」。

（かいまい・じゅん／ジャーナリスト）
（まるも・きょうこ／明治大学都市ガバナンス研究所研究員）

▲チャールズ・オースティン・ビーアド
(1874–1948)
(Charles Austin Beard)

米国インディアナ州生まれ。オックスフォード大学留学，コロンビア大学などで歴史学，政治学を修め，1915 年同大学教授に就任。米国の第一次世界大戦への参戦で，大学総長の偏狭な米国主義により三人の教授が解雇されたのを機に大学を去る。1917 年，ニューヨーク市政調査会理事に就任。22 年当時の東京市長・後藤新平の招請で来日。その調査・研究成果の集大成が『東京市政論』で，日本の市政研究の先駆けともなった。23 年関東大震災直後に再来日。東京の復興に関する意見書を提出するなど「帝都復興の恩人」として活躍。後に，焦土と化した戦後の日本の都市計画にも示唆を与えた。米国政治学会会長，米国歴史協会会長を歴任。48 年，コネチカット州で死去。享年 74 歳。

国際協調に努力した一九二〇年代の日本に、気迫溢れるひとりの外交官がいた。

日本の歴史から消えた外交官

チャオ埴原三鈴

一九二〇年代と埴原正直

一九二〇年代は日本近代史の中で忘れられた感がある。「戦間期」を語るとき、常に焦点が当てられるのは国際規律を無視し無謀な侵略に走った日本であり、日本が国際協調に努力した戦間期の前半は無視される。なぜであろうか。「歴史は勝者によって書かれる」という金言がここにも当てはまるのであろうか。

しかし、歴史に断絶はありえない。一九二〇年代は、日本が国際意識に目覚め、官民ともに、国際社会への積極的参加を目指した時代であった。進歩的な政治家、外交官、そして有識者多数が、第一次大戦後急速に発展した国際外交のダイナミズムを認識し、日本も国際協調と平和へ向かって役割を果たすべく、雄々しい気迫をもって活動した。しかし、それにもかかわらず太平洋戦争は起こった。最悪の事態は突然起こった事象ではありえない。そこに至るまでには、いくつかの底流があったはずである。歴史の本質を探り、未来への糧とするためには、一九二〇年代の日本をもう一度、新鮮な目で見直す必要があるのではないか。

本書の初期の目的は埴原正直の業績を探ることであった。しかし調査を進めるに従って、日本近代史における一九二〇年代の特殊性、重要性が明白になってきた。この時代背景の分析なしに、個人の業績を語ることはできない。そればかりか、歴史上注目されることの少ない、この時代を浮き彫りにすることは、それ自体、重要なことではないか。そう考えて、白羽の矢を立てたのが中馬清福さんである。言論界の重鎮で常に重責を抱えられる中馬さんである。恐る恐る、でもどうしても、と御参画をお願いした。

日本では、埴原正直を知る人はほとんどない。しかし、筆者がアメリカで勉強した三年間で、埴原正直個人、及び日米関係に尽くした彼の業績がアメリカの、少なくとも識者の中では明確に記憶されていることを知った。

埴原正直は多くの意味で、一九二〇年代の日本の気迫を代表する外交官であった。しかし、彼は日本の歴史からはほとんど消えている。一九二〇年代の歴史が忘れられたように、それは単なる自然のなりゆきであったのだろうか。それとも意図的に「抹殺」されたのであろうか。専門家の間では諸説あるが、いずれも憶測にすぎない。筆者にとっても、それは長い間の謎であった。

埴原正直と私

▲埴原正直
(1876-1934)

埴原正直、充子夫婦には子供がなかった。妹の久和代も生涯ほとんど独身で、子はなかった。従って弟で末子の弓次郎(古川銅山副社長)の三児、義郎、卓子、和郎が埴原本家の跡取りとして育てられた。長男義郎が筆者の父である。筆者にとって正直は大伯父であるが、むしろ祖父のような感覚で育った。埴原家の祖父は正直、弓次郎、二人いることになる。

人類学者で、日本人の起源を研究、日本人形成二重構造論で知られる埴原和郎は義郎の弟、筆者には叔父にあたる。一九八〇年代の終わり頃、和郎叔父と埴原正直について話したことがある。埴原正直が亡くなったとき、和郎はわずか七歳。「伯父貴」の思い出はほとんど無かった。しかし、学者の立場から埴原正直の正当な研究と評価がなされていい時代に来ている、と語った。そして数年前和郎叔父も亡くなった。もう残るのは私だけ。どうしても書かなければ、といういわば「責任感」を感じた。

ブラウン大学名誉博士授与式の記念講演で、埴原正直は日本開国後、米政府が任命した初代日本特使、タウンゼント・ハリスの言葉を引用している。

もし自分の行為がいつか、日本とその未来を語る歴史に書かれるならば、それが「誉れある記述」になるよう、自分は責任を全うしたい。

埴原正直の思いも同じであったかもしれない。埴原正直の伝記はまだ書かれたことがない。本書は、ブラウン大学の博士ガウンを、恐れ多くも遊び着にして育った孫娘の、せめてものはなむけである。

(構成・編集部)

(Chow はにはら・みすず/元マッコーリー大学日本教育研究センター長)

パリ講和会議で、西欧列強を前に「人種差別撤廃」を提案したのは日本だった。

「人種差別撤廃」と日本外交

中馬清福

昭和天皇「大東亜戦争の遠因」

敗戦から七カ月たった一九四六（昭和二十一）年三—四月、昭和天皇は当時の宮内大臣・松平慶民（よしたみ）や御用掛・寺崎英成らを相手に、極めて機微に触れた問題について次々に語った。その記録の冒頭に登場するのが「大東亜戦争の遠因」である。太平洋戦争はなぜ起きたのか、昭和天皇はこう述べている。

この原因を尋ねれば、遠く第一次世界大戦后の平和条約の内容に伏在してゐる。日本の主張した人種平等案は列国の容認する処とならず、黄白の差別感は依然残存し加州移民拒否の如きは日本国民を憤慨させるに充分なものである。又青島還附を強いられたこと亦然りである。かかる国民的憤慨を背景として一度、軍が立ち上つた時に、之を抑へることは容易な業ではない。

昭和天皇は、日本国民に対する列強の「人種差別」が太平洋戦争の遠因、と言っているのである。第一に、第一次世界大戦の戦後処理を議したパリ講和会議で、日本の提案した「人種差別撤廃」案が列強の反対で否決されたこと、第二に、日本人は肌の色が黄色いが故に差別され、とくに米国ではカリフォルニア州を中心に排日運動が高まり、日本からの移民が拒否されたこと、を例としてあげている。戦犯訴追のうわさが飛び、退位の可否が密かに論じられていた時期の発言である。その解釈には慎重を期さねばならないが、「人種差別」と「開戦」とを直結させたこの昭和天皇の認識は簡明率直かつ重要な内容を含んでいる。それにしては、この指摘がこれまで究明し尽くされたとはいえない。

昭和天皇が指摘した人種差別にかかわる二つの実例は、一九二〇年代前後に起きた歴史的な事実である。当時、日本では大きな問題とされたのだが、最近では話題にされることも少なくなった。しかし日本は、当時としては破天荒な人種差別撤廃構想を国際舞台に提示したのである。

「排日移民法」成立時の外交官

執筆を進めるにあたって、日本のある外交官の生涯が重要な柱となった。人種差別と移民の問題を一貫して凝視してきた埴原正直（一八七六―一九三四年）である。若くして外務次官や駐米大使を歴任し、米国在勤が長かった彼は米国政界や外交界に多くの知人友人を持っており、根っからの日米友好論者であった。運命のいたずらか、排日移民問題で日米関係が最悪の状態になった時期、つまり米国の排日移民法が米国議会で成立する一九二四年前後、埴原は駐米大使の要職にあった。それだけにこの「事件」の全貌を最もよく知るひとりは間違いなく埴原である。

しかし懸命の努力にもかかわらず、結果的に埴原は米国議会の一部勢力の奸計といって過言でない言動によって、身を引かざるを得ない状況に追い込まれてしまう。その後埴原はこの件についてはいっさい黙して語らず、日本政府の側の応対もなぜか明瞭さを欠いていて、そこにはなお謎が多い。その結果、日本で埴原を語る人は少なく、業績も評価も不十分のまま今日まで来た。本書では埴原の近親者である筆者のひとりが新たに発掘した資料を活用しながら真相に迫りたい。

また、筆者のひとりが現職の新聞記者である以上、冒頭の昭和天皇の発言「国民的憤慨」は誰によってつくられたかを問うのは、本書の務めであると我々は思っている。昭和天皇があげた二つの事例に際して新聞はどう報道しどう主張したか、それがどう国民に受け止められたか、煽るような行為はなかったか、さらに新聞以外のメディア、総合雑誌や外交専門誌、単行本はどう論じたかの分析も欠かせない。ことに総合雑誌は、新時代の到来をめぐって百家争鳴の観があり質的にも水準の高いものが多いが、従来、あまり重視されてこなかったのは残念である。本書では在野の思想家・評論家・ジャーナリストの言動にあらためて注目し、その役割の再評価を試みたい。彼らの言動は、当時の有識者を惹きつけた「民本主義」と絡み合い、大正デモクラシー運動に大きな影響を与えた事実を軽視したくないからである。

（構成・編集部）

（ちゅうま・きよふく／信濃毎日新聞主筆）

近代日本を根源的に批判した男。生誕一五〇周年記念出版!

「明治の精神」内村鑑三

新保祐司

いま、なぜ内村鑑三か

嘉永六(一八五三)年の黒船渡来以来、沸き立った日本人の精神的エネルギーは、一六〇年ほど経った今日、ほぼ消尽してしまったようである。

その精神的エネルギーとは、思考力、道徳力をはじめ、政治力、外交力、経済的勤勉さ、社交的誠実さなどを含むものを指しているが、幕末維新期に盛り上がった精神的エネルギーは、いわゆる「明治の精神」に結実した。

その「明治の精神」の典型的存在が、近代日本の代表的基督者、内村鑑三に他ならない。徳富蘇峰は、「内村さんのような人が明治に産出したことは明治の光だと思う」と、九十歳のときに語った。内村は、西郷隆盛、上杉鷹山、二宮尊徳、中江藤樹、日蓮上人の五人をとりあげた『代表的日本人』の「独逸語版跋」の中で「此書は、現在の余を示すものではない。これは現在基督信徒たる余自身の接木せられてゐる砧木(たいき)の幹を示すものである」と書いた。

この「砧木(たいき)の幹」、「台木」とは、たんに歴史的教養を意味しているのではない。人格的なものにまで形成されたエトスとパトスの蓄積である。そして、その蓄積を回想し、自覚している歴史精神である。

しかし、「明治の精神」は「台木」を持っているだけでは生まれない。何ものかが、「接木」されなくてはならないのである。内村鑑三の場合には、いうまでもなく「基督教」が「接木」されたのであり、福澤諭吉の場合は、「文明」が、岡倉天心の場合は「フェノロサの眼」が、中江兆民の場合はルソーが、夏目漱石の場合は、英文学が、といった具合に、それぞれが、それぞれの「台木」の個性と宿命に応じて、様々なものを「接木」したのである。

「明治の精神」が、生き生きとしていたのは、大体、日露戦争まででであろう。それ以降、この劇的な精神は、次第に薄れていく。自然主義、大正デモクラシー、マルクス主義、戦時下の日本主義と移り変わり、やがて敗戦を迎えた。

そして、戦後の六十余年とは、精神的エネルギーを鍛えることなく、今日の空虚な日本、今年没後四一年の三島由紀夫のいわゆる「無機的な、からっぽな、ニュートラルな、中間色の」日本に堕していくだけの時間であった。

河上徹太郎は名著『日本のアウトサイダー』の中で、内村について「日本のアウトサイダー」の「最も典型的なもの」と評した。内村という「アウトサイダー」が、実は近代日本の支柱の役割を果したことは、内村から影響を受けた人々の顔触れの多様性をみただけでも分かるであろう。

▲内村鑑三
（1861-1930）

司馬遼太郎の『坂の上の雲』が現在、何かと話題になるのも、そこに「明治の精神」が活写されているからに違いない。たしかに今日の日本に必要なのは、「明治の精神」の回復である。

危機の中にある日本を立ち直らせるためには、「明治の精神」の代表的存在である内村鑑三を深く理解し、そこから精神的エネルギーを汲みとらなければならない。

内村鑑三をとりまく人々

■**有島武郎**（一八七八―一九二三）

朝内村氏の『求安録』を読む。精読するに随て彼れの欠点は見出さる可しと雖も然かも不動の信念は人をして彼れの胸を慕はしむべきなり。（「日記」より）

■**小林秀雄**（一九〇二―一九八三）

僕は乃木将軍という人は、内村鑑三などと同じ性質の、明治が生んだ一番純粋な痛烈な理想家の典型だと思っています。（「歴史と文学」より）

■**河上徹太郎**（一九〇二―一九八〇）

さて今度は内村鑑三だが、私はかねがね彼を「日本のアウトサイダー」の最も典型的なものと目指していたのである。（略）内村鑑三に至って、私が本書で述べた意図は殆んど尽くされているのである。近代日本の精神について、キリスト教の正統について、アウトサイダーとインサイダーの関係について、すべてがあるのみならず、自らそれを力強い実践性で生きているのである。（『日本のアウトサイダー』より）

■**太宰治**（一九〇九―一九四八）

内村鑑三の随筆集だけは、一週間くらゐ私の枕もとから消えずにゐた。私は、その随筆集から二三の言葉を引用しようと思つたが、だめであつた。全部を引用しなければいけないやうな気がするのだ。

これは「自然。」と同じくらゐに、おそろしき本である。（「碧眼托鉢（三）」より）

■保田與重郎（一九一〇—一九八一）

内村鑑三のかいた文章は天心の幾倍かに及んでいる。しかもこの最も美事だった明治の精神界の戦士の文章は、その強烈な破壊力の中に人柄のあたたかさを示して、目にさえあざやかである。生涯同じ一貫したものをかき残した偉人であった。（「明治の精神」より）

■福田恆存（一九一二—一九九四）

平和はたんに戦争のない状態という消極的な意味しかもちえない。（…）それが積極的な理想にまで高まるには、個人倫理の絶対性と相ふれなければならぬのです。現代の平和論者が内村鑑三とまったく異るゆえんです。（「個人と社会」より）

■加藤周一（一九一九—二〇〇八）

彼（内村鑑三）の日本における影響は、主として講演や講義や研究会を通じてであった。たとえば正宗白鳥は、彼の「月曜講演」（一八九八）にひきつけられていたし、小山内薫、志賀直哉、安倍能成、高木八尺らは、「日曜聖書講義」（一九〇二）に出席していた。（『日本文学史序説下』より）

■安岡章太郎（一九二〇—）

私が内村鑑三に関心を持ちはじめたのは、正宗白鳥の評伝『内村鑑三』を読んでからである。（…）私は、これに触発されて内村の『余は如何にして基督信徒となりし乎』を読み、巻を措くあたわずというほど面白かった。（「内村とアメリカ」『内村鑑三全集』第三巻月報より）

■橋川文三（一九二二—一九八三）

内村鑑三という人間は実に偉大な人間である。まず彼の存在は、現代日本人のりんかくにそのままあてはまる。簡潔にいえばそれは内村自身が書いている『代表的日本人』の中の西郷隆盛にも匹敵する。それは内村のいう「日本人のうちにて最も幅広き最も進歩的なる人」であるが、私の内村に対する尊敬はそれと同じである。（「内村鑑三先生」『内村鑑三全集』第九巻月報より）

■大岡信（一九三一—）

内村鑑三が極めて独自だったのは、（…）国家というものの地理学的・歴史学的位置づけの中に、厳然たる「使命」の観念が介入し、それなしには国家も存立し得ないほどの緊要不可欠なものとして、日本国の世界史的使命が説かれていることである。これが、（…）一冊の地理学概説の書をして、明治の最も美しい思想的産物のひとつとさせている根本の理由だろう。（「地理の書　思想の書——『地理学考』の内村鑑三」『内村鑑三全集』第二巻月報より）（構成・編集部）

（しんぽ・ゆうじ／都留文科大学教授）

近代日本を根源的に批判した男。生誕150周年記念出版！

別冊『環』⑱　新保祐司編　菊大判　368頁　3990円

内村鑑三　*1861-1930*

I　内村鑑三と近代日本

〈対談〉内村鑑三と近代日本　新保祐司＋山折哲雄
近代日本にあった三つの選択肢――福澤諭吉・柳田國男・内村鑑三　山折哲雄
今、何故内村鑑三か――キリスト教は西洋の宗教ではない　新保祐司
内村鑑三の旧約読解と震災の年の日記　関根清三
鑑三に試問されて　渡辺京二
ピューリタニズムを培った十年の彷徨　新井　明
内村鑑三の天職論――『後世の最大遺物』『代表的日本人』を読む　鈴木範久
内村鑑三の日本論――『代表的日本人』を読む　田尻祐一郎
内村鑑三と牧口常三郎――『地理学考』から『人生地理学』へ　鶴見太郎
内村鑑三と田中正造――内村鑑三の「政教一致」論　猪木武徳
内村鑑三と河上肇――経済と倫理をめぐって　住谷一彦
内村鑑三と石橋湛山――札幌農学校・日蓮・朝鮮論をめぐって　松尾尊兊
内村鑑三と井上伊之助――台湾・樟樹（くすのき）・聖書（バイブル）　春山明哲

II　内村鑑三を語る

内村鑑三の勝利　新保祐司
（内村評――黒岩涙香／北村透谷／国木田独歩／長谷川如是閑／有島武郎／正宗白鳥／志賀直哉／安倍能成／前田多門／天野貞祐／武者小路実篤／塚本虎二／荒畑寒村／大内兵衛／南原繁／高木八尺／矢内原忠雄／柳田泉／向坂逸郎／内村祐之／大久保利謙／高田博厚／下村寅太郎／小林秀雄／河上徹太郎／加藤楸邨／大塚久雄／亀井勝一郎／太宰治／保田與重郎／松田智雄／氷上英廣／中村光夫／森有正／関根正雄／森敦／福田恆存／丸山眞男／加藤周一／安岡章太郎／橋川文三／大岡信／前田陽一）
武士的基督教　海老名弾正
必ず後に伝わる人　徳富蘇峰
熱心なる基督教徒にして正直なる愛国者　山路愛山
内村先生の励まし　山室軍平
青年達が感動した毅然たる態度　石川三四郎
内村鑑三によって保たれた残り火　山川均
真に国を憂う「非国民」　岩波茂雄
内村先生と神を信じない私　長與善郎
内村鑑三先生と朝鮮　金教臣

III　内村鑑三を読む

近代日本のパウロ――「内村鑑三を読む」解説　新保祐司
　武士道と基督教
　若しルーテルが日本に生まれたならば？
　浅い日本人
　日本的基督教に就て
　何故に大文学は出ざる乎
　如何にして大文学を得ん乎
　私は無教会主義を……（絶筆）
　羅馬（ロマ）書の研究（序、第1～9講、第56～60講）
〈附〉内村鑑三年譜（1861-1930）

フランス革命をへてようやく西洋に灯った、「民衆」による新しい世界の光。

「民衆」の発見

大野一道

フランス革命以降の六人の思想家

本書は、キリスト教の力がしだいに弱まっていったフランス革命以降の近代フランスにあって、つねに「民衆」を問題にしながら、人類が連帯を保って生きてゆくための新しい原理（ないし教理）をどこに求めるべきか、いや宗教にも代わりうるそうした原理（ないし教理）がそもそもありうるのかといった、さらに根源的な問題をも模索した、広い意味での文学者たち六人（ミシュレ、キネ、ラマルチーヌ、ルルー、ラムネー、ペギー）の思想を探ったものである。「広い意味での文学者」としたのは、これらの人々のうち、純粋に文学者と目されるのは、詩人として盛名をはせたラマルチーヌとペギーぐらいのもので、ミシュレとキネは歴史家、ルルーは社会思想家、ラムネーは宗教家として一般には知られているからである。

全生命の一体性

ところでミシュレを研究するうち筆者が興味を覚えたのは、彼が自然に関し、われわれがもっているような東洋的感性とでも言えそうなものとともに、思索しているという点だった。ルルーのように「全人類は一つ」という文言こそ使わなかったが、「全生命は一つ」といった見方さえ、ミシュレはしていたのではないかと思える。

そこで、ここでは彼の『十九世紀史』（邦訳、ミシュレ『フランス史Ⅵ　19世紀――ナポレオンの世紀』藤原書店）の一節を紹介して、そうした思考の一端を理解しておきたい。自然科学における十九世紀の研究が、全生命の一体性を認識しだしたと述べているところである。

「世界は皆同じ源から生じているということ、あらゆる存在は一つであるということ、これが新しい教理である。しかしそれを感じるためには、二つのことが必要であった。まずこの世紀を通して徐々に広がり、自然によってようやく動かされた、思いやりの心。そして（…）自尊心の放棄であり、そのおかげで人々は、（…）最も小さなものさえも親族として認識することができたのである」。

そしてこうした世界観をもたらしたジョフロワ・サン＝ティレールについて、次のように述べる。

「彼はすべての有機体の中に、見せかけの相違がそこで消え去り、類似が生じ、互いの統一が行なわれるような点を見出した。このようにしてすべてが、（…）やがて自分たちが兄弟であることに気づく。驕る心よ、さらば。最もとるに足りない動物でさえも、人間のいとこ、あるいは先祖なのだ」。

（訳はボアグリオ治子による）

▲大野一道氏
（1941-　）

あらゆるものに仏性がある、「一寸の虫にも五分の魂」と言いならわしている日本人からすると、特に驚くことのない一節かもしれない。しかし西洋的世界観からすると、これは仰天すべきものの見方だ。西洋の世界観の根底をなしているキリスト教の見方は、実際に読んでいただくのが分かりやすいだろうから、『聖書』を引用して眺めてみよう。

『旧約聖書』冒頭の『創世記』の、その冒頭には次のようにある。

（神はその御業として、光を創り、空と地を分け、海を創り、地に草を生えさせ、天に星を創り、鳥や魚や獣を創ったあと）「神は言われた。『我々にかたどり、我々に似せて、人を造ろう。そして海の魚、空の鳥、家畜、地の獣、地を這うものすべてを支配させよう。』神は御自分にかたどって人を創造された。（…）男と女を創造された。神は彼らを祝福して言われた。『産めよ、増えよ、地に満ちて地を従わせよ。海の魚、空の鳥、地を這う生き物すべてを支配せよ。』」

（新共同訳による）

さらには、人間の中でも、とりわけユダヤ人を神は愛でたという話は、『旧約聖書』のいたるところに出てくる。つまりユダヤ・キリスト教的世界観にあっては、常に特権的な存在がありつづけるのだ。万物の中では人間が、人間の中ではユダヤ人が、神によって特に選ばれた存在、エリート、選良でありつづける。

これがヨーロッパ的な世界観の根幹

を成しているように感じられる。それゆえ神に選ばれたものが、他のもの（人間、人間以外の生命体の別なく）をすべからく支配するのが当然といった見方が生じたのだろう。ヒエラルキー型の社会システムが必然的に到来するゆえんである。もっともイエス・キリストは、そのようなユダヤ教を全人類に普遍する世界的宗教へ、愛の信仰へと変貌させたのだとも言えようが、長い歴史の中で、キリスト教の実態は、つねに先祖がえりするかのごとく、自らを特権化する方向へと行ってしまったのである。そういうことへの反発、批判の一例がたとえばペギーであり、ラムネーである。

〝フランス的革命精神〟

こうした西洋的世界観が、何らかの特権者が特権を振るうことを当然視する社会を支え続けたのではないか。上に引用したミシュレの文章の中に、「自尊心の放棄」とか「驕る心よ、さらば」とあるのは、こういった特権意識に呪縛された西洋人への自戒の言葉に他なるまい。フランス革命以降はじめて、ヨーロッパ世界にも、キリスト教的世界観の偏狭な人間中心主義を脱して、キリスト教を超えた別種の世界観を見出してゆくような徴候が見えてきたのではないか。そして初めて真の意味での他者――優越的視線で見下す対象とはならない他者という意味だが――を知ることができるようになったのではないか。こうした変化こそフランス革命によって生み出されたものであり、それ以降のヨーロッパ社会を陰に陽に動かしていった、いうなれば「フランス的革命精神」とも言えるようなものの働きだったと思える。本書でとりあげたひとびと、とりわけミシュレの中に筆者はそうした精神の代表を見る思いがする。

つまり冒頭で述べた、従来のキリスト教的世界観に代わりうるような新しい原理なり未来を見すえた教理なりを、ミシュレ（ら）は生命への畏敬の心、全生命の一体性の確認といったことの中に見出そうとしたということなのだ。地球も一つの生命体だとしたら、間違いなく宇宙全体も生きた存在となるに違いない。偉大なる宇宙への、荘厳なる宇宙への畏怖（いや宇宙と呼ぶより、古来東洋で言われてきた「天」と呼ぶ方がふさわしいかもしれぬが）、そういったものを感知する時、新しい信仰ないし宗教に近いものが生まれうるのではないか。宇宙の外側に、なぜ人間と同じ姿をした絶対神が必要なのか。ペギーからミシュレへの筆者の歩みは、畢竟、そうした疑問への解をもとめての彷徨だったように思う。

　そしていま改めて地球の現在を眺めてみると、二十一世紀の今日、相変わらず強者による弱者の収奪があり、宗教間の対立があり、人間による自然の収奪があることに気づく。

▲左上よりミシュレ（1798–1874）、キネ（1803–1875）、ラマルチーヌ（1790–1869）。左下よりルルー（1797–1871）、ラムネー（1782–1854）、ペギー（1873–1914）。

　自然の収奪の最たるものは、恐らく今日の日本で起きている原子力発電所の大事故にほかなるまい。なぜならば原子力の利用とは、自然界には存在しない物質を人間の力で作り出してゆく工程だからである。皮肉な言い方をすれば、ホモ・ファベル（工作するものとしての人間）を象徴する最高の行為だからである。人間が自然の上に立って自然を作り変えるのではなく、自然とのかかわりにはつねに節度が必要なのだ。その節度を忘れる時、大いなるしっぺ返しを受けることになるだろう。これが今日の原発事故の本質と思われる。元来自然界に存在しているものを、単に組み合わせや配列を変えることで新しいものへと作り直し、適度に使用しているかぎり、ホモ・ファベルは自然への畏敬を忘れたことにはなるまい。しかし、それまで自然界に存在していなかったものを、巨大なエネルギーとともに新たに創造するようになったとき、つまりみずからを造物主と同等の力ありとしてしまったとき、人間の傲慢は度を越してしまったのではないか。西洋的近代文明を謳歌しながら、地球はいま傲慢不遜な人間たちであふれかえっているように見える。

　そうした今日的動向を乗り越えるには何が必要か。なによりもわれわれ自身の意識改革が、世界観や価値観の見直しが求められるだろう。そうした課題に答える上で、西洋世界のただ中にあって、それぞれの形で伝統的考え方や物の見方を超越しようとした、これら本書で取り上げた人々の思索が、なんらかのヒントとなることを筆者は信じている。

（構成・編集部）

（おおの・かずみち／中央大学教授）

リレー連載　今、なぜ後藤新平か　75

ふるさと水沢と後藤新平

平澤永助

ふるさとの歴史

私は水沢（現在の奥州市）の出身です。奥州市は平成十八（二〇〇六）年、水沢市、江刺市、前沢町、胆沢町、衣川村の五市町村が合併して誕生しました。

奥州市のある胆江地方（岩手県中西部）は、古代、日高見の国と呼ばれ、蝦夷の独立社会が形成されていました。十二世紀、奥州藤原氏がこの地に平泉文化を築き上げました。江戸時代には伊達一門として水沢城主をつとめた留守氏が、明治維新まで城下町である水沢の発展に力を尽くしました。後藤新平は留守家御小姓頭・後藤実崇の子で、明治維新まで留守家の奥小姓として仕えていました。

幕末から昭和初期にかけて、当地に時代を動かす偉人が誕生しました。蘭学者・高野長英（後藤新平の親戚筋）、後藤新平、二・二六事件で凶弾に倒れた、岩手の生んだ二人目の総理大臣（一人目は原敬）、斎藤實で、三偉人と呼ばれています。

後藤新平と斎藤實

実は、地元の水沢では、後藤新平没後第二次世界大戦中まで、後藤の名が話題にされることは、ほとんどありませんでした。後藤の知名度は、戦後もそれほど高かったとはいえません。後藤の存在に光が当たり、再評価の動きが高まってきたのは記念館が開館した昭和五十三（一九七八）年以降のことです。

後藤新平記念館は、日本で最初の公民館である「後藤新平記念公民館」の裏手に建てられました。この公民館は、正力松太郎が『読売新聞』買収時に資金を援助した後藤への恩返しとして、後藤の故郷に贈った寄付金で建てられたものです。それまで水沢には、後藤新平の生家が残ってはいたものの、後藤の偉業を偲ぶ記念碑や銅像、施設などは、なにもなかったのです。

後藤新平と斎藤實は一歳違いで、生家が近く、斎藤が後藤の葬儀委員長を務めるなど、親交がありました。ボーイスカウトの初代総裁が後藤新平、二代目が斎藤實です。

斎藤實夫人の春子は昭和二十（一九四五）年に、夫の生地水沢の邸宅に疎開しました。この邸宅は朝鮮総督府辞任時に

▶後藤新平（左）と斎藤實（右）

朝鮮の官民から贈られた寄付金をもとに、人手に渡っていた生家の跡地に文庫として建てたものでした。昭和十六年、斎藤子爵記念事業会によって隣に図書館が建設されましたが、これは現在の水沢市立図書館となりました。

最初の水沢市名誉市民であり、昭和四十六（一九七一）年九十九歳で生涯を終えるまで水沢で暮らした春子夫人に、多くの市民は親しみと敬意を抱いています。斎藤實記念館は、住宅と書庫に展示館を加えて、昭和五十（一九七五）年に開館しました。現在書庫には三万八二〇〇冊の貴重な資料が収められています。

首都圏水沢人会の活動

私が副会長を務める首都圏水沢人会は、昭和六十一（一九八六）年に発足しました。現在、会員は一〇〇人ほどで、首都圏在住の奥州市水沢区出身者の親睦交流を図るとともに、郷土の益々の発展に寄与することを活動方針としています。

首都圏胆江ふるさと会に参加して近隣団体との交流を盛んにしたり、奥州市と連絡を密にとり、奥州市が岩手県の中心となるよう協力したりもしています。岩手県人連合会でも存在感をアピールしています。年一度の講演会や、定期的な会報の発行など、広報活動もさかんに行なっています。

当会はいま、会員の高齢化という問題を抱えています。会の活性化のためにも、ぜひ若い世代の方に会員になっていただきたい。そのためには、魅力のある組織になる必要があると考えています。後藤新平の故郷である水沢の発展のために、今後も活動していきたいと思います。

（ひらさわ・えいすけ／首都圏水沢人会副会長）

Le Monde

■連載・『ル・モンド』紙から世界を読む　105

どうなる南極

加藤晴久

一九九一年にマドリッドで四八カ国が調印し、七年後に発効した「環境保護に関する南極条約議定書」は南極を「平和と科学に献じられた保護自然地」とすることを目的とし、地下資源の探査と利用をいっさい禁止している。ところがことし六月にブエノスアイレスで開催された南極条約第三四回協議国会議でロシアは「南極大陸および周辺海域で鉱物資源（炭化水素）およびその他の自然資源に関する総合的な探査」を二〇二〇年以降長期的に展開する、と言明した。マドリッド議定書そのものを否定するロシアの方針に他の諸国が反応しないのが驚きだが、これは深刻な事態を招く怖れがある。

①南極条約は領有権を主張する七カ国（アルゼンチン、オーストラリア、ニュージーランド、チリ、ノルウェー、フランス、イギリス）の主張を凍結してきたのだが、この地政学的均衡が崩れる可能性がある。

②資源探査競争が始まったら、中国、インド、ブラジル、南アフリカなど新興国がどう出るか。特に中国は南極進出を強化している。新たに設置したクンルン基地は大陸全体のすべての国々の基地を見下ろす四〇〇〇メートルの高地にある。象徴的意味は大きいが、科学研究の観点からはあまり意味がない。オーストラリアが領有権を主張している区域にあるこの基地の入り口には「ようこそ中国へ！」という歓迎のことばが掲げられている。

③マドリッド議定書締結の主要な目的のひとつは地球温暖化防止だった。環境問題はいまEU諸国の信用危機という目先の問題に隠れて関心が薄れている。しかし、信用危機の問題はまさに、大気汚染を放置すれば、地球はいずれどんな債務を負うことになるかを教えている。

一〇月二三／二四日付『ル・モンド』の社説と六面の記事の内容を紹介した。

ことしで七〇億人となった人類。北極はすでに開発競争の場。残された最後の大陸、南極までをも食いつぶしてしまうのであろうか？

こういう問題でこそ、日本政府は骨太な方針を打ち出し、したたかなリーダーシップを発揮してもらいたいものだ。

（かとう・はるひさ／東京大学名誉教授）

リレー連載　いま「アジア」を観る　107

「海洋アジア」の視点から

川勝平太

十年余り前、NHKの人間講座で「近代はアジアの海から」と題する十二回の連続講義をしたことがある。各回三〇分におさまるテキストを求められたが、テキストの棒読みに抵抗感があり、一度も読まず、即席で話すスタイルをとった。テキストはすぐ品切れになり（その後、本にせず）、テキストがない講義だと思われた視聴者がいたらしい。講義の要点は「近代文明の母体となったのは海洋アジア」というものである。

「アジアは一つ」と岡倉天心は言ったが、アジアは一つ一つだ。海洋アジアも一つではない。西ヨーロッパの近代化の母体となった海洋アジアは「海洋イスラム」、日本のそれは「海洋中国」である。前者の中心は環インド洋圏、後者のそれは環シナ海域である。

西ヨーロッパでは西端のイギリスが最初に「海洋イスラム」の外圧から自立して近代文明を生み、日本は「海洋中国」の外圧から自立して独自の文明をつくった。日・英の近代文明の母体となった海洋アジアの相異に目配りすると、日本が「アジア間競争」の中で勃興してくる様が見えてくる。

イギリス主導の近代文明は戦争・環境破壊・経済格差を生む構造的限界をもっている。それを克服する可能性が日本にある。それを果たすには母体との関係の再構築が必要である。日本文明の母体の環シナ海域は東南アジア、ミクロネシア、メラネシア、オセアニアの海域群に開かれ、全体として西太平洋の多島海世界を構成している。それを私は「豊饒（ほうじょう）の海の半月弧（はんげつこ）」と名づけた。人類文明の起源「肥沃の半月地帯」を念頭においたものだ。

メソポタミア文明の栄華は夢の跡である。だが「西太平洋の豊饒の海の半月孤」は海洋・海底の資源が豊かで亜寒帯・温帯・熱帯に広がり、民族の多さ、文化の多様性において比類がない。日本は西太平洋の豊饒の海の半月弧の北の一郭（いっかく）にある。そこに「水の惑星」にふさわしい海の文明をつくりあげたいものだ。

（かわかつ・へいた／静岡県知事）

連載

女性雑誌を読む 44

『ビアトリス』（一四）

尾形明子

「大杉、神近、伊藤氏の自由恋愛事件を論ず」と銘打った一九一六（大正五）年一二月『ビアトリス』は、創刊以来はじめて完売となったが、発起人として当初から参加していた五明倭文子（ごめいしずこ）と杉浦翠子が脱会した。一一月号には一〇月一五日の「故女流作家追慕会」の和気藹々とした楽屋話が記されていたから、唐突の感がする。まず新聞に脱会を発表したらしい。

一二月号の「編集後記」は二人の脱会を「家庭の事情」として、「毫も不快な事のなかつたのを皆様に瞭（はつ）きり御知らせいたして置きます」と結ぶ。無署名だが、生田花世であろう。山田邦子、岡本かの子、生田花世、山田たづ等これまでの発起人に斎賀琴子、坂本真琴らが加わり、新たに一〇人を編集と経営の共同責任者として、『ビアトリス』を建直す決意を示した。

が、翌一九一七年一月号の『女の世界』は、五明倭文子の「ビアトリス社同人に与ふ」と題した八ページからなる一文を載せた。H（生田花世）とT（山田たづ）の熱心な依頼に発起人になったいきさつから、「頭脳も資金もない」のに、ただ自分だけが偉くなりたい、世に出たいと「高尚なハイカラな雑誌」を出したがる発起人に、嫌気がさして脱退を決意するまでが連綿と綴られている。

生田花世の容貌やその性格にまで及ぶ文章は不快であるが、『青鞜』との比較は興味深い。「新らしい女」としての確かな思想を持っていた平塚らいてうに匹敵する同人もなく、しかも勝れた作品が載っているわけでもない『ビアトリス』が「もう女の仕事といふことに、左程までに興味も関心も、また好奇心も有（も）つてゐない世間に、どうして喜ばれる筈がありませう」と言い切っている。

大正期の女性雑誌がことごとく短命に終った理由が、五明倭文子の指摘にあることを思う。「新らしい女」が手垢にまみれた以上、もはや男女の別ない〈作家〉の登場が求められていたはずなのに、その事に気付こうともしないままに、〈女であること〉に甘えて続けていた大正期の多くの女性作家が浮かぶ。

（おがた・あきこ／近代日本文学研究家）

■連載・生きる言葉　56

塚本哲也『メッテルニヒ』（二）

粕谷一希

いつの時代にも世紀を画する人物、役者が生まれる。（略）十九世紀も後半にはドイツ統一のビスマルク、共産党宣言のカール・マルクス、前半にはフランス革命後の長い戦争を続けたナポレオンと、その後始末のウィーン平和会議を成功させた本書の主人公であるメッテルニヒが華々しく登場した。

（塚本哲也『メッテルニヒ』文藝春秋刊
二〇〇九年一〇月、プロローグ一頁）

筆者の塚本哲也は一九六三年、オーストリア留学兼特派員記者としてウィーン、ボンに滞在した。『毎日新聞』記者として六〇年安保を国会担当として経験し、「NATOを知らないと安保はわからない」という結論に達したためだという。ナントモスローモーだが立派な判断である。彼はウィーン、ボンの街を通してドイツ語に習熟し、同時にヨーロッパの歴史のヒダを感じ取ることができた。

フランス革命とナポレオンにヨーロッパは二五年のながきにわたって苦悩を味わった。塚本哲也の三部作『エリザベート』『マリー・ルイーゼ』『メッテルニヒ』の生まれる発端である。塩野七生の『ローマ人の物語』に匹敵する物語である。時代を画す人物の伝記こそ歴史の核であり、華である。

『メッテルニヒ』は、彼が夫人に先立たれ、彼自身、右半身不随となり、左手でパソコンを打った産物である。全体は千枚の大作で、彼は渾身の力を振り絞ったのであろう。なぜなら、我々の生きた二十世紀も戦争と革命の世紀であり、その意味で十九世紀と似ている。メッテルニヒこそ保守政治家・外交官としてその教養と社交能力を傾けてナポレオンに抵抗し「会議は踊る」の演出家であった。

われわれは自分たちの時代を知るために、ヨーロッパに学ばなければならない。彼というジャーナリストを通じて、キッシンジャーを始めとした歴史家の洞察の基礎を知ることができる。ロシア、中国、ヴェトナムを理解するために歴史に還らねばならないのだ。

（かすや・かずき／評論家）

＊前号で塚本哲也氏が江戸英雄氏の娘と結婚と紹介しましたが、江戸氏は塚本氏が結婚する際の仲人でした。お詫びして訂正いたします。

連載　風が吹く　46

「水たまりの王子」(二)

高 英男氏　6

山崎陽子

高英男さんは、昭和五十五（一九八〇）年五月二十日から二十五日までの六日間、銀座博品館でのシャンソン・リサイタルに「水たまりの王子」をいれたいと言ってこられた。

昭和四十年代の高さんは、帝劇、日劇、郵便貯金ホール（現在のメルパルクホール）大阪梅田コマ劇場などの、名だたる大劇場でワンマンショウを毎月のように上演し、映画、テレビにも八面六臂の活躍で、大阪万博のイベントには、ペギー葉山さんと一カ月も出演するなど、息つく間もない日々であった。その高さんが、上演目的ではなく書いた〝一人語りのミュージカル〟を上演したいというのだ。誰よりも驚き、当惑したのは私だった。

アメリカに留学中、不慮の災難で車椅子になった息子は、持ち前の明るさと若さで、瞬く間に不幸を幸せに転化してしまい、それを目の当たりにした私は、ごく自然にその形を受けいれることができたが、日本にいて孫の身を案じる姑の不安はただ事ではなかった。そんな姑を励ましたくて（また私自身をも納得させたくて）書いたのが車椅子の少女と中年のスリの物語であった。

便箋に鉛筆で綴った物語がどうして高さんの手に渡ったのか。悲嘆にくれていた姑を何くれとなく励まして下さった高さんに、ある日、何気なく見せたのが発端で、高さんは、すぐに決断されたという。私は当時、童話や子どものミュージカルを手がけてはいたが素人同然であった。もし姑への友情や私への同情からの発案だとしたら、あまりに無謀ですと固辞したことを今も記憶している。

「舞台は、友情や同情で決断できるほど、甘い世界ではありません。有名無名を問わず、心の奥底に響くものがあったから演じたいと思ったのです。すでに、演出は山本紫朗、演技指導は盟友の殿山泰司に決めています」。私は、受話器を頬にめりこむほど強く押し付けたまま、高名な演出家と名脇役の名を胸に刻み、高さんの優しいけれど毅然とした声音に、ただ耳を傾けていた。

間もなく、この作品は「幸福の王子」というタイトルでの上演が決定した。

（やまざき・ようこ／童話作家）

連載　帰林閑話　204

半解先生問答抄（六）

一海知義

二十一

Q　岩波新書の『陶淵明――虚構の詩人』をお書きになったのは、先生何歳の時でしたか。

半　一九九七年の五月、誕生日の直後に出たから、六十八歳になった時やな。

Q　失礼ですが、随分遅いですね。先生が淵明研究を始められたのは、大学院に進まれた一九五三年、二十四歳の時ですから、四十四年も経っています。

半　ぼくは晩生（おくて）やからな。

Q　どなたにすすめられて、お書きになったのですか。

半　アメリカ経済史の本田創造さんや。

Q　どういう方ですか。

半　ぼくは年上の友人が多くて、その一人や。『アメリカ黒人の歴史』（岩波新書、一九六四年）の著者で、ぼくは面識はなかったけど、熱心な読者やった。本田さんが亡くなった後の回想録（二〇〇一年）で、こんなことを書いてる。

「専門外の本だが、テーマに惹かれて買い、一気に読んだ。当時はまだ若くて生意気だった私は（今でも生意気だが）、この人は社会科学者のくせに文章が書ける人だな、と思った」

Q　面識のない専門外の人が、どうして先生を岩波に推薦されたのですか。

半　本田さんは一九六六年の秋、一橋大学から神戸大学に移られ、それ以後、家族ぐるみのつき合いが始まる。

Q　本田先生はどうして「陶淵明」を推薦されたのですか。

半　彼は当時の岩波新書編集長の友人で、適当な執筆者をと頼まれていた。そして本田さんは神戸に来て以来、専門外なのにぼくの本や論文を丹念に読んでくれていた。

Q　それにしても、本田先生の神戸大学着任は、一九六六年、『陶淵明』の出版が、九七年。三十一年も経っているのは、なぜですか。

半　推薦してくれたのは七五年頃や。

Q　それでも二十年前ですね。（続）

（いっかい・ともよし／神戸大学名誉教授）

一月新刊

＊タイトルは仮題

エネルギー問題を根本から問い直す

環 学芸総合誌・季刊【歴史・環境・文明】

Vol.48 '12冬号

〈特集〉原発・放射能・エネルギー 東日本大震災III

「エネルギーとは何か」 I・イリイチ
鈴木一策訳・解説

〈鼎談〉原発・放射能・エネルギー問題にどう向き合うべきか
井野博満＋鎌田慧＋吉岡斉

〈対談〉東北・被災地をめぐって
E・トッド＋三神万里子

〈シンポジウム〉東日本大震災と後藤新平
青山佾＋赤坂憲雄＋北原糸子＋陣内秀信＋増田寛也＋橋本五郎（司会）

袴田貴行／木村知義／小澤祥司／相良邦夫／鈴木文樹／岩崎敬

〈短期連載〉被災地／被災者の「声なき声」③ 陸前高田市

〈講演〉「ラフェリエールの世界」
D・ラフェリエール （聞き手）立花英裕

〈対談〉「小説とは何か」 李承雨＋川村湊

〈寄稿〉「携帯電話基地局の危険」 古庄弘枝

〈書評・書物の時空〉粕谷一希／辻井喬／住谷一彦／村上陽一郎／吉田聡／片岡剛士／楠木賢道

〈連載〉石牟礼道子／金子兜太／小島英記／平川祐弘／小倉和夫／尾形明子／河津聖恵／朴才暎／黒岩重人／能澤壽彦

大歴史家による幻の遺著、遂に完全訳！

ルーズベルトの責任

日米戦争はなぜ始まったか ㊦

チャールズ・A・ビーアド

開米潤監訳 阿部直哉・丸茂恭子訳

粕谷一希＝跋

米国を代表する歴史家が、アメリカ合衆国という国家の根幹に照らして、ルーズベルトの対日戦略を資料を綿密にたどり徹底検証する。刊行後、米国で不買運動が起こった問題作、遂にわが国初の完訳決定版刊行。

［附］年表／人名索引

〈既刊〉㊤ 四四一〇円

韓国現代史と共に生きた詩人

鄭喜成詩選集 詩を探し求めて

鄭 喜成（チョン ヒソン） 牧瀬暁子訳

豊かな教養に基づく典雅な古典的詩作から出発しながら、韓国現代史の過酷な「現実」を誠実に受け止め、時に孤独な沈黙を強いられながらも「言葉」と「詩」を手放すことなく、ついに独自の詩的世界を築いた鄭喜成。各時代の葛藤を刻み込んだ作品を精選し、その詩の歴程を一望する。

百歳の現役医師の、揺るがぬ〝非戦〟

医者の使命

——非戦に生きる——

日野原重明 （聞き手）小池政行

今年百歳を迎えた現役医師から小池政行が徹底的に聞きとった、〝絶対平和〟への揺るがぬ信念。医療、看護において常に〝治癒〟にとどまらぬ〝愛〟をもって関わり続け、百歳の今もなお、新しい、よい良い方向への医療制度の改革を日々実践する日野原氏が語り下ろす、〝非戦〟に向けた教育、社会のあるべき姿とは。

12月の新刊

タイトルは仮題、定価は予価。

ルーズベルトの責任(上) ＊
日米戦争はなぜ始まったか
C・A・ビーアド　D・F・ヴァクツ＝序
開米潤＝監訳　阿部直哉・丸茂恭子＝訳
A5上製　四三二頁　四四一〇円

「排日移民法」と闘った外交官 ＊
一九二〇年代日本外交と　口絵八頁
駐米全権大使・埴原正直
チャオ埴原三鈴・中馬清福
四六上製　四二四頁　三七八〇円

別冊『環』⑱内村鑑三 1861-1930 ＊
新保祐司編　内村鑑三生誕一五〇周年記念
菊大判　三六八頁　三九九〇円

「民衆」の発見 ＊
ミシュレからペギーへ
大野一道
四六上製　四〇〇頁　三九九〇円

1月刊

『環』歴史・環境・文明 ㊽ 12・冬号 ＊
〈特集 原発・放射能・エネルギー―東日本大震災Ⅲ〉
イリイチ／井野博満＋鎌田慧＋吉岡斉／トッド＋三神万里子／青山佾＋赤坂憲雄＋北原糸子＋陣内秀信＋増田寛也＋橋本五郎　ほか

ルーズベルトの責任(下) ＊
日米戦争はなぜ始まったか
C・A・ビーアド　粕谷一希＝跋
開米潤＝監訳　阿部直哉・丸茂恭子＝訳

好評既刊書

鄭喜成詩選集
詩を探し求めて ＊
鄭喜成（チョン・ヒソン）　牧瀬暁子訳

医者の使命 ＊
非戦に生きる　（聞き手）小池政行
日野原重明

墓のない女 ＊
A・ジェバール　持田明子訳
四六上製　二五六頁　二七三〇円

〈座談〉書物への愛 ＊
粕谷一希
高橋英夫／宮一穂／新保祐司／平川祐弘／清水徹／森まゆみ／塩野七生／W・ショーン
四六上製　三二〇頁　二九四〇円

自由貿易という幻想 ＊
リストとケインズから「保護貿易」を再考する
E・トッドほか
四六上製　一七二頁　二九四〇円

辛亥革命と日本　＊辛亥革命百周年記念
王柯＝編
A5上製　三二八頁　三九九〇円

近代日本最初の「植民地」沖縄と旧慣調査 1872-1908 ＊
平良勝保
A5上製　三八四頁　七一四〇円

快楽の歴史
A・コルバン　尾河直哉訳　口絵八頁
A5上製　六〇八頁　七一四〇円

『環』歴史・環境・文明 ㊼ 11・秋号
〈特集・原発と放射能除染―東日本大震災Ⅱ〉
山田國廣／崎山比早子／熊谷達也　ほか
菊大判　四二四頁　三七八〇円

災害に負けない「居住福祉」
早川和男
四六判　二二四頁　二三一〇円

内藤湖南への旅
粕谷一希
四六上製　三二〇頁　二九四〇円

フランス史（全6巻）　内容見本呈
J・ミシュレ　大野一道・立川孝一＝監修
6 19世紀――ナポレオンの世紀　完結
四六変上製　六二四頁　四八三〇円

アラブ革命はなぜ起きたか
デモグラフィーとデモクラシー
E・トッド　石崎晴己訳・解説
四六上製　一九二頁　二一〇〇円

ハイチ震災日記
私のまわりのすべてが揺れる
D・ラフェリエール　立花英裕訳
四六上製　二三二頁　二三一〇円

帰還の謎
D・ラフェリエール　小倉和子訳
四六上製　四〇〇頁　三七八〇円

＊の商品は今号に紹介記事を掲載しております。併せてご覧戴ければ幸いです。

書店様へ

▼10／16(日)『東京・中日』、11／13(日)『読売』など、先日の来日関連記事が各紙誌続々掲載のなか、**ダニー・ラフェリエール『帰還の謎』『ハイチ震災日記』**が11／20(日)『毎日』『朝日』の二紙で同日大書評！「久し振りに、すごい小説に出会ってしまった。……手にとって、読んでほしい、私に言えるのはそれだけだ。」（富山太佳夫氏評『毎日』）必ず二冊揃えてご展開を。▼刊行直後からパブリシティもないなか各店で好調の**粕谷一希『内藤湖南への旅』**が、ようやく12／4(日)『読売』大書評で絶賛され、更に動きが加速！単に人文で手堅く展開するだけでなく、中高年男性をターゲットに一般話題書でもぜひ大きくご展開を。▼9／25(日)『東京・中日』での佐川亜紀さん、10／2(日)『日経』での川村湊さん、10／21(日)『読売』での松山巖さんと絶賛書評が相次いだ『**生の裏面**』の**李承雨**さんの来日インタヴュー記事が11／15(火)『朝日』(夕)に掲載され大反響！ノーベル賞作家ル・クレジオも絶賛の現代韓国を代表する作家、更に大きくご展開下さい。　（営業部）

第七回「河上肇賞」発表

明治から昭和にかけ、経済学者であり、ジャーナリストであり、詩人として真実を追究し、時代と格闘した河上肇。その思想・精神を継承する未発表論文を顕彰する「河上肇賞」の第七回受賞作が、厳正なる選考の結果、決定いたしました。

〈本賞〉（今回は二名）

志村三代子（しむら・みよこ）
早稲田大学演劇博物館招聘研究員
『映画人・菊池寛』

西脇千瀬（にしわき・ちせ）
フリーランス
『地域と社会史――野蒜築港にみる周縁の自我』

■授賞式は二〇一二年一月二八日(土)一七時から學士會館で行われます。
■選評は一月刊『環』四八号に掲載されます。

出版随想

▼今年も余す所一カ月を切った。日本列島は大災害に見舞われた年だった。マグニチュード9という未曾有の地震が三陸沖を襲い大津波に沿岸に住む多くの住民の命が奪われた。又台風による大洪水によって紀伊半島が破壊的被害を受けた。災害年といえる。しかし、その後の復旧・復興対策は遅いとはいえ、徐々に回復してきているようだ。ただ難題はいくつもあり、国の政策の基本方針とビジョンの下、自治体、住民が中心となって進めていただきたいと思う。関東大震災時、後藤新平が作り上げた復興計画を推進していったように、大所高所から検討した全体のビジョンを早く作り上げ、五年、十年といった計画を基に推進していってもらいたい。

▼今、世界の中で話題になっているのは、福島の原発事故だ。これに対する政府、東電の対応は、今もってわれわれ国民を納得させる説明がない。隠蔽しているのか、実際わからないのか、それも国民に伝わってこない。原発は原子力の平和利用として国家ぐるみで宣伝され、推進されてきた。アメリカに敗戦してまもなくのことだ。敗戦間際に二発の原子爆弾を落とされ、世界で唯一の被爆国となった日本。その日本で、「平和利用」と称して原発を約半世紀の間に五四基も作ってきた日本。その間、〝非核三原則〟を唱えたわが国の首相がノーベル平和賞にも輝いた。

▼先日も、ある高名な自然科学者との対話中、その辺りの疑問を率直に尋ねた。すると彼は当意即妙に「日米同盟は、日米核同盟ですよ」と答えた。勿論そうだろうとは思いつつ尋ねたことが、さも当り前のように答えられ膝を打った。「政治家のリーダーは当然知っていたのでしょうね」と念を押すと「まあそうでしょう」と。原発の安全宣伝は、旧ソ連のチェルノブイリの事故以後特に強まってきた。それとともに、この二十年間は、原発についてマスコミで取り上げられることが殆んどなかった。今回の事故で、原発は安全ではないということが実証された。

▼現代人が制御できない科学技術を作り事故によって取り返しのつかない負の遺産を未来に残す。現代に生きるわれわれは何と傲慢な存在かと考えてしまう。作り上げたものが廃棄できるのかどうか、できないとすれば、それをどうするのかを国を超えて世界の人間が話し合う時ではないか、と思う。（亮）